全国中等职业学校
课程改革规划新教材

Qiche Diangong yu Dianzi Jichu

汽车电工与电子基础

（第3版）

主　　编　王　健　向　阳
副 主 编　王万春　谢可平　谢千里
丛书总主审　朱　军

人民交通出版社股份有限公司
China Communications Press Co.,Ltd.

内 容 提 要

本书是全国中等职业学校课程改革规划新教材之一，主要内容包括：直流电路认知、正弦交流电基本知识认知、磁路与变压器认知、汽车电气元件认知、常用半导体元件认知、数字电路基本知识认知、新能源汽车电路认知及汽车微机控制系统认知。

本书为中等职业学校汽车运用与维修专业的教材，也可供汽车维修及相关技术人员参考阅读。

图书在版编目(CIP)数据

汽车电工与电子基础 / 王健，向阳主编 . —3 版. —北京：人民交通出版社股份有限公司，2019. 7

ISBN 978-7-114-13967-3

Ⅰ. ①汽… Ⅱ. ①王… ②向… Ⅲ. ①汽车—电工技术—中等专业学校—教材②汽车—电子技术—中等专业学校—教材 Ⅳ. ①U463. 6

中国版本图书馆 CIP 数据核字(2019)第 030369 号

书　　名：**汽车电工与电子基础**(第 3 版)
著 作 者：王　健　向　阳
责任编辑：戴慧莉
责任校对：刘　芹
责任印制：刘高彤
出版发行：人民交通出版社股份有限公司
地　　址：(100011)北京市朝阳区安定门外外馆斜街 3 号
网　　址：http://www.ccpcl.com.cn
销售电话：(010)59757973
总 经 销：人民交通出版社股份有限公司发行部
经　　销：各地新华书店
印　　刷：北京建宏印刷有限公司
开　　本：787 × 1092　1/16
印　　张：12.75
字　　数：290 千
版　　次：2010 年 7 月　第 1 版
2013 年 6 月　第 2 版
2019 年 7 月　第 3 版
印　　次：2024 年 8 月　第 3 版　第 2 次印刷　总第 15 次印刷
书　　号：ISBN 978-7-114-13967-3
定　　价：32.00 元

全国中等职业学校汽车运用与维修专业
课程改革规划新教材编委会

第3版前言

本套“全国中等职业学校课程改革规划新教材”，自2010年首次出版以来，多次重印，被全国多所中等职业院校选为汽车运用与维修专业教学用书，受到了广大师生的好评。2012年，根据教学需求，本套教材进行了修订，使之在结构和内容上与教学内容更加吻合，更注重对学生实践能力的培养。

为了体现现代职业教育理念，贴近汽车运用与维修专业实际教学目标，促进“教、学、做”更好地结合，突出对学生技能的培养，使之成为技能型人才，2018年8月，人民交通出版社股份有限公司吸收教材使用院校的意见和建议，组织相关老师，经过充分认真研究和讨论，确定了修订方案，再次对本套教材进行了修订。

《汽车电工与电子基础》的修订工作，就是在本书第二版的基础上做了删减和增加，删除不合时代的知识，如比较老的实例，增加新知识，如新能源相关知识等。每个学习任务都增加了实操部分，使得本书实用性更强，更有针对性和可操作性。教学内容符合专业培养目标和课程教学基本要求，取材少而精，难易适度，符合中职学生的实际水平。采用全新体系设计，既符合中职学生的认知、技能形成规律，又适合课改教学。

本书由贵阳市交通(技工)学校王健、成都汽车职业技术学校向阳担任主编，成都汽车职业技术学校王万春、贵阳市交通(技工)学校谢可平、四川交通运输职业学校谢千里担任副主编，贵阳市交通(技工)学校王建、赵友财、杨晓燕、李娜洁、吴吉桃、陈启浪共同编写。具体编写分工如下：学习任务一由王建编写，学习任务二由赵友财编写，学习任务三由杨晓燕编写，学习任务四由李娜洁编写，学习任务五由吴吉桃编写，学习任务六和学习任务八由王健编写。学习任务七由陈启浪编写。

限于编者水平,书中难免有疏漏和错误之处,恳请广大读者提出宝贵建议,以便进一步修改和完善。

全国中等职业学校汽车运用与维修
专业课程改革规划新教材编委会
2019 年 2 月

目 录

学习任务一　直流电路认知

任务要求

完成本学习任务后,你应该:

1. 掌握基本用电安全知识;
2. 了解电路的组成、工作状态及汽车电路的基本特点;
3. 理解电路电压、电流、电位、功率等各基本物理量;
4. 掌握电阻元件的主要特点,电阻的串联、并联、混联等连接方式的分析计算;
5. 了解电阻的串联、并联、混联在汽车电路上的应用;
6. 掌握欧姆定律、基尔霍夫定律的内容,并会分析应用。

建议学时:12 学时。

任务概述

随着汽车电子技术的发展,汽车在不断地向信息化与智能化方向发展,而汽车的信息化与智能化也离不开直流电路的知识应用,如汽车照明控制电路。本学习任务主要学习直流电路的基本知识。

主要学习任务

1. 电路基础认知;
2. 电阻连接及基本定律认知。

子任务 1　电路基础认知

任务描述

电气设备上通常都标有电压、电流、功率等数值(如家用电灯泡上标有 220V-100W),请说出这些标出数值的意义。

学习目标

1. 了解触电对人体的伤害;
2. 掌握安全用电基础知识;

3. 了解电路组成及特点;

4. 掌握直流电路基本物理量。

建议学时:2 学时。

一、理论知识准备

(一) 安全用电常识

随着电力工业的发展和电子技术的不断应用,电能已经广泛地应用于生产和生活中。电能给人类生活带来了巨大的变化。但如果违反操作规程、不懂安全用电知识,不仅会影响生产、破坏设备和引起火灾,甚至危及生命。因此,掌握安全用电的常识和技能,确保用电安全,避免各种电气事故的发生是非常重要的。

1. 触电对人体的伤害

触电是指电流通过人体时对人体所造成的伤害。电流对人体的伤害有:电伤、电击。

电伤是指电流对人体外部造成的伤害。例如电弧烧伤、熔断丝熔断飞溅的金属烫伤等。电击是指电流通过人体内部造成人体内部器官的伤害。例如呼吸系统、血液循环系统、中枢神经系统、心脏等发生变化,机能紊乱,严重时会导致休克乃至死亡。研究和调查结果表明,人体触电的伤害程度与通过人体的电流大小、电压高低、持续时间、电流的频率以及人体的状况等因素有关。即通过人体的电流越大,持续时间越长,危险性就越大。因此,一旦发生触电事故,要尽快地使触电者脱离电源。

小提示

一般情况下人体的电阻为 800Ω 至几万欧不等,从安全角度出发,科学实验和事故分析结果表明:50~60Hz 的工频交流电流对人体的伤害最严重,40V 以上的电压就是危险电压。

2. 安全用电措施

触电的原因可能是人体直接接触带电体;也可能是绝缘体损坏,人体接触带电的金属外壳而造成。为防止发生触电事故,应该做到不接触低压带电体,不靠近高压带电体,这是安全用电的基本原则。除此之外,预防触电事故还应采取以下安全用电措施:

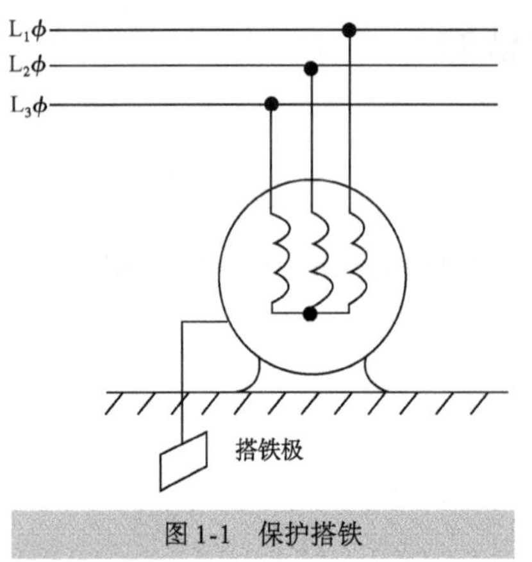

图 1-1 保护搭铁

(1) 合理选择、正确使用专用电气工具、装置。

(2) 定期检查电气设备和线路(绝缘情况)。

(3) 正确安装电气设备,合理选用各种漏(触)电保护装置。

例如:电器中安装漏电保护器,电器都采用保护接地或保护接零等。

①保护接地。是将电气设备的金属外壳或构架与大地可靠地连接起来,如图 1-1 所示。

如图 1-2 所示为电动机采用保护接地防漏电的安

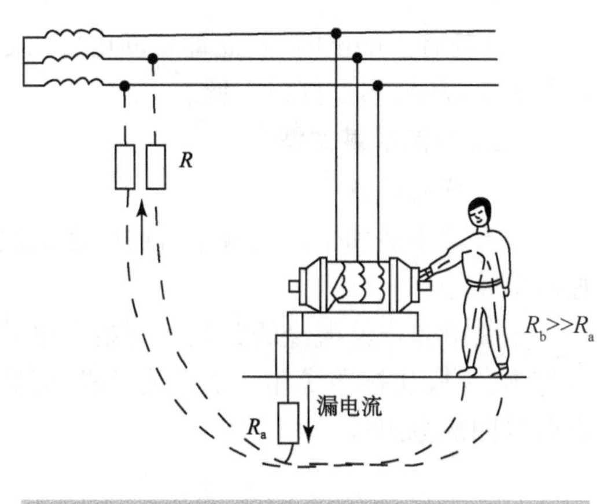

图 1-2　电动机保护接地防漏电

全作用，一旦电动机绝缘损坏而接触外壳时，如果有人接触带电的外壳，由于外壳已接地，接地电阻 R_a（4Ω）远远小于人体电阻 R_b，漏电电流主要流向大地，从而通过人体的电流很小，保证了人体安全。

②保护接零（中线）。是将电气设备的金属外壳或构架与供电系统中的零线（中线）可靠地连接起来，如图 1-3 所示。

采用保护接零后，若电气设备某相绝缘损坏而接触外壳时，则该相短路，其短路电流很大，短路电流会立即将熔断丝熔断或使其他保护电器动作而切断电源，从而消除了危险，如图 1-4 所示。

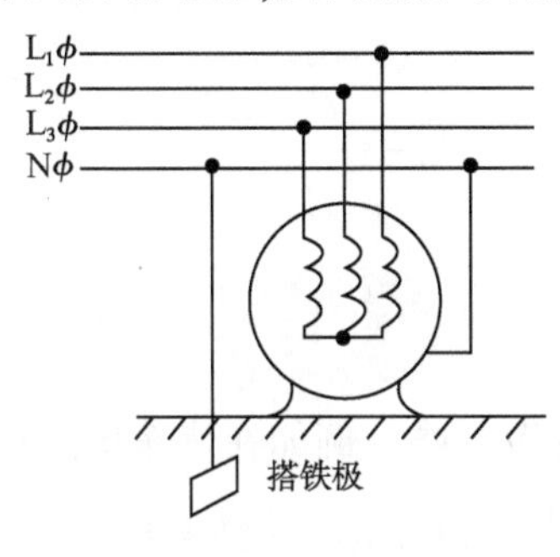

图 1-3　保护接零

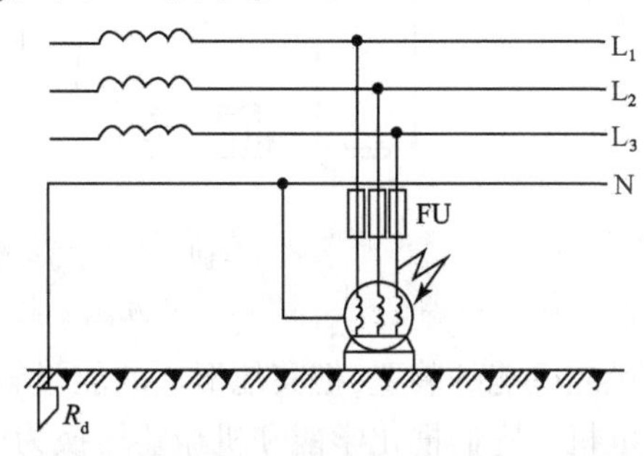

图 1-4　保护接零安全作用

小提示

在同一供电线路中保护措施应该一致，不允许一部分电气设备采用保护接地，而另一部分电气设备采用保护接零。

想一想

在我们日常生活中使用的很多家用电器的电源插头为何都用三角插头？请说说理由？

3. 安全用电常识

（1）检修电气设备或更换熔断丝时应先切断电源。

（2）任何情况下都不能用手来鉴定导体是否带电。

（3）使用各种电气设备，应该严格遵守安全操作规程，采取相应的安全措施。

（4）防止绝缘体破损或受潮，不得在电线上挂物件。

（5）发生电线、电气火灾时，应迅速切断电源。在带电状态下，不能用水或泡沫灭火器进行灭火；可以使用沙子或二氧化碳灭火器灭火。

(6)若有人触电时,要立即切断电源,或者使用干燥的绝缘棒使触电者脱离电源,然后进行人工呼吸,不得打强心针。

(二)电路的基本概念

1. 电路的组成

在日常生活和生产实践中人们广泛地使用各种电路,例如家庭照明电路、汽车夜间照明控制电路等。

电路就是电流流经的路径。观察手电筒电路结构,如图1-5a)所示,由一节干电池,一只灯泡,一段连接导线和一个开关组成,可见电路一般是由电源、负载(用电器)、导线、控制设备等四部分组成。

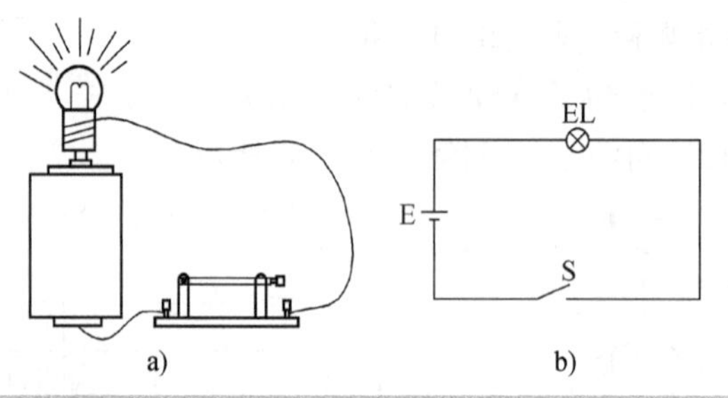

图1-5 电路结构图
a)实物图;b)电路图

电源是供应电能的装置,把其他形式的能量转换为电能。例如在汽车电路中的电源是蓄电池和发电机。它们把化学能和机械能转换为电能。

负载是电路中各种用电设备,它们把电能转换为其他形式的能。

如电灯将电能转换为光能,汽车起动机将电能转换为机械能带动发动机起动。

导线用于连接电源和负载,在汽车为了便于安装、连接和保护导线,一般都把多条导线包扎在一起形成线束。

控制装置是控制电路中电流的通断。如汽车电路中的各种电器开关、继电器和熔断器。

2. 电路的工作状态

在用电过程中,根据不同的实际需要,电路有断路(开路)、短路、通路(负载工作)三种状态。

1)断路(开路)

断路(开路)就是电源与负载没有接通成闭合回路。如图1-6所示电路中开关断开是断路工作状态,由于电路断路,电流为零,电源不输出电能,负载也不消耗电能。即有$I=0$、$U=U_S$、$U_L=0$、$P_L=0$。

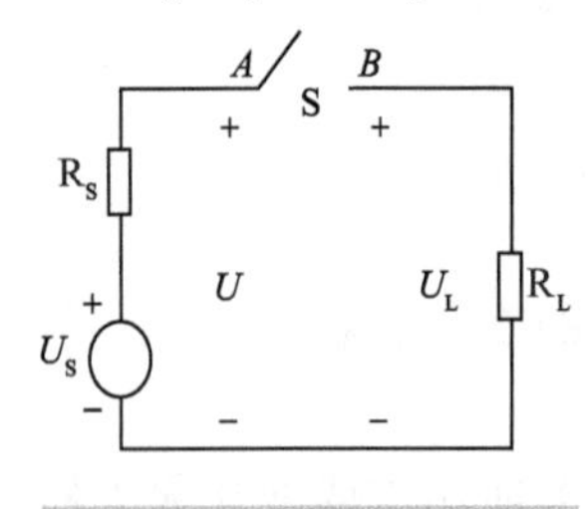

图1-6 断路(断路)

2)短路

短路就是电源未经过负载而直接由导线接通成闭合回路。如图1-7所示,短路时若忽略导线电阻,回路中只存在内阻R_0,这时的电流称为短路电流,电路特征可用下列式子描述:

$$I=\frac{E}{R_0}$$

$$U=0$$

由于内阻 R_0 很小，所以短路电流总是很大，如果不及时切断电路，很大的短路电流将会烧坏电源、导线、开关等装置，甚至会引起火灾，所以电源短路是一种严重的事故，应严加防止，为了避免短路事故造成损失，通常在电路中接入熔断丝(保险丝)FU，以便在短路发生时熔断熔断丝自动切断电源，从而保护电源、导线及其电气设备。

3)通路(负载工作)

通路(负载工作)就是电源与负载接通成闭合回路。如图 1-8 所示，电路中把开关 S 闭合，电路有电流通过，电源向负载输出功率。其特征可表示为

$$I = \frac{E}{R_0 + R}$$

由上式可得

$$E = IR_0 + IR$$

电源的总功率等于内阻和负载电阻消耗的电功率之和。即

$$P_{总} = EI = I^2R_0 + I^2R$$

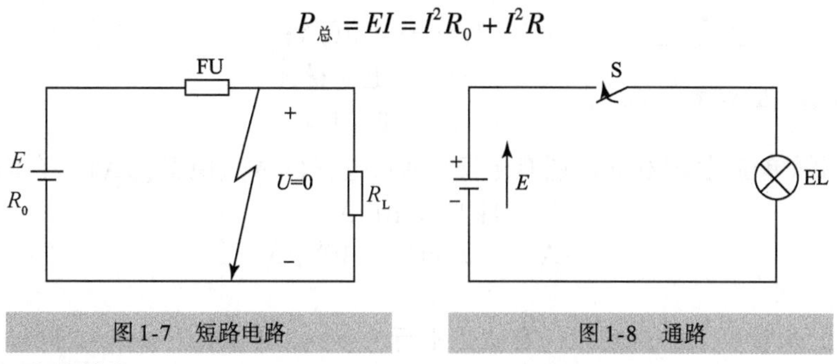

图 1-7 短路电路　　图 1-8 通路

3. 汽车电路的特点

(1)低压直流电源。根据实际应用需要，现代汽车配用电源有 12V、24V、42V 三种低压直流电源。

(2)单线制(负极搭铁)。我们常见的日常生活电路中，电源和用电设备是两根导线构成的回路，这种连接称为双线制连接。在汽车上，为了便于安装、维修，电源和用电设备通常只用一根导线连接，另一根导线则由车架、发动机等构成回路，这种连接方式称为单线制。如图 1-9 所示，采用单线制时，汽车电源(蓄电池、发电机)的另一端必须可靠地接到车架上，俗称搭铁。

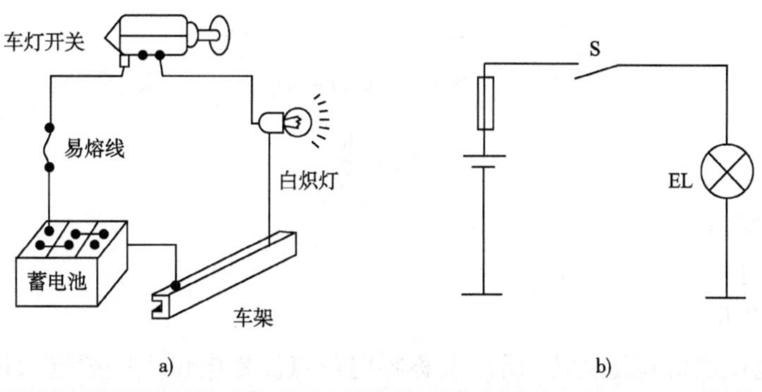

图 1-9 汽车单线制

a)实物图；b)电路图

想一想

我们日常生活用电电路与汽车电路有何区别?

(三)电路的基本物理量

1. 电流

电路中带电粒子在电源作用下作有规则的定向移动而形成电流。习惯上规定正电荷移动的方向为电流的实际方向,如图1-10所示。

电流的大小是单位时间内通过导体横截面的电荷量,用 I 表示。如果在时间 t 内流经导体横截面的电荷量为 Q,则电流定义表示为

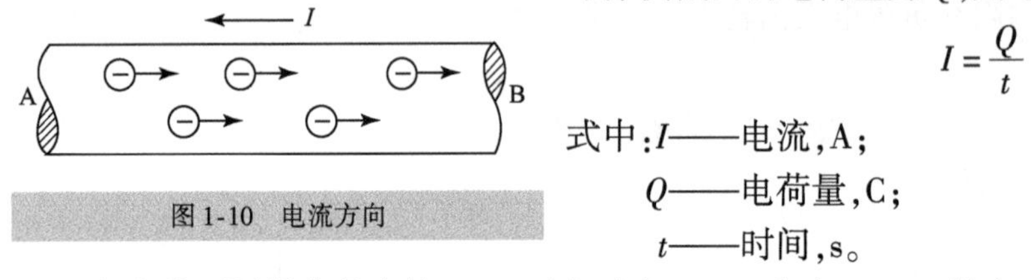

图1-10　电流方向

$$I=\frac{Q}{t}$$

式中:I——电流,A;

Q——电荷量,C;

t——时间,s。

电流的国际单位是安培(A),还有千安(kA)、毫安(mA)、微安(μA)。它们的关系为:

$$1\text{kA} = 10^3\ \text{A}$$

$$1\text{A} = 10^3\ \text{mA} = 10^6\ \mu\text{A}$$

2. 电位

众所周知,水管里水的流动仅仅有水是不行的,还必须有水压的作用,同样,导体里的电流的形成只有自由电子是不行的,还必须有电场力的作用。电路中某点的电位,通常选定某一点作为参考点,把正电荷从某点移动到参考点所做的功称为该点的电位,如图1-11所示。

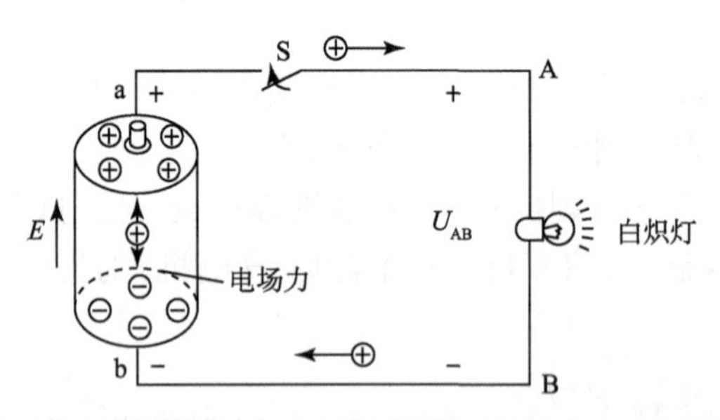

图1-11　电位与电压

$$V_A=\frac{W}{Q}$$

式中:V_A——电位,V;

W——功,J;

Q——电荷量,C。

参考点的电位通常规定为零,所以又称零电位点。零电位点一般选大地为参考点,即视大地的电位为零电位。在电子仪器和设备中又常把金属外壳或电路的公共接点的电位作为零电位。

小提示

在同一电路中，当选定不同的参考点时，同一点的电位是不同的，那么，参考点应该如何确定呢？原则上可以任意选定，但在研究实际电场时，通常选接地点为参考点，必须注意，在研究同一问题时，参考点一经确定，各点电位也就确定了。参考点也就不可更改了。

3. 电压

电压是衡量电场力做功本领大小的物理量。在电场中若电场力将单位正电荷 Q 从某点移动到另一点，所做的功即为某两点间的电压。如图 1-11 所示，电路中任选一点（如 B 点）为参考点，则某点（如 A 点）到参考点电压 U_{AB} 为

$$U_{AB} = V_A - V_B$$

电压的国际单位是伏特，用 V 表示；还有千伏，用 kV 表示；还有毫伏，用 mV 表示；它们的换算关系为

$$1\text{kV} = 10^3\text{V} \qquad 1\text{V} = 10^3\text{mV}$$

电路中某两点间的电压，就是该两点间的电位差。所以电压又称电位差。显然，电路某两点的电压与参考点无关 。

电压的实际方向是由高电位点指向低电位点，即沿着电压的方向电位是逐渐降低的，所以我们也常称电压为电压降。

4. 电功和电功率

1）电功

电功是电场力移动电荷所做的功，就是电流在某段闭合回路中做的功。用 W 表示，单位为焦耳（J），其表达式为

$$W = UIt$$

由上式可知，电流在某段闭合回路上做的功，等于这段电路两端的电压、电路中通电电流与通电时间的乘积。

电功的单位还有日常实际广泛应用的千瓦时（kW · h），俗称度。1kW · h（1 度）表示功率为 1kW 的用电器连续工作 1h 所消耗的电能。

$$1\text{kW} \cdot \text{h} = 3.6 \times 10^6\ \text{J}$$

想一想

我们家里每天都有很多用电器需要消耗电能，你能根据用电器额定功率和使用时间估算你家每月的用电量吗？

2）电功率

电功率就是电流在单位时间内所做的功，简称功率，用符号 P 表示。

$$P = \frac{W}{t}$$

因为

$$W = UIt$$

所以 $$P = \frac{W}{t} = UI$$

电功率的单位用瓦特(W)表示。

二、实践操作

(一)实践准备

数字式万用表。

(二)技术要求及注意事项

1. 使用方法

(1)使用前应认真阅读有关的使用说明书,熟悉电源开关、量程开关、插孔、特殊插口的作用,如图1-12所示。

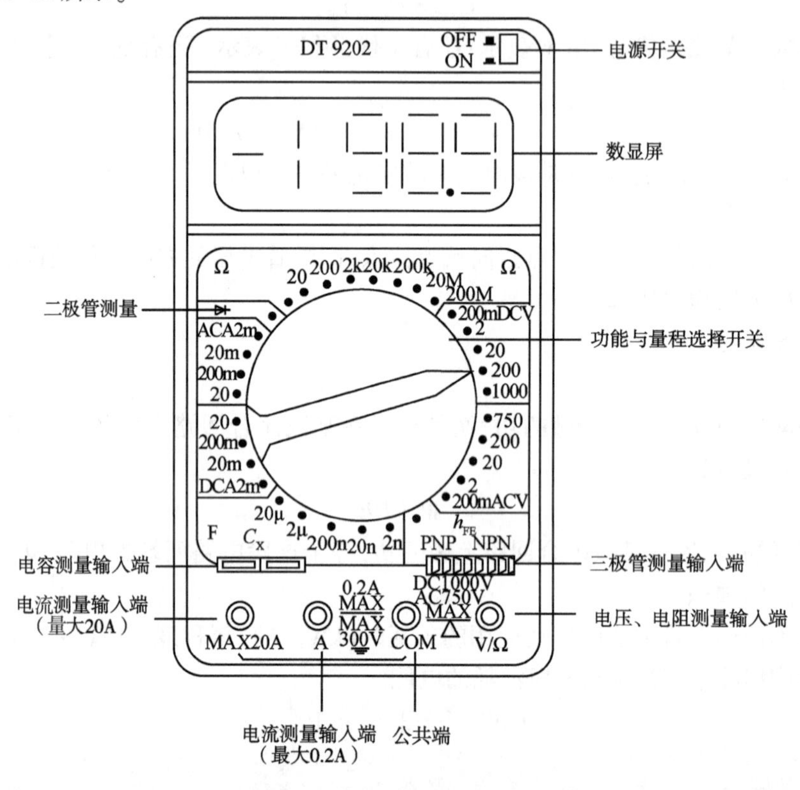

图1-12 数字式万用表外观面板

(2)将电源开关置于ON位置。

①交直流电压的测量。根据需要将旋转功能/量程开关拨至DCV(直流)或ACV(交流)的挡位,选择合适的量程,红表笔插入V/Ω孔,黑表笔插入COM孔,并将表笔与被测线路并联,读数即显示。

②交直流电流的测量。将旋转功能/量程开关拨至DCA(直流)或ACA(交流)的挡位,选择合适的量程,红表笔插入mA孔(<200mA时)或10A孔(>200mA时),黑表笔插入COM孔,并将万用表串联在被测电路中即可。测量直流量时,数字万用表能自动指示出红

表笔一端的极性。

③电阻的测量。将旋转功能/量程开关拨至Ω的合适量程,红表笔插入V/Ω孔,黑表笔插入COM孔。

提示:如果被测电阻值超出所选择量程的最大值,万用表将显示“1”,这时应选择更高的量程。测量电阻时,红表笔为正极,黑表笔为负极,这与指针式万用表正好相反。因此,测量晶体管、电解电容器等有极性的元器件时,必须注意表笔的极性。

2. 使用注意事项

(1)如果无法预先估计被测电压或电流的大小,则应先拨至最高量程挡测量一次,再视情况逐渐把量程减小到合适位置。测量完毕,应将量程开关拨到最高电压挡,并关闭电源。

(2)满量程时,仪表仅在最高位显示数字“1”,其他位均消失,这时应选择更高的量程。

(3)测量电压时,应将数字万用表与被测电路并联。测电流时,应与被测电路串联,测直流量时不必考虑正、负极性。

(4)当误用交流电压挡去测量直流电压,或者误用直流电压挡去测量交流电压时,显示屏将显示“000”,或低位上的数字出现跳动。

(5)禁止在测量高电压(220V以上)或大电流(0.5A以上)时换量程,以防止产生电弧,烧毁开关触点。

(6)当显示“BATT”或“LOW BAT”时,表示电池电压低于工作电压。

(三)实训内容

实践内容如图1-13所示,调解滑动变阻器滑动端在A、B间几个不同位置,选取测量点,利用数字式万用表测量电压、电流,并将测量结果记录于表1-1中。

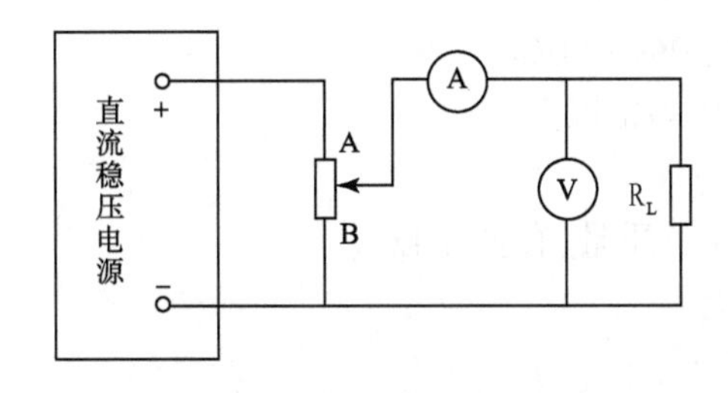

图1-13 数字式万用表测量电流、电压

电压、电流读数记录表 表1-1

项目	测量值	项目	测量值
U_1		I_1	
U_2		I_2	

三、学习拓展

电路在三种不同状态下,具有不同的特性,通过列表,掌握三种状态下各物理量间的关系,见表1-2。

电路状态表 表1-2

电路状态	负载电阻	电路电流	外电路电压
通路	$R_{负}=R+R_0$	$I=\frac{E}{R+R_0}$	$U_{外}=E-U_{内}=E-ZR_0$
断路	$R_{负}\to\infty$	$I=0$	$U_{外}=E$
短路	$R_{负}\to 0$	$I=\frac{E}{R_0}$	$U_{外}=0$

四、评价与反馈

1. 自我评价与反馈

(1)你是否能主动完成工作现场的清洁和整理工作?(　　)

A. 主动完成　　B. 被动完成

C. 未完成

(2)在工频交流电中,电压低于(　　)才能为安全电压。

A. 220V　　B. 110V

C. 40V

(3)在同一供电线路中一部分电气设备采取保护接地,另一部分电气设备不能采取(　　)的安全措施。

A. 保护接地　　B. 保护接零

C. 搭铁

(4)汽车电路为(　　),日常生活电路都为(　　)。

A. 双线制、单线制　　B. 单线制、双线制

C. 双线制、双线制

(5)现有一台直流发电机工作电压为110V,输出电流为8A,计算它的输出功率是多少?

签名:__________　______年______月______日

2. 小组评价与反馈

(1)工作页填写情况。(　　)

A. 填写完整　　B. 缺失0% ~20%

C. 缺失20% ~40%　　D. 缺失40%以上

(2)实施过程中是否注意操作质量和有责任心?(　　)

A. 注意质量,有责任心　　B. 不注意质量,有责任心

C. 注意质量,无责任心　　D. 全无

(3)实验前有无进行安全检查并警示其他同学?(　　)

A. 有安全检查和警示　　B. 有安全检查无警示

C. 无安全检查、无警示

(4)总体印象评价。(　　)

A. 非常优秀　　B. 比较优秀

C. 有待改进　　D. 急需改进

参与评价的同学签名:__________　______年______月______日

3. 教师评价

____

____

____

教师签名:__________　______年______月______日

子任务2　电阻连接及基本定律认知

任务描述

电气设备上通常都标有电压、电流、功率等数值(如家用电灯泡上标有220V-100W),请说出这些标出数值的意义。

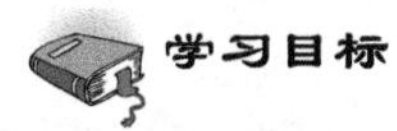
学习目标

1. 了解电阻元件特性;
2. 理解电阻基本定律;
3. 掌握电阻连接及性质;
4. 能运用基本定律分析电路。

建议学时:10学时。

一、理论知识准备

(一)电阻与电阻元件

1. 导体电阻

导体能够通电,但同时也对电流具有阻碍作用,这种对电阻的阻碍作用称为电阻。电阻是导体本身客观存在的基本特性。实验表明,当温度一定时,导体的电阻与它的长度、横截面积和导体的材料有关。即表示为

$$R=\rho\frac{L}{S}$$

式中:R——电阻,Ω;

L——导体的长度,m;

S——导体横截面积,mm^2;

ρ——电阻率,$\Omega\cdot mm^2/m$。

提示:电阻的倒数称为电导,电导的大小反映电阻元件的导电能力,用G表示,国际单位为西门子(S)。其表达式为

$$G=\frac{1}{R}$$

2. 电阻元件

用来限制或调节电路电流的元件称为电阻元件。电阻元件是一种耗能元件(如汽车起动机通电后将电能装换为机械能等),在电路中代表了用电设备的耗能特性。

电阻元件分为线性电阻和非线性电阻两种。

实际应用中,大多数电阻元件的阻值基本都是恒定的,这样的电阻称为线性电阻。当通过不同的电流与电压,其电阻为不同的阻值,这样的电阻称为非线性电阻。它们的不同主要是通过加在电阻元件两端的电压与电流的关系曲线来区别,这种关系曲线称为伏安曲线图,

如图 1-14 所示。

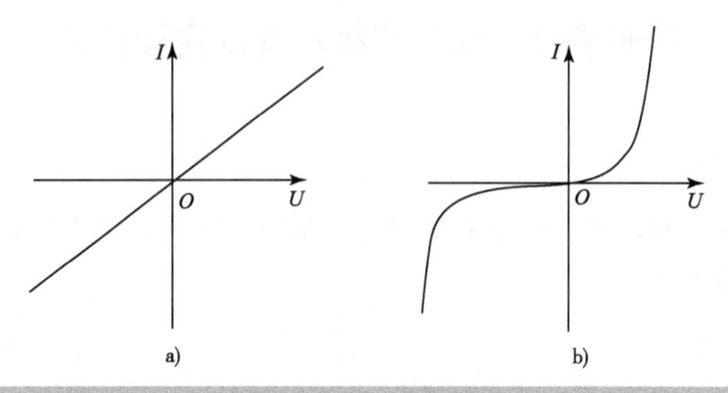

图 1-14　电阻元件伏安曲线

a)线性电阻;b)非线性电阻

(二)欧姆定律

1. 部分电路欧姆定律

德国科学家欧姆通过科学实验得出结论:在不包含电源的电路中,通过电阻的电流与电阻两端的电压成正比,这个结论称为部分电路欧姆定律。如图 1-15 所示,其表达式为

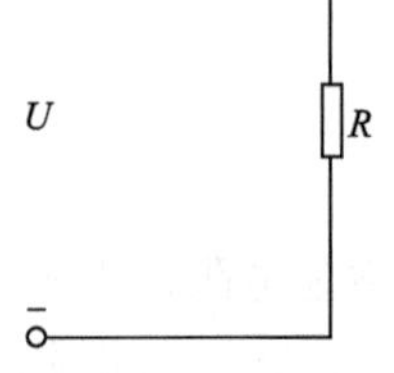

图 1-15　部分电路

$$I=\frac{U}{R}\text{或}\ U=IR$$

式中:U——电阻两端的电压, V;

I——电阻中的电流,A;

R——电阻,Ω。

【例 1-1】　一标有 220V-60W 的电灯泡,接在 110V 的电源上,消耗的功率为多少?会产生怎样的结果?

解:由电功率公式可得

$$I=\frac{P}{U}$$

$$I=\frac{60}{220}=0.27(\mathrm{A})$$

根据欧姆定律可得

$$R=\frac{U}{I}$$

$$R=\frac{220}{0.27}=807\ (\Omega)$$

接在 110V 的电源上,又由电功率公式可得

$$P=IU=I^2R=\frac{U^2}{R}$$

$$P=\frac{110\times110}{807}$$

$$P\approx15(\mathrm{W})$$

接在 110V 的电源上,消耗的功率约为 15W。

因为 15W ＜ 60 W ,即实际消耗功率小于额定功率。所以,灯泡亮度会变暗。

做一做

把一个标有200Ω/ 100 W 的碳膜接到220V 的电源上,会有什么后果?

想一想

将部分电路欧姆定律公式变形可得:$R = U/I$,代入数据求解,能否说,电阻 R 与外加电压 U 成正比,与电阻中的电流 I 成反比?

不能说电阻值与外加电压成正比,与电阻中的电流成反比,因为 R 是客观存在的,R 只取决于温度、材料、长度、截面尺寸,与外加电压和电阻中的电流无关,公式 $R = U/I$ 只能说明,对于同一电阻,当电阻两端的电压升高(或降低)时,流过电阻的电流将相应增加(或减小)。

2. 全电路欧姆定律

由内电路和外电路组成的闭合电路称为全电路。如图1-16 所示,它包括内电路(电源内部的电路,R_0 为电源内阻)和外电路(电源外部的电路,R 为外部电阻)两部分。

全电路中,电流与电源的电动势成正比,与整个电路的内、外电阻之和成反比,称为全电路欧姆定律。表达式为

$$I = \frac{E}{R + R_0}$$

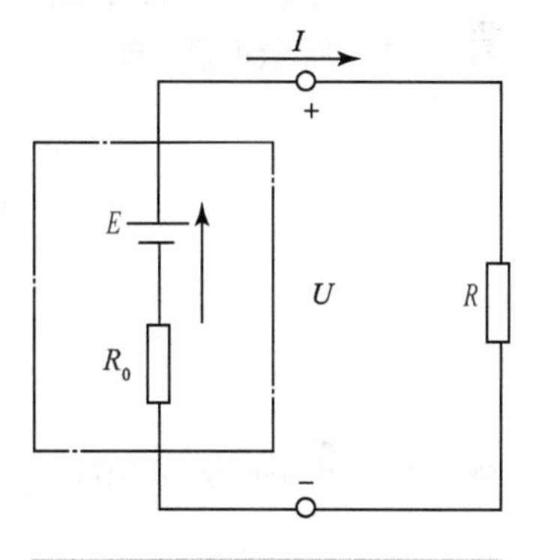

图1-16 简单全电路

整理可得

$$E = IR + IR_0 = U_{外} + U_{内}$$

上式中,$U_{内}$ 是电源内阻的电压降,$U_{外}$是电源向外电路输出的电压(也称端电压)。

欧姆定律是分析与计算电路的基本定律之一,适用于直流电路和交流电路。

做一做

某一电源的电动势 E 为3V,内电阻 R_0 为0.4Ω,外接负载电阻 R 为9.6Ω。求电源端电压和内压降。

(三)电阻的连接

1. 电阻的串联

若干个电阻依次首尾相连,并且在这些电阻中通过同一电流(或两个及以上电阻依次首尾相连成无分支的唯一一条电流路径)。则这样连接方式的电路称为电阻的串联电路。图1-17a)所示为3 个电阻的串联电路,图1-17b)所示为图1-17a)的等效电路。

(1)串联电路的特点。

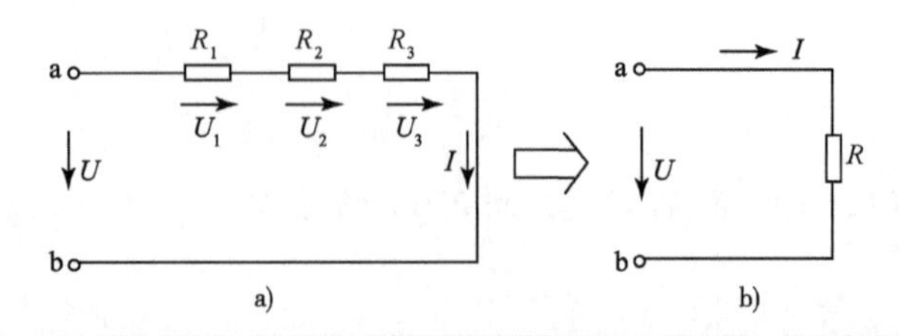

图 1-17 电阻串联

a)串联电路;b)等效电路

①电流处处相等。如图 1-17 所示电路,有

$$I = I_1 = I_2 = I_3$$

②总电压等于各段分电压之和。串联电路具有分压作用。如图 1-17 所示电路,有

$$U = U_1 + U_2 + U_3$$

③总电阻等于串联电路中各个电阻之和。如图 1-17 所示电路,有

$$R = R_1 + R_2 + R_3$$

④串联电路中各个电阻两端的电压与该阻值成正比。串联电阻具有分压作用,如图 1-17a)所示电路,有

$$U_1 = IR_1 = \frac{R_1}{R_1 + R_2 + R_3}U$$

$$U_2 = IR_2 = \frac{R_2}{R_1 + R_2 + R_3}U$$

$$U_3 = IR_3 = \frac{R_3}{R_1 + R_2 + R_3}U$$

对于两个电阻的串联也可表示为

$$\frac{U_1}{U_2} = \frac{R_1}{R_2}$$

⑤串联电路的总功率等于各电阻消耗的功率之和,且各电阻消耗的功率与该阻值成正比。即

$$P = I^2R_1 + I^2R_2 + I^2R_3$$

$$P = P_1 + P_2 + P_3$$

且

$$P_1 : P_2 : P_3 = R_1 : R_2 : R_3$$

(2)串联电路的应用。串联电路在我们实际生产与生活中广泛被应用,如人们常见的节日彩灯等。

①电阻串联可获得较大的电阻。

②电阻串联可用来限制、调节电路中的电流大小。例如:为了控制电动机起动或制动时电流过大,可在电动机与电源间串联适当的电阻。

③用于降压。当负载电压低于电源额定电压时,可用负载串联来满足负载接入电源的电压需要。例如可将两个相同的 12V 信号灯串联后接到 24V 电源上使用。

④用电阻调压器来改变输出电压。现代汽车电控系统的很多传感器就是应用电位器的分压原理工作的,如图 1-18所示,滑动触点把电阻分成两部分,当触点 a 移动到不同位置

时，输出电压 U_2 可得到不同的值。

【例 1-2】 某一串联电路如图 1-19 所示，已知 $R_1=1\text{k}\Omega$，$R_2=2\text{k}\Omega$，外加电压 $U=3\text{V}$，求流过 R_1、R_2 的电流 I_1、I_2 及电压 U_1、U_2。

解：$I=\dfrac{U}{R}$

$$I=\frac{U}{R_1+R_2}=\frac{3}{1+2}=1(\text{mA})=0.001(\text{A})$$

串联电路有：$I=I_1=I_2$

所以 $U_1=IR_1=0.001\times1000=1(\text{V})$

$U_2=IR_2=0.001\times2000=2(\text{V})$

答：流过 R_1、R_2 的电流 $I_1=I_2=I=0.001\text{A}$，电压 U_1 为 1V，U_2 为 2V。

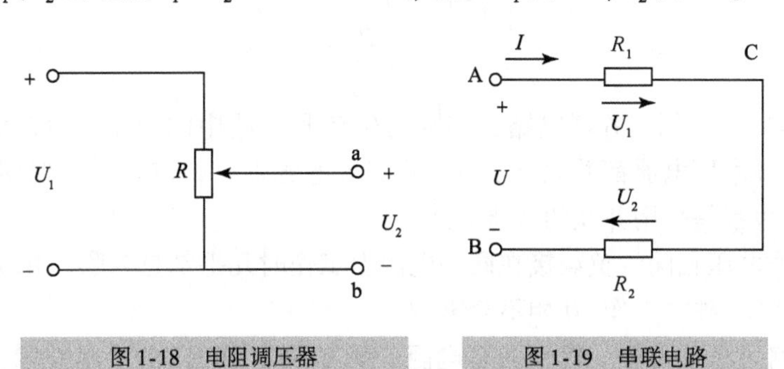

图 1-18 电阻调压器　　图 1-19 串联电路

2. 电阻的并联

电路中有两条或以上的电流分支路径（即电流在某处分支，又在另一处汇合），这种方式称为并联，如图 1-20 所示。

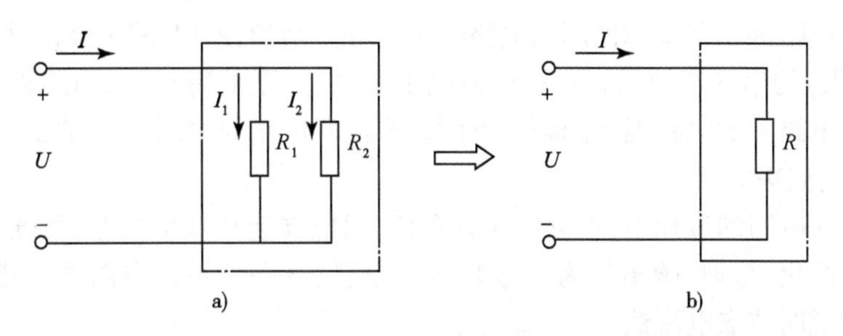

图 1-20 电阻并联
a）并联电路；b）等效电路

（1）并联电路的特点。

①并联各电阻两端的电压均相等。

②总电流等于流经各电阻电流之和。例如图 1-20a）所示电路，有

$$I=I_1+I_2$$

③总电阻的倒数等于并联电路中各个电阻倒数的和。例如图 1-20a）所示电路，有

$$\frac{1}{R}=\frac{1}{R_1}+\frac{1}{R_2}$$

可得 $$R=\frac{R_1R_2}{R_1+R_2}$$

由上式可知:并联电路中的总电阻一定比任何一个并联电阻的阻值都小,且并联的电阻越多总电阻的阻值就越小。

④并联电路中任一电阻中的电流与该阻值成反比。例如图1-20a)所示电路,有

$$\frac{I_1}{I_2}=\frac{R_2}{R_1}$$

⑤并联电路中总功率等于各电阻消耗的功率之和,但各个电阻吸收的功率与该阻值成反比。例如图1-20a)所示电路,有

$$P=\frac{U^2}{R_1}+\frac{U^2}{R_2}=P_1+P_2$$

得 $$\frac{P_1}{P_2}=\frac{R_2}{R_1}$$

(2)并联电路的应用。并联电路在实际的生产和生活中的应用十分广泛,如日常生活中的照明灯、各种家用电器都并联在220V的交流电源上。如汽车上的照明灯、喇叭,蓄电池与发电机等,也都是采用并联的连接方式。

①额定工作电压相同的负载接在同一电源上工作时几乎都是并联。并联电路中的各用电器能够单独控制,独立工作、互相不会影响。

②并联电路可以获得某一较小的总电阻。例如两个200Ω的电阻并联,即可得到一个100Ω的总电阻。

3. 电阻混联

在电阻电路中,既有串联连接方式又有并联连接方式的多种连接方式的综合电路称为电阻的混联。电阻混联在实际使用的电路中是十分复杂的,所以,只要能准确判断出电路中各用电器(电阻)的串联、并联的关系,根据电阻串联、并联的特点,采用逐级简化和等效的原则即可解决电路中的电路混连问题。下面介绍混联电路的常用分析方法。

(1)节点电流法。

在分析混联电路的过程中,不论导线有多长,用电器连接如何复杂,可通过节点电流法对原电路进行简化、整理,画出较为明显判断的串联、并联关系的电路图。然后进行计算。下面通过例题说明节点电流法。

【例1-3】 画出图1-21a)所示的等效电路图。

解:

①标节点。如图1-21a)所示,在图中各接点处分别用字母a、b、c、d表示出来。

②标出电路中电流路径。从电源的正极出发的电流路径有a、b、c三条,即a→L_1→b→d→负极;a→c→L_2→b→d→负极;a→c→L_3→d→负极。

③按照电流路径画出等效电路图。由"节点法"可知,导线的a端和c端看成一个点,导线的b端和d端看成一个点,这样L_1、L_2和L_3的一端重合为一个点,另一端重合为另一个点,由此可知,该电路有三条支路,并由"电流流向法"可知,电流分三条叉,因此这个电路是三盏电灯的并联,等效电路如图1-21b)所示。

④根据各连接方式(串联、并联)的特点列出所需计算的方程关系等式。

⑤计算出结果。

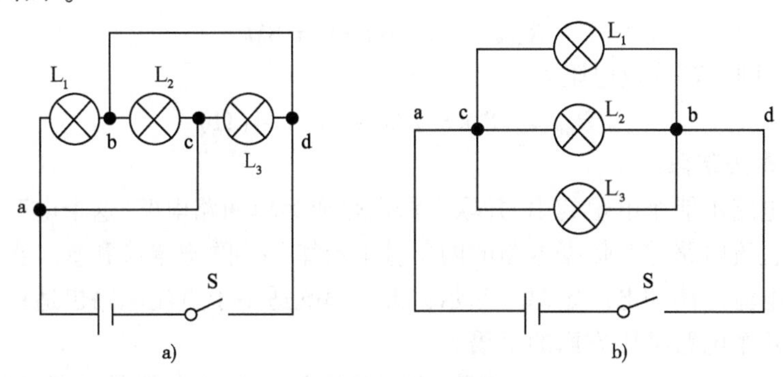

图1-21　电阻混联

a)混联电路;b)等效电路

(2)简化和分析电路。

通过对电路的分析,清楚电路中各电阻的连接关系后,逐级简化等效,就可用串联、并联电路的特点关系式逐步计算出电路的待求量。

【例1-4】　如图1-22所示电路,已知:$R_1 = R_2 = 4\Omega$,$R_3 = 6\Omega$,$R_4 = 8\Omega$,求AB之间的等效电阻R_{AB}。

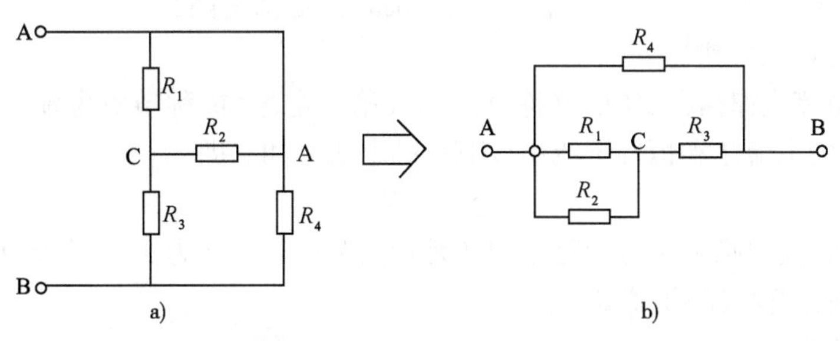

图1-22　混联电路的整理

解:经整理逐级简化后的等效电路,其过程如图1-23所示。

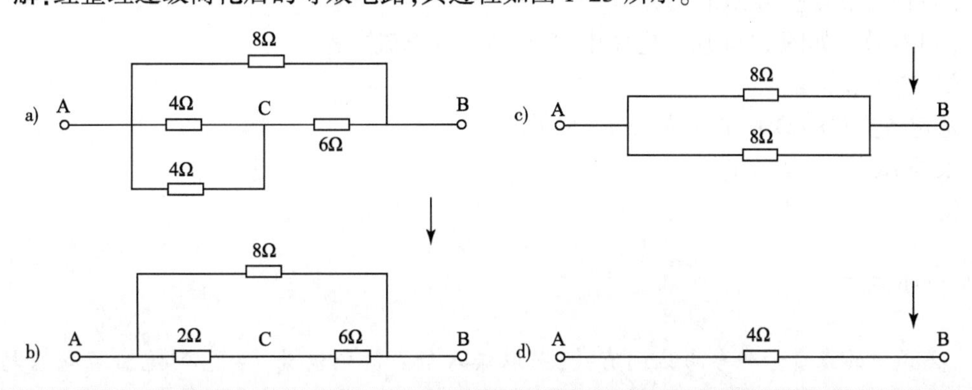

图1-23　电路简化过程

R_1 和 R_2 并联,其等效电阻为

$$R_{AC} = (4\times4)/(4+4) = 2(\Omega)$$

R_{AC}和 R_3 串联,其等效电阻为

$$R_{ACB} = (2+6)\ \Omega = 8\Omega$$

R_{ACB}和 R_4 并联,其等效电阻为

$$R_{AB} = (8\times8)/(8+8) = 4(\Omega)$$

(四)基尔霍夫定律

如果一个电路不能用电阻的串、并联方法简化成为单回路电路,这个电路就称为复杂电路。分析复杂直流电路主要依据电路的两条基本定律——欧姆定律和基尔霍夫定律。基尔霍夫定律包括电流定律和电压定律。基尔霍夫定律既适用于直流电路也适用于交流电路。

首先介绍几个电路结构方面的术语。

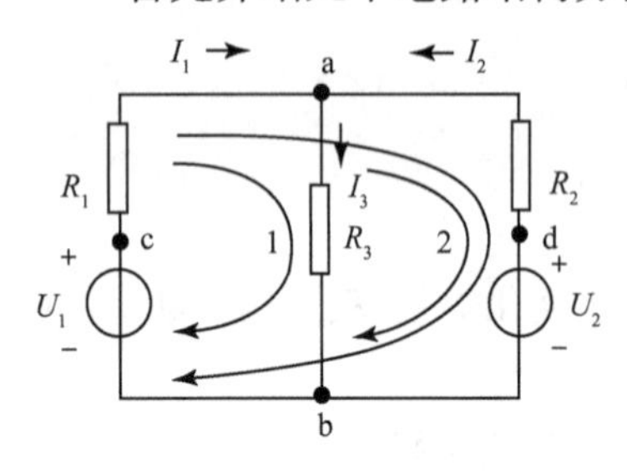

图1-24　复杂电路

支路:电路中的每一个分支就是一条支路。如图 1-24 中 abc、ab、adb 都是支路。

节点:三条或三条以上支路所汇成的交点称为节点。如图 1-24 中 a 点和 b 点都是节点。

回路:电路中任一闭合路径都称为回路。如图 1-24 中 abca、adba、adbca 都是回路。

网孔:电路中的回路内部不含有支路的回路称为网孔。如图 1-24 中 abca、adba 都是网孔。

1.基尔霍夫电流定律

基尔霍夫电流定律简称 KCL,又称基尔霍夫第一定律(或称节点电流定律):在任一瞬间,流进某节点的电流之和恒等于流出该节点的电流之和。即

$$\sum I_i = \sum I_o$$

电流的流入、流出指参考方向是指向还是背向节点。指向为流入,背向为流出。

应用 KCL 列方程式的步骤如下。

(1)选定节点。

(2)标出各支路电流参考方向。

(3)针对节点应用 KCL 列方程。

【例 1-5】 如图 1-24 所示电路中,列出节点的电流方程。

解:选定节点 a。

选定各支路的参考方向,如图 1-25 所示。

根据 KCL　　$I_1 + I_2 = I_3$

得　　$I_1 + I_2 - I_3 = 0$

小提示

公式中的正负号与参考方向有关,若取流入节点的电流为“+”,则流出节点的电流就为“-”,反之这个关系仍成立。

2. 基尔霍夫电压定律

基尔霍夫电压定律简称 KVL，又称基尔霍夫第二定律（或称回路电压定律）：对于电路中任一闭合回路，沿着任一指定方向（顺时针或逆时针）绕行一周，回路内电压源电压（电位升）的代数和等于各电压降的代数和。即

$$\sum U_S = \sum U$$

如果电路中的电压降都是电阻电压降，则上式也可写成

$$\sum U_S = \sum IR$$

小提示

当应用 $\sum U_S = \sum IR$ 式列方程时，式中各项符号的正负，应按照下列规则来确定：

(1) 先选定回路上一绕行的方向作为该电路参考方向。

(2) 方程左边电压源电压，若其参考方向与绕行方向一致时，则该电压源电压取负号，反之则取正号。

(3) 方程右边电阻的电压，若电流参考方向与绕行方向一致时，则电压降 IR 取正号，反之则取负号。

【例 1-6】如图 1-25 所示电路，列出回路的电压方程。

解：选定如图 1-25 所示 abdca 为绕行方向。

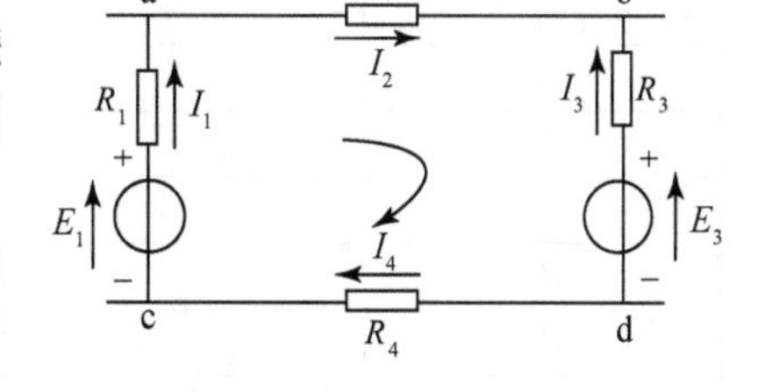

图 1-25　任一闭合回路

方程左边电压源电压有 E_1、E_3，其中 E_1 与 abdca 绕行方向一致则取负，其中 E_3 与 abdca 绕行方向不一致则取正。

方程右边电阻的电压：I_1R_1、I_2R_2、I_3R_3、I_4R_4，其中 I_1R_1、I_2R_2、I_4R_4 取正，I_3R_3 取负。

根据 KVL 列出方程：

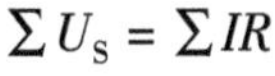

$$\sum U_S = \sum IR$$

即
$$E_3 - E_1 = I_1R_1 + I_2R_2 - I_3R_3 + I_4R_4$$

3. 支路电流法

直接应用 KCL 和 KVL，分别对复杂电路中相应的节点和回路列出所需要的方程组，而后解出各未知的支路电流，称为支路电流法。其方法和步骤以下面例题为例来进行说明。

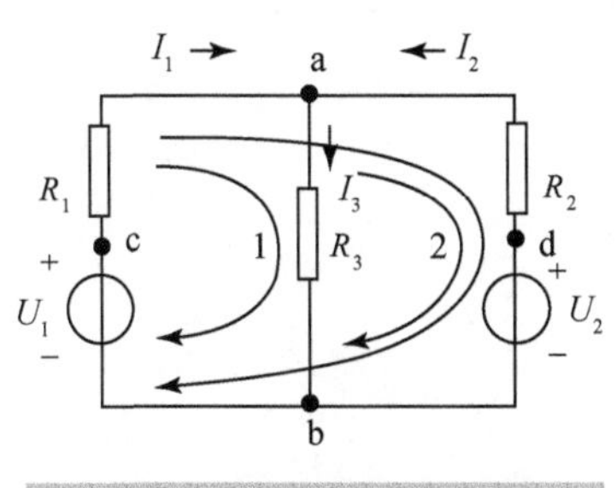

图 1-26　支路电流法

【例 1-7】　图 1-26 所示电路中，已知 $R_1 = 10\Omega$，$R_2 = R_3 = 5\Omega$，$U_1 = 13V$，$U_2 = 6V$，求各支路电流 I_1、I_2、I_3。

解：

①先假定各支路电流参考方向，如图 1-26 所示。

②根据 KCL 列出节点电流方程，节点 a 有：$I_1 + I_2 - I_3 = 0$。

③选定回路的绕行方向，　如图 1-26 所示。

④根据 KVL 列出两网孔的电压方程。

网孔 adba 为 $-U_2 = -I_2R_2 - I_3R_3$

网孔 abca 为 $U_1 = I_1R_1 + I_3R_3$

把各参数代入方程得

$$I_1 + I_2 - I_3 = 0$$
$$-5I_2 - 5I_3 = -6$$
$$10I_1 + 5I_3 = 13$$

解方程组得:$I_1 = 0.8A$; $I_2 = 0.2A$;$I_3 = 1A$。

二、实践操作

(一)实践准备

电工电子实验台、连接线。

(二)技术要求及注意事项

熟知电工电子实训室管理规章制度。

分别按照图 1-19 串联电路和图 1-20 并联电路连接,并使用数字式万用表分别测量出电路中各物理量(电压、电流、电阻)记录于表 1-3 中,并描述串联、并联连接电路的特点。

电压、电流、电阻记录表 表 1-3

测量项目	串联	并联	电压、电流、电阻特点
U_1			
U_2			
U_{12}			
I_1			
I_2			
I_{12}			
R_1			
R_2			
R_{12}			

三、学习拓展

1. 串联电路的特点

(1)电流处处相等。

(2)总电压等于各段分电压之和。

(3)总电阻等于串联电路中各个电阻之和。

(4)串联电路中各个电阻两端的电压与该阻值成正比。

(5)串联电路中各电阻消耗的功率与该阻值成正比。

2. 并联电路的特点

(1)并联各电阻两端的电压均相等。

(2)总电流等于流经各电阻电流之和。

(3)总电阻的倒数等于并联电路中各个电阻倒数的和。

(4)并联电路中任一电阻中的电流与该阻值成反比。

(5)并联电路中各个电阻吸收的功率与该阻值成反比。

3. 节点电流法分析计算步骤

(1)标节点。

(2)标明电路电流路径。

(3)按照电流路径画出等效电路图。

(4)根据各连接方式(串联、并联)的特点列出所需计算的方程关系等式。

(5)计算出结果。

4. 基尔霍夫电压定律

对于电路中任一闭合回路,沿着任一指定方向(顺时针或逆时针)绕行一周,回路内电压源电压(电位升)的代数和等于各电压降的代数和。即

$$\sum U_S = \sum U$$

当应用KVL列方程时,式中各项符号的正负,应按照下列规则来确定:

(1)先选定一个回路上绕行的方向。

(2)方程左边电压源电压,若其参考方向与绕行方向一致时,则该电压源电压取负号,反之则取正号。

(3)方程右边电阻的电压,若电流参考方向与绕行方向一致时,则电压降 IR 取正号,反之则取负号。

四、评价与反馈

1. 自我评价与反馈

(1)你是否能主动完成工作现场的清洁和整理工作?(　　)

A. 主动完成　　B. 被动完成　　C. 未完成

(2)有 n 个电阻串联,每个电阻为 R,则总电阻应为(　　)。

A. R　　B. nR　　C. R/n

(3)有 n 个电阻并联,每个电阻为 R,则总电阻应为(　　)。

A. R　　B. nR　　C. R/n

(4)在220V的电源上,并联的灯泡越多,总电阻(　　),总电流(　　)。

A. 越大　越小　　B. 越小　越大　　C. 越大　越大

(5)将标有220V-60W和110V-60W的两灯泡并联在110V的电源电压上,则哪只灯泡较亮?若接在220V电源上会有什么后果?

(6)有人认为电流大的负载一定功率大,一个220V-40W的灯泡显然比手电筒的小灯泡(2.5V、0.3A)要亮得多,那么,40W的灯泡中电流是否一定比小灯泡的电流大?计算出40W灯泡中电流及小灯泡的电功率,并进行比较得出结论。

(7)如图1-27所示,已知 $R_1 = 750\Omega$, $R_2 = 500\Omega$,求等效电阻 R_{AB},如果总电流 $I = 125mA$,求电流 I_1 和 I_2。

(8)如图1-28所示电路中,$R_1 = 30\Omega$, $R_2 = 20\Omega$, $R_3 = 12\Omega$,求AB间的等效电阻 R_{AB} 为多少?

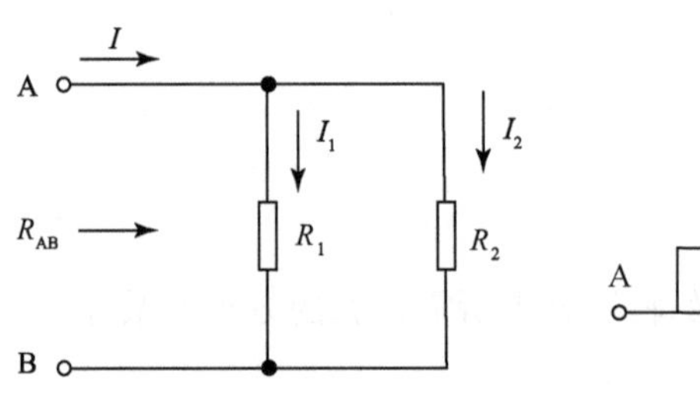

图 1-27　题(7)附图

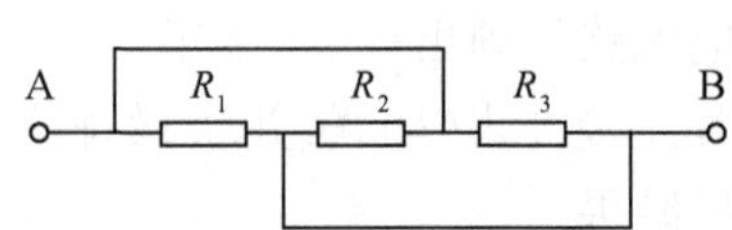

图 1-28　题(8)附图

(9)如图 1-29 所示电路中,已知 $I_1 = 0.8\text{A}$,$I_2 = 0.6\text{A}$,求通过 R_3 的电流。

(10)求图 1-30 所示电路中,A、B 间的等效电阻。

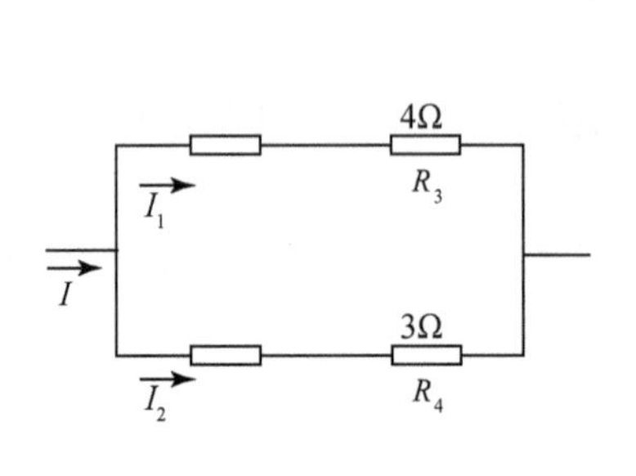

图 1-29　题(9)附图

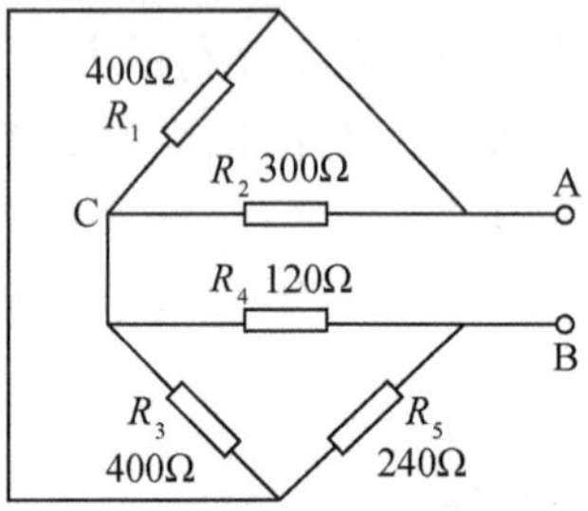

图 1-30　题(10)附图

(11)如图 1-31 所示,若已知 $R_1 = 4\Omega, R_2 = 3\Omega, R_3 = 6\Omega, R_4 = 1\Omega, E_1 = 10\text{V}, E_2 = 2\text{V}$。求 I_1、I_2 及 U_{CF}。

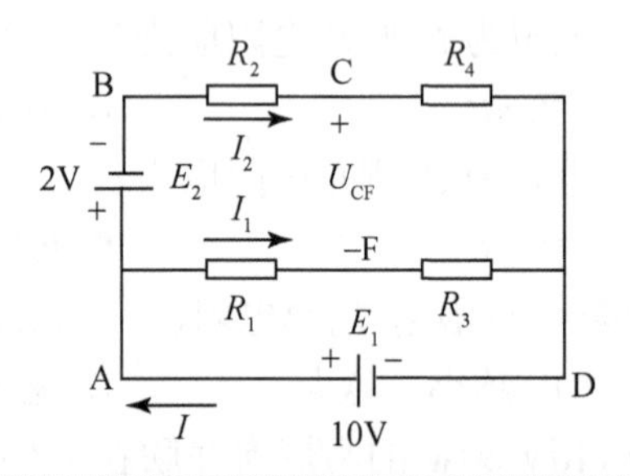

图 1-31　题(11)附图

签名:__________　______年______月______日

2. 小组评价与反馈

(1)工作页填写情况。(　　)

A. 填写完整　　B. 缺失 0% ~20%

C. 缺失 20% ~40%　　D. 缺失 40% 以上

(2)实施过程中是否注意操作质量和有责任心?(　　)

A. 注意质量,有责任心　　B. 不注意质量,有责任心

C. 注意质量,无责任心　　D. 全无

(3) 实验前有无进行安全检查并警示其他同学?(　　)

A. 有安全检查和警示　　B. 有安全检查无警示

C. 无安全检查、无警示

(4) 总体印象评价。(　　)

A. 非常优秀　　B. 比较优秀

C. 有待改进　　D. 急需改进

参与评价的同学签名:__________　______年______月______日

3. 教师评价

____

____

____

教师签名:__________　______年______月______日

学习任务二　正弦交流电认知

任务要求

完成本单元学习后,你应:

1. 了解单相交流电路中的基本概念;
2. 理解正弦交流电的三要素;
3. 了解正弦交流电的周期、频率、角频率之间的关系;
4. 正确描述电容器与电感器的概念和特性;
5. 掌握正弦交流电路中 RLC 串联电路的特点;
6. 了解三相电源的概念。

建议学时:14 学时。

任务概述

交流电与我们生活息息相关,学习和了解交流电的相关知识是一项最基本的技能要求。本学习任务主要学习正弦交流电基本知识。

主要学习任务

1. 正弦交流电基本概念了解;
2. 电容器与电感器认知;
3. 单相正弦交流电路认知;
4. 三相正弦交流电路认知。

子任务1　正弦交流电基本概念了解

任务描述

交流电被广泛应用于我们日常的生产和生活中,如我们家里日常使用的电,工厂使用的电,汽车维修生产等几乎也是使用交流电。本任务主要学习正弦交流电基本概念。

学习目标

1. 了解正弦交流电基本概念;

2. 理解正弦交流电的三要素；

3. 了解正弦交流电的周期、频率、角频率之间的关系。

建议学时：2 学时。

一、理论知识准备

交流电是指大小和方向都随时间作周期性变化的交变电动势、电压、电流的总称。交流电按其变化规律可分为正弦交流电和非正弦交流电，正弦交流电是指按正弦规律变化的交流电，如图 2-1 所示，本任务只学习正弦交流电。

与直流电相比，交流电在产生、输送和使用方面具有明显的优点和重大的经济意义。例如在远距离输电时，采用较高的电压可以减少线路上的损失。对于用户来说，采用较低的电压既安全又可降低电气设备的绝缘要求。这种电压的升高和降低，在交流供电系统中可以很方便而又经济地由变压器来实现。即使在大量需要使用直流电的场合（如电解、给汽车蓄电池充电等），也可将交流电利用整流设备整流为直流电使用。

正弦交流电的三要素是指能够完整地描述和表达交流电特征的三个基本物理量，即最大值（振幅）、频率（角频率或周期）和初相位。图 2-2 所示为正弦交流电流波形图，其一般数学表达式为

$$i = I_m \sin(\omega t + \varphi_i)$$

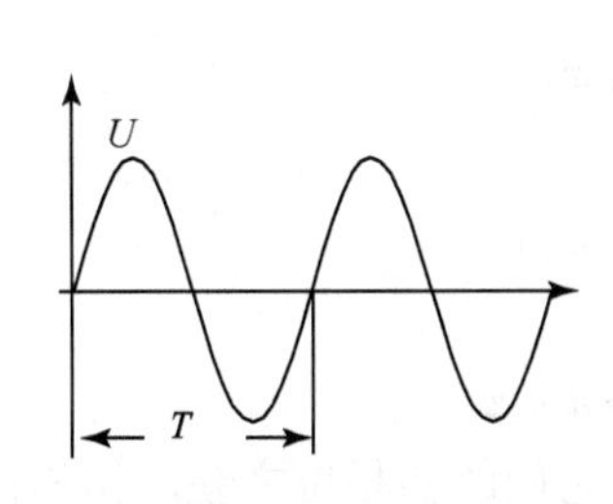

图 2-1　正弦交流电

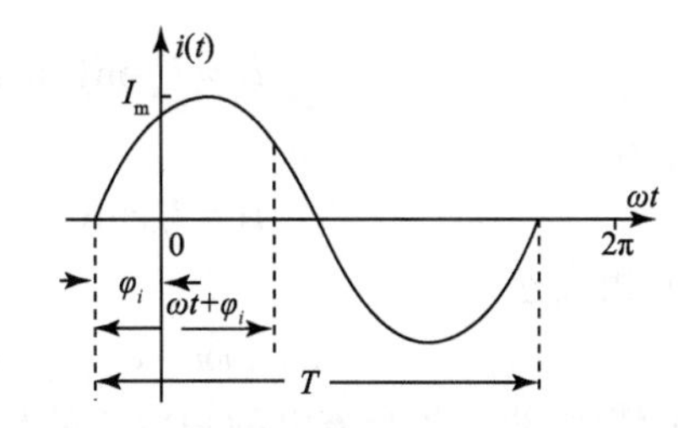

图 2-2　正弦交流电流波形图

1. 最大值

正弦交流电中最大的瞬时值称为最大值，也称振幅或峰值，电动势、电压、电流的最大值分别用 E_m、U_m 和 I_m 表示，最大值表示了正弦量的变化幅度，对于一个确定的正弦交流电量，其最大值是一个常数。

2. 频率（周期、角频率）

正弦交流电循环变化一周的时间称为周期，用 T 表示，单位为秒（s）。单位时间（1s）内包含的周期数称为频率，用 f 表示，单位为赫兹（Hz）。频率和周期互为倒数。即

$$f = \frac{1}{T} \text{或} T = \frac{1}{f}$$

我国电网交流电的频率是 50 Hz，称为工业标准频率，简称工频，其周期为 0.2s。

角频率 ω 表示在单位时间内正弦量所经历的电角度（α）。即

$$\omega = \frac{\alpha}{t}$$

式中：ω——角频率，rad/s。

在一个周期 T 内正弦量经历的电角度为 2rad 弧度，即有

$$\omega = 2\pi f = \frac{2\pi}{T}$$

3. 初相位

在表达式 $i = I_m \sin(\omega t + \varphi_i)$ 中，$(\omega t + \varphi_i)$ 是正弦函数随时间变化的角度，称为相位角，简称相位。相位表示正弦量在某一时刻所处的状态的物理量。对于某一给定的时间 t，就有一对应的相位。把 $t = 0$ 时的相位角称为初相位角，简称初相位，用 φ_i 表示。相位是决定正弦交流电在某一时刻所处的状态，初相位则确定正弦交流电在计时起点 $t = 0$ 时的初始值。

【例 2-1】 正弦交流电流的振幅值 $I_m = 20A$、频率 $f = 50$ Hz，初相位 $\varphi_i = \pi/4$。

求：当 $t = 0$ 时，电流 i 的瞬时值。

解：$t = 0$ 时，$i = I_m \sin(\omega t + \varphi_i) = I_m \sin\varphi_i = 20 \sin 45° = 14.1$(A)。

练一练

当 $t = 2$ms 时，电流 i 的瞬时值是多少？

相位差：相位差指的是两个同频率正弦交流电的相位之差，即初相位之差，用 φ 表示。例如正弦电流 i_1 为

$$i_1 = I_m \sin(\omega t + \varphi_1)$$

正弦电流 i_2 为

$$i_2 = I_m \sin(\omega t + \varphi_2)$$

则 i_1 与 i_2 的相位差为

$$\varphi = (\omega t + \varphi_1) - (\omega t + \varphi_2)$$

可见，两个同频率的正弦交流电的相位差就是它们的初相位之差。初相位不同，反映它们随时间变化的步调不一致。

分析正弦交流电时，常用超前和滞后两个术语来说明两个同频率正弦量经过零点（或最大值）的先后，即称先经过的为超前，后经过的为滞后。如图 2-3a）中所示的电动势曲线，在相位上电动势 e_1 超前电动势 e_2（或称电动势 e_2 滞后电动势 e_1）。

若相位差 $\varphi = 0$，如图 2-3b）所示，称 e_1 与 e_2 同相位，简称同相。

若相位差 $\varphi = \pi$，如图 2-3c）所示，称 e_1 与 e_2 反相位，简称反相。

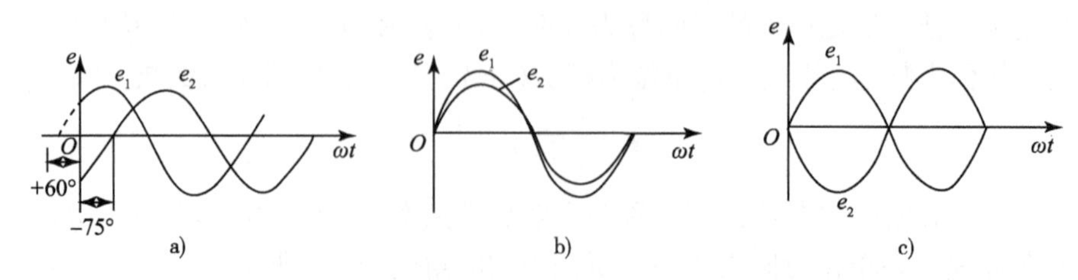

图 2-3 同频率交流电相位差关系

a）超前或滞后；b）同相；c）反向

4. 有效值

交流电的有效值是根据电流的热效应规定的，交流电流通过电阻时和直流通过电阻时一样，都会产生热量。若在数值相等的两个电阻中，分别通入交流电流与直流电流，在相同时间内，如果这两个电阻产生的热效应相等，则这个直流电流的数值就是该交流电流的有效值。因此，把热效应相等的直流电流的值称为交流电的有效值。交流电的电动势、电压和电流的有效值分别用大写字母 E、U、I 表示。

人们平时所说的交流电流、电压和电动势的大小，如 10A、220V、380V 等，是指它的有效值；交流电表所指示的数值以及各种交流电气设备铭牌上所标的额定值，也都是指有效值。正弦交流电的有效值和最大值之间的关系为

$$U_{有效} = \frac{1}{\sqrt{2}}U_{m} = 0.707U_{m} \qquad U_{m} = \sqrt{2}U_{有效}$$

可见，正弦量的有效值等于最大值的$\frac{1}{\sqrt{2}}$倍或 0.707 倍。

二、实践操作

(一) 实践准备

交流毫伏表(最大量程为 300V，最小量程为 10mV) 1 台，函数信号发生器(输出 20Hz ~ 1MHz 正弦电压) 1 台，示波器 1 台，如图 2-4 所示。

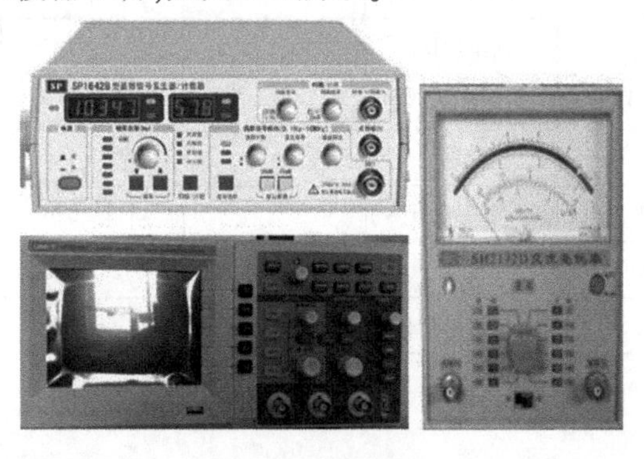

图 2-4　实物图

(二) 技术要求及注意事项

(1) 熟知电工电子实训室管理规章制度。

(2) 在指导教师的指导下完成实践操作。

(三) 操作步骤

通过实训，初步掌握交流毫伏表、函数信号发生器、示波器的使用。能用示波器观测正弦交流电的波形图。

(1) 按图 2-5 所示连接电路。

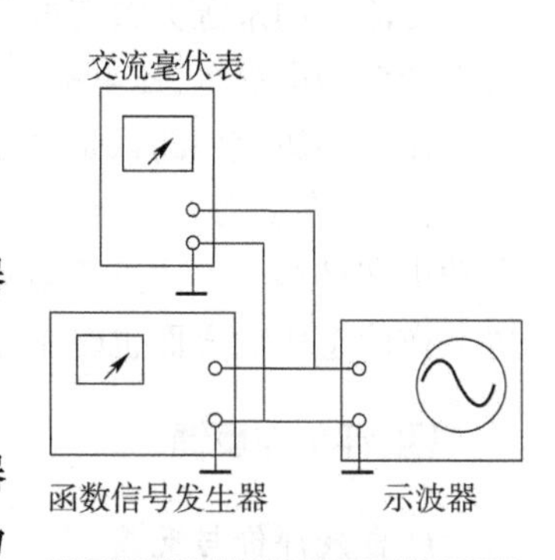

图 2-5　实验连接图

(2) 启动函数信号发生器和交流毫伏表，函数信号发生器选择正弦交流输出信号，衰减至 0dB，幅值调为 1V，频率调为 50Hz，它的输出衰减开关分别置于 dB、20dB、40dB、60dB 的位

置上,交流毫伏表选择合适的挡位,测量函数信号发生器输出信号电压值,并将测量结果记入表2-1。

测 量 结 果 表2-1

输出衰减开关位置(dB)	0	20	40	60
输出电压变化范围				

(3)将示波器电源接通预热后,调节“辉度”“聚焦”“X轴位移”“Y轴位移”等旋钮,使荧光屏上出现扫描线。

(4)调节函数信号发生器,使其输出电压为1V、频率为50Hz、衰减为0dB,用示波器观察信号电压波形,调节“X轴衰减”“Y轴增幅”旋钮,使荧光屏显示的电压波形的峰—峰值占5格左右。

(5)调节“扫描范围”“扫描微调”旋钮,使荧光屏上显示出数个完整、稳定的正弦波。

(6)由函数信号发生器输出如上所要求的信号,用示波器观察波形并测量其电压大小和周期。将各仪表的读数记入表2-2。

测 量 结 果 表2-2

<table>
<tr><td colspan="2" rowspan="2">正弦信号</td><td>频率(Hz)</td><td>400</td><td>1k</td><td>4k</td><td>8k</td></tr>
<tr><td>有效值(V)</td><td>1</td><td>2</td><td>4</td><td>6</td></tr>
<tr><td rowspan="3">函数信号发生器</td><td rowspan="2">旋钮挡位</td><td>输出衰减(dB)</td><td>0</td><td>20</td><td>40</td><td>60</td></tr>
<tr><td>频率(Hz)</td><td></td><td></td><td></td><td></td></tr>
<tr><td>输出信号</td><td>峰—峰值(V)</td><td></td><td></td><td></td><td></td></tr>
<tr><td rowspan="4">示波器</td><td>V/div</td><td>挡级</td><td></td><td></td><td></td><td></td></tr>
<tr><td>读数</td><td>电压峰—峰值(V)</td><td></td><td></td><td></td><td></td></tr>
<tr><td>t/div</td><td>挡级</td><td></td><td></td><td></td><td></td></tr>
<tr><td>读数</td><td>信号频率(Hz)</td><td></td><td></td><td></td><td></td></tr>
</table>

三、学习拓展

交流电的产生和应用

交流电的来源大致有两类:一类是由机械振动或其他非电信号转换为电振荡,如传声器将声音变为电振荡,压电晶体把机械振动变为电振荡等;另一类则是交流发电机或电子振荡器。作为能源使用的都是属于后一类型。

目前,在动力方面,绝大部分电力网都是交流的,因为交流电可以方便地变换电压;交流电动机在结构上也比直流电动机简单;在需要直流的地方还可以很方便地采用电子整流装置。在信息传输方面也时常用到交流电,例如载波通信的载波电流就是交流电。

四、评价与反馈

1.自我评价与反馈

(1)你是否能主动完成工作现场的清洁和整理工作?( )

A. 主动完成　　　　B. 被动完成　　　　C. 未完成

(2)正弦交流电的三要素是指(　　)(　　)和(　　)。

A. 最大值　　　　B. 角频率　　　　C. 初相位

(3)交流电的(　　)和(　　)都随时间作周期性的变化。

A. 大小　　　　B. 快慢　　　　C. 方向

(4)单位时间内包含的周期数称为(　　)。

A. 有效值　　　　B. 频率　　　　C. 相位

签名:____________　______年______月______日

2. 小组评价与反馈

(1)工作页填写情况。(　　)

A. 填写完整　　　　B. 缺失 0% ~20%

C. 缺失 20% ~40%　　　　D. 缺失 40% 以上

(2)实施过程中是否注意操作质量和有责任心?(　　)

A. 注意质量,有责任心　　　　B. 不注意质量,有责任心

C. 注意质量,无责任心　　　　D. 全无

(3)实验前有无进行安全检查并警示其他同学?(　　)

A. 有安全检查和警示　　　　B. 有安全检查无警示

C. 无安全检查、无警示

(4)总体印象评价。(　　)

A. 非常优秀　　　　B. 比较优秀

C. 有待改进　　　　D. 急需改进

参与评价的同学签名:____________　______年______月______日

3. 教师评价

____

____

____

教师签名:____________　______年______月______日

子任务 2　电容器与电感器认知

任务描述

电容器通常简称电容,电感器通常简称电感,在汽车电控系统中有着广泛的应用,而且经常一起配合使用。本任务主要学习电容器与电感器基本概念及检测。

学习目标

1. 了解电容器的结构和类型,理解电容量的概念和决定平行板电容器电容量大小的因素,理解电容器的充、放电特性;

2. 理解容抗的概念,掌握电容“隔直流,通交流,阻低频,通高频”的特性;

3. 了解电感器的结构和类型,理解电感量的概念;

4. 理解感抗的概念,掌握电感“通直流,阻交流,通低频,阻高频”的特性;

5. 会用万用表检测常用电容器和电感器。

建议学时:4 学时。

一、理论知识准备

(一)电容器

电容器是电路中常见的一种电器元件,它是存储能量的一种容器,它所存储的是电场能量。

1. 电容器的结构与类型

任何两块金属导体,中间用电介质(绝缘体)隔开,便组成了一个电容器。这两块导体称为电容器的极板,而电容器的电介质一般是空气、绝缘纸、云母、陶瓷及塑料薄膜等。

电容器的种类很多,按结构可分为固定电容器、微调电容器、可变电容器三类。其中固定电容器按照电介质不同又可分为纸介质电容器、陶瓷电容器、云母电容器、电解电容器、有机薄膜电容器等。常用电容器的图形符号如图 2-6 所示。

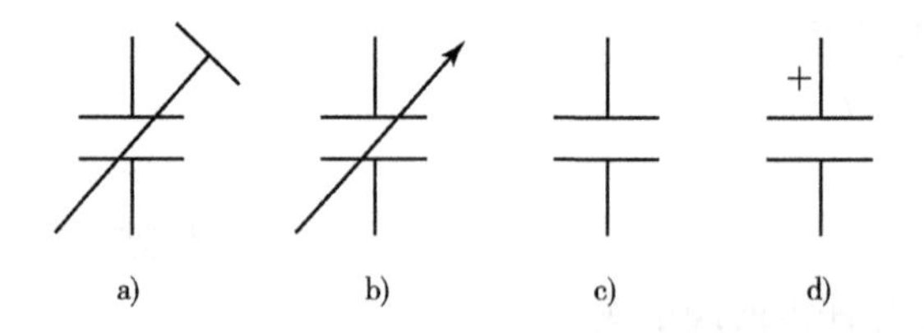

图 2-6　常见电容器的图形符号

a)微调电容器;b)可变电容器;c)一般电容器;d)电解电容器

2. 电容器的电容量

电容器存储电荷的能力称为电容器的电容量,简称电容,用文字符号 C 表示(C 同时也用来表示电容器)。电容量 C 的大小等于电容器两极板加单位电压时所存储的电荷量。电容量 C 表示电容器本身固有特性,与电压大小无关。电容器的电容 C 越大,则电容器存储电荷的能力越强。电容 C 的单位是法拉,简称法(F),实际应用中法拉太大,因此多采用微法(μF)和皮法(pF),它们的换算关系为:

$$1\mu F = 10^{-6}F$$

$$1pF = 10^{-6}\mu F = 10^{-12}F$$

若电容器的电容量为常数,与极板所加电压及存储电荷无关,这种电容器称为线性电容器(若无特殊说明,我们提到的电容器仅是指线性电容器)。

3. 电容器的主要特性

1)电容器的充放电规律

电容器充放电实验电路如图 2-7a)所示。电路由电源 E、电流表 A_1 与 A_2、电压表 V、电阻 R_1 与 R_2、灯泡 HL、双掷开关 S 及电容器 C 组成。实验过程中,当开关 S 合向“1”时,就构成了电容器充电电路，如图 2-7b）所示，电源 E 向电容器 C 充电。灯泡 HL 一开始较亮，然后逐渐变暗。从电流表 A_1 上观察到，电流（充电电流）由大到小变化。而从电压表 V 上可观察到，电压（电容器的电压）由小到大变化。经过一定时间后，电流表指示值回到零，电压表的指示值几乎等于电源电压。

当电容器充电结束时，电容器上建立了电压 U_c 并且等于电源 E 的电压。此时，将开关 S 由"1"合向"2"，则构成了电容器放电电路，如图 2-7c）所示。存储有电荷的电容器可等效于一个电源，并通过电阻 R_2 进行放电。灯泡 HL 由亮变暗，最后熄灭。从电流表 A_2 上观察到，电流由大到小变化（表明电路中有电流流过），最后下降为零。由电压表 V 上可观察到，电容器的电压由大到小逐渐下降，经过一定时间后下降为零（表示放电结束）。

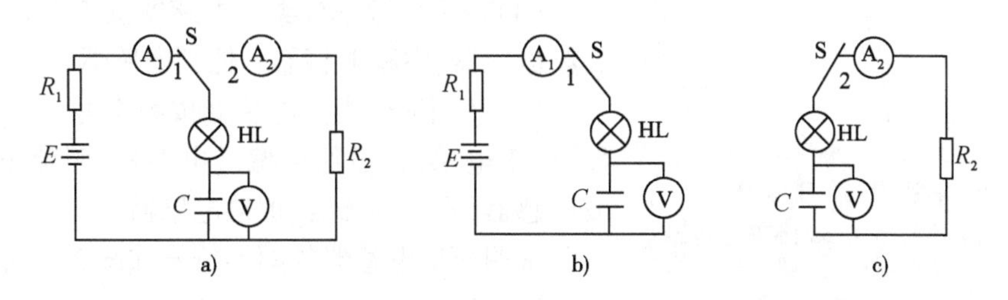

图 2-7　电容器充放电实验电路

a）实验电路；b）充电；c）放电

由以上实验可知，电容器的充放电规律为：

（1）电容器充电的过程就是极板上电荷不断积累的过程。放电时原来积累的电荷可向外释放。

（2）电容器充电与放电的快慢，取决于充放电电路中电阻 R 与电容 C 的乘积 RC（RC 记作 τ，τ 称为时间常数），而与电压的大小无关。当改变 τ 的大小，可以改变充放电的快慢（时间常数 τ 越大，充放电过程越慢，持续时间也越长，反之，则越快）。

2）电容器的工作特性

（1）电容器接在直流电路中，只有在接换电路时，由于电容器充电或放电，电路中才有电流通过（电荷的移动）。当电容器充电或放电结束后，电路中不会再有电流通过。所以电容器对直流电有"隔直"的工作特性。

（2）电容器接在交流电路中，随着交流电的不断变化，电容器将不断反复充放电，电路中形成不断变化的电流（电荷不停的来回移动）。所以，电容器对交流电有"容易通过"的工作特性。

（3）电容器在电路中工作时，它只是实现能量的转换，并不消耗能量。所以，电容器实质上是一种储能元件，它所存储的是电场能量。电容器存储能量的多少与电容器的电容 C 成正比，与电容器两极板间电压的平方成正比。

（二）电感器

能产生电感作用的元件统称为电感元件，常常直接称为电感器。它是利用电磁感应的原理进行工作的。电感器是一种储能元件，它所存储的是磁场能量（或者说它能以磁的形式储存电能）。

1. 电感器的结构与类型

电感线圈是用漆包线、纱包线或塑皮线等在绝缘骨架或磁芯、铁芯介质上绕制成的一组串联的同轴线圈。将电感线圈加上散热元件、外壳(外壳一般需用不导磁材料)及接线柱(或插接器)就制成了电感器。

电感器的类型很多,通常可以按如下几种方式进行分类:

(1)按结构分类。电感器按其结构的不同可分为固定电感器、可变电感器和微调电感器。

(2)按接线结构分类。电感器按接线结构不同分为单层线圈电感器、多层线圈电感器和蜂房式线圈电感器。

(3)按工作频率分类。电感器按工作频率可分为高频电感器、中频电感器和低频电感器。

(4)按用途分类。电感器按用途可分为振荡电感器、校正电感器、显像管偏转电感器、阻流电感器、滤波电感器、隔离电感器、被偿电感器等。

常用简单电感器的图形符号如图2-8所示。

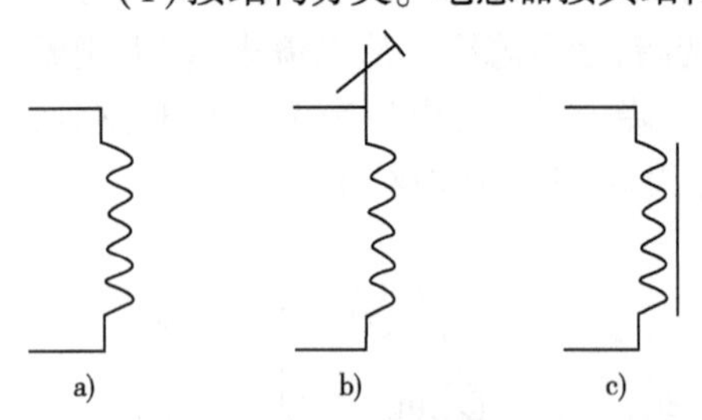

图2-8 常用电感器图形符号
a)一般电感;b)带磁芯电感;c)带铁芯电感

2. 电感器的电感量

电感器的电感线圈产生磁场的能力,称为该线圈的电感量(又称自感系数),简称电感,用文字符号 L 表示(L 同时也表示电感器)。电感量 L 的大小等于电感线圈通入单位电流所产生的磁链。电感量 L 表示电感线圈本身固有特性。电感器电感线圈的电感量 L 越大,则它储存的磁场能量也就越多。电感的单位是亨利,简称亨(H),常用单位还有毫亨(mH)和微亨(μH)。它们的换算关系为

$$1\text{mH} = 10^{-3}\text{H}$$

$$1\mu\text{H} = 10^{-3}\text{mH} = 10^{-6}\text{H}$$

电感器中用非铁磁性材料作介质时(比如空心线圈),电感 L 为常数,这样的电感线圈称为线性电感。如果线圈中的介质是铁磁性物质,则电感 L 将随电流的强弱而变化,这类电感称为非线性电感。

3. 电感器的主要特性

电感器主要由电感线圈进行工作,因而我们用电感线圈来简单介绍电感器的主要特性。

1)自感与互感

对于接在电路中的电感线圈,当电感线圈中的电流发生变化时,电感线圈会对电流的变化起阻碍作用,即电感线圈会产生感应电动势,称为自感。如果是两个相邻电感线圈,当其中一个电感线圈的电流发生变化时,另一个电感线圈将产生感应电动势来阻止电流的变化,这称为互感。自感与互感是电感线圈工作的基础。

2)工作特性

(1)电感线圈接在直流电路中,当线圈的电流增大或减小时,电感线圈会阻碍电流的变化,但一定时间之后,阻碍作用将会消失。只有电流再次变化时,电感线圈才会再次起作用。

所以，电感线圈对直流电的阻碍非常短暂，可认为电感线圈对直流电有“容易通过”的工作特性。

(2)电感线圈接在交流电路中，随着交流电的不断变化，电感线圈将会反复不断地起阻碍作用，交流电的频率越高，阻碍作用就会越明显。所以，电感线圈对交流电有“阻高频、通低频”的工作特性。

(3)与电容器一样，电感器在电路中工作时也是实现能量的转换，实质上也是一种储能元件，它所存储的是磁场能量。但因电感线圈本身有一定电阻值，所以它在工作时会以热的形式损耗掉一小部分能量。电感器存储能量的多少与电感线圈的电感量 L 成正比，与通过电流的平方成正比。

二、实践操作

(一)实践准备

指针式万用表、不同电容量的电容器、不同电感量的电感器。

(二)技术要求及注意事项

(1)熟知电工电子实训室管理规章制度。

(2)在指导教师的指导下完成实践操作。

(三)操作步骤

1. 用万用表检测电容器

对于电容量较大的电容器，用指针式万用表电阻挡可以判断电容器好坏，对其质量进行定性分析。

检测较大容量有极性电容器时，如图 2-9 所示，一般电容量大于 47μF 选 $R\times100\Omega$ 挡，电容量为 1～47μF 选 $R\times1\text{k}\Omega$ 挡，将黑表笔接电容器正极，红表笔接电容器负极；若是检测无极性电容器，则两支表笔可以不加区分。具体判断方法参考表 2-3。

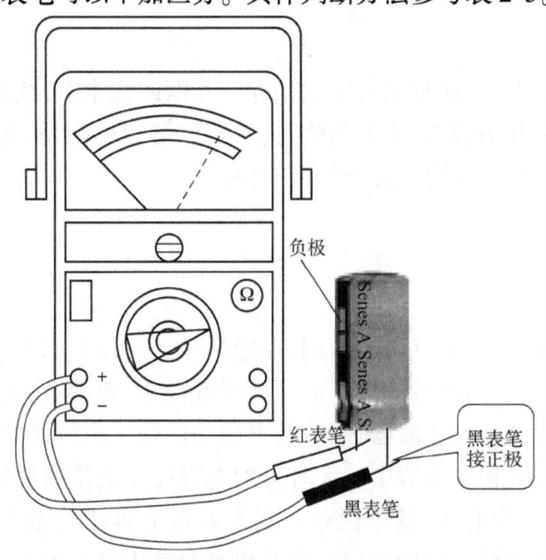

图 2-9　用万用表检测电容器

测量结果说明　　表2-3

表针偏转情况	说　明
∞　0　$R\times1$ kΩ挡	表针先向右偏转,然后向左回摆到底(阻值无穷大处),电容器正常
∞　0　$R\times1$ kΩ挡	表针向左回摆不到底,而是停在某一刻度上,该阻值即为电容器的漏电阻值。此值越小,说明漏电越严重
∞　0　$R\times1$ kΩ挡	表针向右偏转到欧姆零位后不再回摆,电容器内部短路
∞　0　$R\times1$ kΩ挡	表针无偏转和回转,电容器内部可能已断路,或电容量很小,不足以使表针偏转

测量注意事项:

(1)检测电容器时,手指不要接触到表笔和电容器引脚,以免人体电阻对检测结果带来影响。

(2)如果是在线检测大容量电容器,应在电路断电后,先用导线将被测电容器的两个引脚相碰一下,放掉可能存在的电荷,对于容量很大的电容器,则要用100Ω左右电阻来放电。

(3)由于小容量(小于1pF)电容器漏电阻很大,所以测量时应用$R\times10$kΩ挡,这样测量结果较为准确。

2. 检测电感器

电感器的直流电阻很小,通常只有零点几欧或几欧或几十欧,线径越细,圈数越多,电阻值越大。一般情况下用万用表$R\times1$Ω挡测量,只要能测出电阻值,即可认为电感器是正常的;如果测量结果为无穷大,说明电感器已经断路。

三、学习拓展

1. 电容器的应用

由于电容器具有通交流、隔直流的作用,在电路里,需要将交流电输入到下一级而又不让直流通过时,可以用电容器进行输送。而在电子线路中,电容用来通过交流而阻隔直流,也用来存储和释放电荷以充当滤波器,平滑输出脉动信号。小容量的电容,通常在高频电路中使用,如收音机、发射机和振荡器中。大容量的电容往往是作滤波和存储电荷用。电容器在汽车上也有使用:比如蓄电池(蓄电池是一只大容量电容器),蓄电池在发动机起动和发电机不发电时对外放电,而发电机发电后,发电机可对蓄电池进行充电;传统点火系统中采用电容器与断电器触点并联以保护断电器触点,同时还可增大火花塞跳火能量。

2. 电感器的应用

由于电感器的电感线圈具有阻流的作用,电感器可用来变压、筛选信号、过滤噪声、稳定电流、抑制电磁波干扰等。汽车点火系统中的点火线圈就是将12V低压电转换为20000～30000V高压电的一个实例。

电容器与电感器的用途非常广泛。电容器与电感器是组成电子线路的重要元件。电感、电容、电阻和晶体管等元件通过适当组合后,能构成各种功能的电子电路。它们在调谐、振荡、耦合、匹配、滤波等电路中发挥重大作用。

四、评价与反馈

1. 自我评价与反馈

(1)你是否能主动完成工作现场的清洁和整理工作?(　　)

A. 主动完成　　B. 被动完成　　C. 未完成

(2)电容器存储电荷的能力称为电容器的(　　)。

A. 电容量　　B. 电感量　　C. 电流

(3)电感器的电感线圈产生磁场的能力,称为该线圈的(　　)。

A. 电容量　　B. 电感量　　C. 电流

(4)在电路中,电容器具有(　　)的作用。

A. 通交流、通直流　　B. 通交流、隔直流

C. 隔交流、隔直流

签名:____________　______年______月______日

2. 小组评价与反馈

(1)工作页填写情况。(　　)

A. 填写完整　　B. 缺失0%～20%

C. 缺失20%～40%　　D. 缺失40%以上

(2)实施过程中是否注意操作质量和有责任心?(　　)

A. 注意质量,有责任心　　B. 不注意质量,有责任心

C. 注意质量,无责任心　　D. 全无

(3)实验前有无进行安全检查并警示其他同学?(　　)

A. 有安全检查和警示　　B. 有安全检查无警示

C. 无安全检查、无警示

(4)总体印象评价。(　　)

A. 非常优秀　　B. 比较优秀　　C. 有待改进　　D. 急需改进

参与评价的同学签名:____________　______年______月______日

3. 教师评价

____

____

____

教师签名:____________　______年______月______日

子任务3　单相正弦交流电路认知

将用电设备接到交流电源上构成的电路称为交流电路。交流电路的电源中只有一个交变电动势则称为单相交流电。本任务主要学习纯电阻电路、纯电感电路、纯电容电路及RLC串联电路。

1. 了解纯电阻交流电路、纯电感交流电路、纯电容交流电路中电压与电流之间的相位关系和数量关系；
2. 理解交流电路中瞬时功率、有功功率和无功功率的概念；
3. 理解电感和电容的储能特性；
4. 了解RLC串联电路中电压与电流之间的关系。

建议学时:4学时。

一、理论知识准备

(一)纯电阻电路

电阻起主要作用,而电感L和电容C均可忽略不计的电路称为纯电阻电路。例如白炽灯、电阻炉或变阻器等负载可近似看成纯电阻性负载,由它们构成的电路可看作纯电阻电路。在电路中,负载电阻用R表示,其电压、电流的关系如图2-10所示。

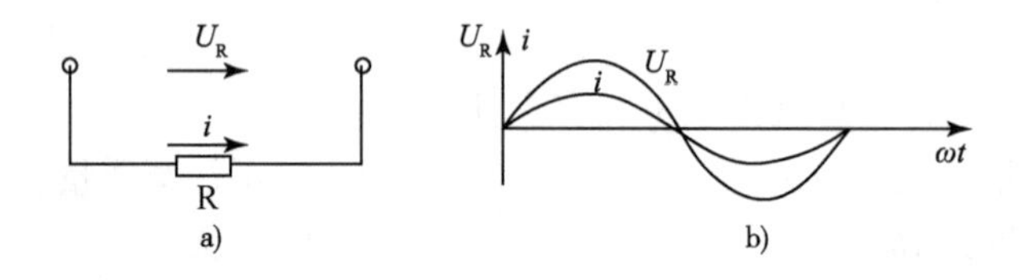

图2-10　纯电阻电路
a)电路图;b)波形图

(1)电流和电压的有效值(最大值或瞬时值)满足欧姆定律,即

$$I=\frac{U_R}{R}$$

(2)电路的功率。在纯电阻电路中,电压与电流瞬时值的乘积,称为瞬时功率。虽然任何瞬时电阻都从电源取用功率,但是由于瞬时功率时刻变动,不便计算,因而,通常都是计算一个周期内取用功率的平均值,即平均功率。平均功率又称有功功率。即

$$P=U_RI=I^2R=\frac{U_R^2}{R}$$

式中:P——有功功率,W;

U_R——加在电阻两端交流电压的有效值,V;

I——通过电阻交流电流的有效值,A;

R——负载电阻,Ω。

(二)纯电感电路

电感 L 起主要作用,而电阻 R 和电容 C 均可忽略不计的电路称为纯电感电路。当一个电阻值很小的电感线圈接在交流电源上时,也可认为是纯电感电路,如图 2-11 所示。

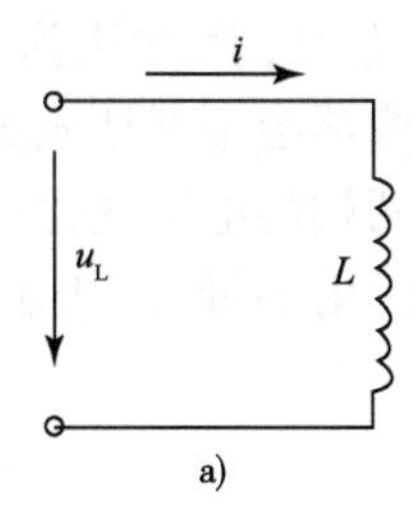

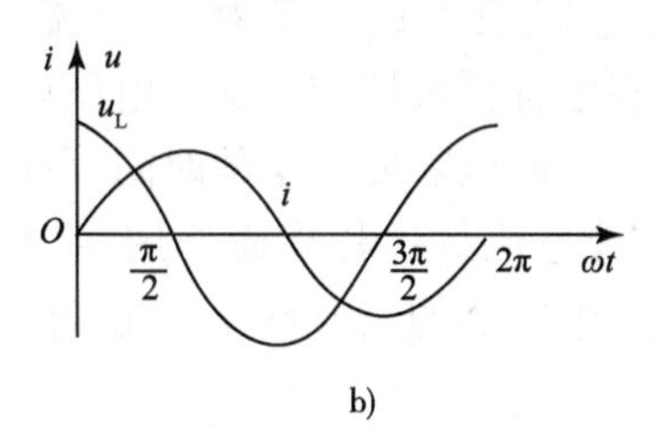

图 2-11　纯电感电路

a)电路图;b)波形图

电感线圈在通过交变电流时,会产生自感电动势而阻碍电流的通过。电感线圈对交流电流的这种阻碍作用称为感抗,感抗与交流电的频率、线圈的电感成正比。即

$$X_L = \omega L = 2\pi fL$$

式中:X_L——感抗,Ω;

L——线圈的电感(或称自感),H;

f——交流电的频率,Hz。

感抗的值随频率变化而变化的。频率越低,感抗就越小;直流时,感抗为零,电感相当于短路。因此电感线圈在交流电路中有"通直流阻交流"的特性。

由理论实验和图 2-11 得出以下结论:

(1)电压与电流的有效值(或最大值)满足欧姆定律,即有

$$I = \frac{U_L}{X_L}$$

(2)电感上的电压相位超前电流相位 90°。

(3)纯电感电路不消耗功率,有功功率 $P = 0$,无功功率(反映电感在电路中与电源进行的能量交换的大小)用 Q_L 表示,单位为乏(var)。

$$Q_L = U_L I = X_L I^2 = \frac{U_L^2}{X_L}$$

小提示

在一个周期内,电感吸收的电能等于它释放的磁场能,它不消耗能量,只是在电路中起能量交换作用。电感平均功率为零。

【例 2-2】　在电压为 220V,频率为 50Hz 的电源上接电感 $L = 0.127$H 的纯电感。试求线圈的感抗 X_L,线圈中电流的有效值 I 及无功功率 Q_L。

解:感抗 $X_L = 2\pi fL = 2 \times 3.14 \times 50 \times 0.127 = 40(\Omega)$

电流有效值 $I = \dfrac{U_L}{X_L} = 220 / 40 = 5.5(A)$

无功功率 $Q_L = U_L I = 220 \times 5.5 = 1210(var)$

(三)纯电容电路

电容 C 起主要作用,而电阻 R 和电感 L 均可忽略不计的电路称为纯电容电路。当一个介质消耗很小、绝缘电阻很大的电容接在交流电源上时,就可认为是纯电容电路。如图 2-12 所示。由于在电容器两端加上交变电压后,电容器会不断地充放电,所以,在电路中形成充放电电流,因为充放电需要一定的时间,所以其两端的电压变化总要滞后于其电流的变化。把电容器对交流电流的这种阻碍作用称为容抗,用字母 X_C 表示,单位为欧姆(Ω)。容抗与交流电的频率、电容器的电容量成反比,即

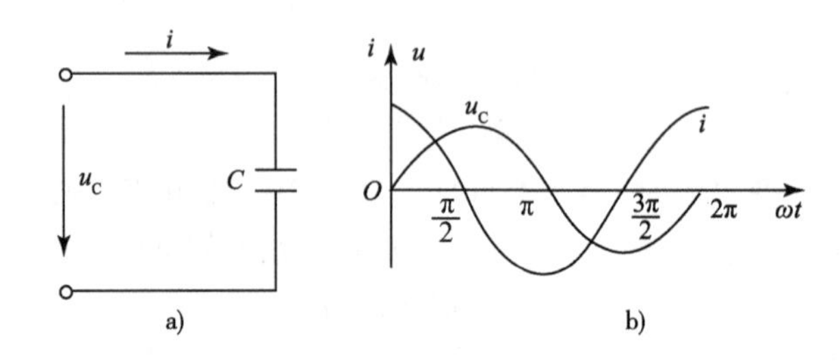

图 2-12 纯电容电路
a)电路图;b)波形图

理论和实验得出如下结论:

(1)电压与电流的有效值(或最大值)满足欧姆定律,即

$$I = \frac{U_C}{X_C}$$

(2)电容上的电压相位滞后电流相位 90°。

(3)纯电容电路不消耗功率,有功功率 $P = 0$,无功功率用 Q_L 表示,单位为乏(var)。即

$$Q_C = U_C I = X_C I^2 = \frac{U_C^2}{X_C}$$

(四)RLC 串联电路

将交流电路中的三种基本元件 R、L、C 相串联起来组成的电路就是 RLC 串联电路。例如一个实际线圈(相当于 R 与 L 串联)和电容串联就组成 RLC 串联电路。

RLC 串联电路如图 2-13 所示。设在电路的两端加正弦交流电压 U,电路中的电流为 i,电路中各元件的电压和电流的参考方向如图 2-13 所示,下面来讨论该电路的电流和电压之间的关系。

交流电路 R、L、C 串联,通过同一个正弦电流,以相量的形式表示:

即 $$\dot{I} = \dot{I}_R = \dot{I}_L = \dot{I}_C$$

根据各元件的特点:

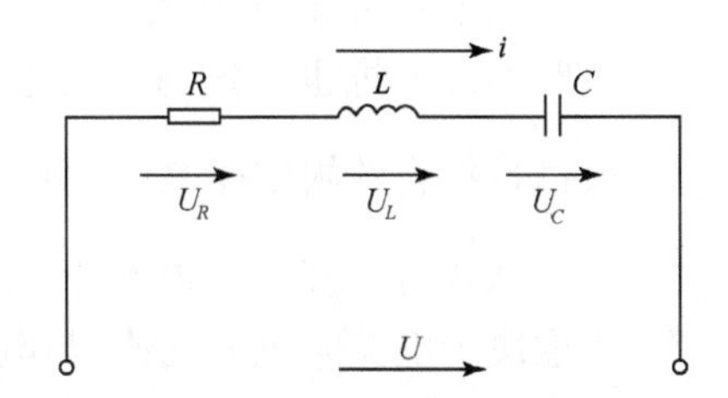

图 2-13　RLC 串联电路

电阻 R,U_R 与 i 同相位,电阻 R 两端的电压有效值为:$U_R = IR$。

电感 L,U_L 比 i 超前 90°,电感 L 上的电压有效值为:$U_L = IXL$。

电容 C,U_C 比 i 滞后 90°,电容 C 上的电压有效值为:$U_C = IXC$。

根据 KVL 可列出电压的关系式:$u = u_R + u_L + u_C$

用电压的向量表示为:$\dot{U} = \dot{U}_R + \dot{U}_L + \dot{U}_C$

用向量表示电压与电流的关系,则为

$$\dot{U} = R\dot{I} + jX_L\dot{I} - jX_C\dot{I} = [R + j(X_L - X_C)]\dot{I}$$

式中:$Z = R + j(X_L - X_C) = R + jX = |Z| \angle \varphi$

式中的 $X = (X_L - X_C)$ 称为电路的电抗。Z 称为电路的阻抗,单位为欧姆(Ω),φ 为阻抗 Z 的幅角。式 $Z = R + jX$ 说明:阻抗是复数,它的实部是电阻 R,虚部是电抗 X。

根据以上分析可以画出阻抗三角形如图 2-14 所示,该阻抗三角形以 R 为一直角边,$X = (X_L - X_C)$ 为另一直角边,斜边为 $|Z|$。由图 2-14 可知,运用阻抗三角形和复数的运算法则,可以求出电路的总阻抗 Z 的模和复角 φ 为

$$Z = \sqrt{R^2 + (X_L - X_C)^2} = \sqrt{R^2 + X^2}$$

$$\varphi = \arctan\frac{X_L - X_C}{R} = \arctan\frac{X}{R}$$

根据以上分析和各元件特点,以电流 i 为参考量可以画出电压向量图,如图 2-15 所示,由图上几何关系可得

总电压 $U = \sqrt{U_R^2 + (U_L - U_C)^2} = \sqrt{(IR)_R^2 + (IX_L - IX_C)^2} = I\sqrt{R^2(X_L - X_C)^2} = IZ$

总电压与电流的相位差角 φ 的大小为

$$\varphi = \arctan\frac{U_L - U_C}{U_R} = \arctan\frac{X_L - X_C}{R}$$

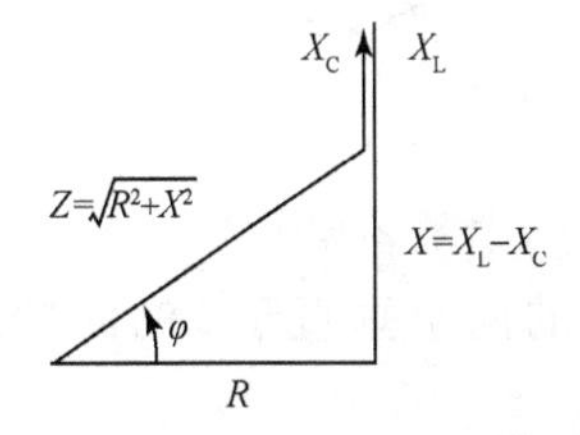

图 2-14　阻抗三角形

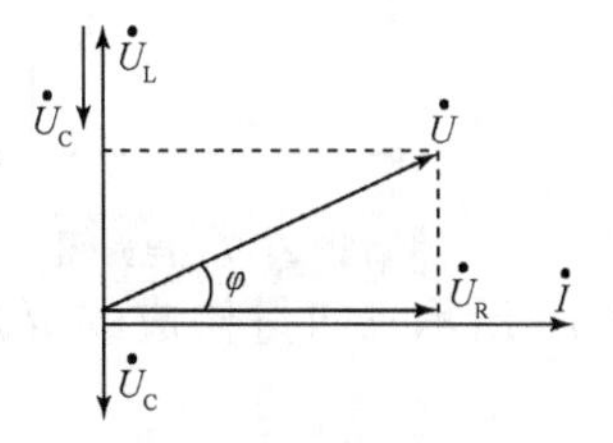

图 2-15　电压向量图

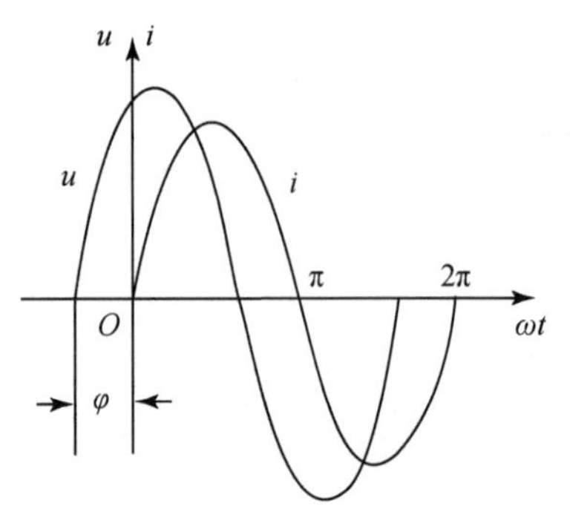

图 2-16 串联电路电压、电流波形图

从上式可知,当电路参数 R、L、C 及电源频率一定时,电路的总电抗也一定,这时,电路的总电流和总电压的有效值也符合欧姆定律关系,即 $I=\dfrac{U}{Z}$。

从式可知,此时,电路上电压和电流的相位差角的大小取决于电路阻抗的比值,与电压、电流的值无关。即

$$\varphi=\arctan\frac{U_L-U_C}{U_R}=\arctan\frac{X_L-X_C}{R}$$

综上所述,可画出 RLC 串联电路的电压、电流波形图,如图 2-16 所示。在 RLC 串联电路中,各参数值不同,使电路呈现不同的情况和性质。

(1)当 $X_L>X_C$时,$\varphi>0$,则电路呈电感性质,类似于 RL 串联电路,这时总电压超前电流 φ 角。

(2)当 $X_L<X_C$ 时,$\varphi<0$,则电路呈电容性质,类似于 RC 串联电路,这时总电压滞后电流 φ 角。

(3)当 $X_L=X_C$ 时,$\varphi=0$,此时 $Z=R$,则电路呈纯电阻性质,类似于 R 元件电路,这时总电压和电流同相,它又称为串联谐振电路。

【例 2-3】 如图 2-17 所示 RLC 串联电路,已知,$U=U_2$,$R=4\Omega$,$X_L=3\Omega$,求 X_C($X_C\neq0$),请判断此电路的性质。

解:首先求出 AB 段电路的阻抗值为

$$Z_{AB}=\sqrt{R^2+X_L^2}=\sqrt{4^2+3^2}=5\ (\Omega)$$

在此串联电路中,设电流为参考量(初相位 $\varphi_i=0$),可求出 $\dot{I}$ 和 AB 段电压 U_2 之间的相位差 φ,因为 AB 电路是 RL 串联电路,则电流 $\dot{I}$ 必定滞后 U_2,ϕ 的大小为

$$\varphi=\arctan\frac{X_L}{R}=\arctan\frac{3}{4}\approx37°$$

因为电容电压 U_c 滞后电流 i 90°,又有条件 $U=U_2$,所以 U 和 U_2 的有效值向量长度必定相等,但相位不等,U 的向量等于 U_C 的向量加上 U_2 的向量,画出向量图如图 2-18 所示。

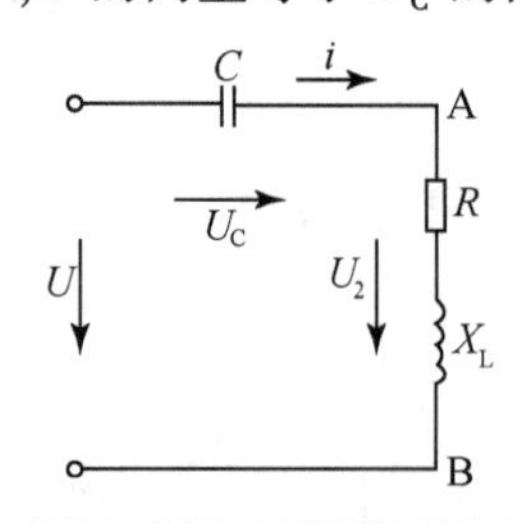

图 2-17 电路图

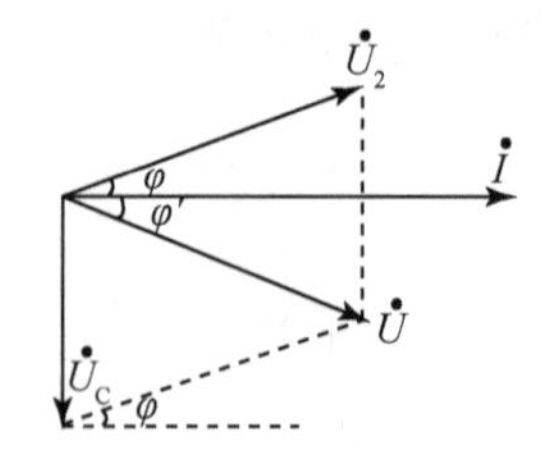

图 2-18 向量图

向量图 2-18 所示三向量构成的等腰三角形,U_C 的向量垂直于 i 的向量,根据几何关系有

$$\frac{1}{2}U_C=\frac{1}{2}IX_C=U_2\sin\varphi$$

即 $IX_C = 2U_2\sin37° = 2U_2 \times 0.6 = 1.2Z_{AB}I$

可得 $X_C = 1.2 \times Z_{AB} = 1.2 \times 5\Omega = 6(\Omega)$

由以上结果可知：$X_C = 6\Omega$，$X_L = 3\Omega$，$X_C > X_L$，可判断该电路呈电容性。

另外，从向量图也可知：电流 I 超前电压 U 一个角度 φ_2，故也可判断此电路呈电容性。

二、实践操作

（一）实践准备

白炽灯（220V/25W）2 只，镇流器（220V/40W）1 只，电容器（2pF/600V）1 只，交流电压表（0～500V）（或用万用表）1 块，交流电流表（0～1A）3 块，导线，开关等。

（二）技术要求及注意事项

（1）熟知电工电子实训室管理规章制度。

（2）在指导教师的指导下完成实践操作。

（三）操作步骤

1. 电阻串联电路（两只白炽灯串联）

按图 2-19 连接电路，检查无误后接通电源。电流表读数为 $I=$________ A，测量电源电压为________ V，两只灯泡两端电压为 $U_1=$________ V，$U_2=$________ V。

2. *RL* 串联电路（白炽灯、镇流器串联）

按图 2-20 连接电路，检查无误后接通电源。电流表读数为________ A，测量电源电压为________ V，灯泡两端电压 U_r 为________ V，镇流器两端电压 U_L 为________ V。

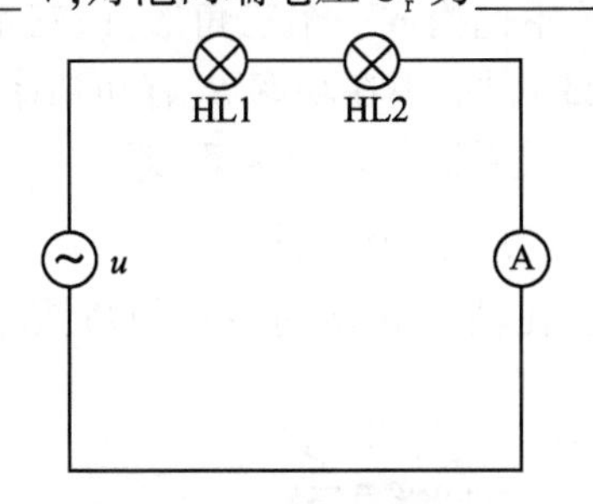

图 2-19　电阻串联电路

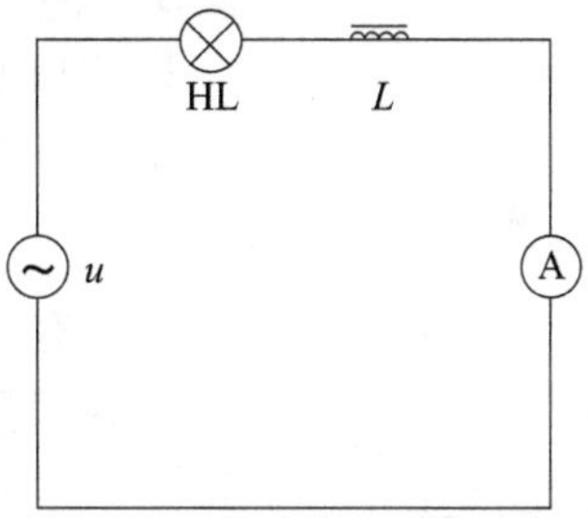

图 2-20　RL 串联电路

3. RLC 串联电路（白炽灯、镇流器和电容器串联）

按图 2-21 连接电路，检查无误后接通电源。电流表读数为________ A，测量电源电压为________ V，测量灯泡两端电压 U_r 为________ V，镇流器两端电压 U_L 为________ V，电容器两端电压 U_C 为________ V。

4. RC 并联电路（白炽灯与电容器并联）

按图 2-22 连接电路，检查无误后接通电源，3 只电流表的读数分别为 $I=$________ A，$I_R=$________ A，$I_C=$________ A。

三、学习拓展

RLC 串联电路功率的关系

在分析前面单独元件的电路时，我们已经知道：纯电阻元件在电路中是负载，它将消耗电路的能量,将电能转换成其他形式的能量并对外做功,所做的功称为有功功率;纯电感和纯电容在电路中是储能元件,它们不消耗电路的能量,仅仅在电路上往复地与电源进行能量的交换,所交换能量的最大值称为无功功率,利用有功功率 $P=I^2R$ 和无功功率 $Q=I^2X$ 的关系式,可以讨论这些功率之间的关系。

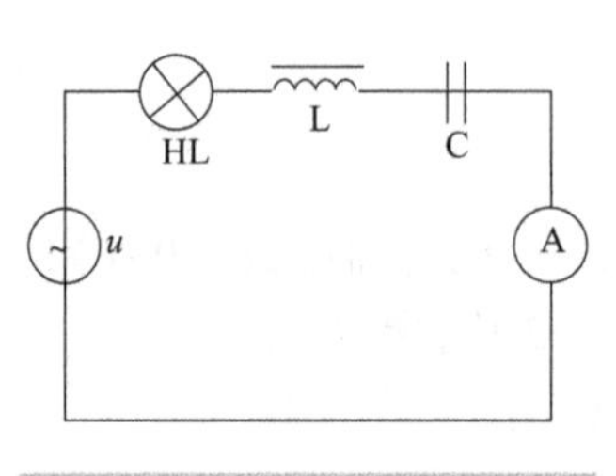

图 2-21 RLC 串联电路

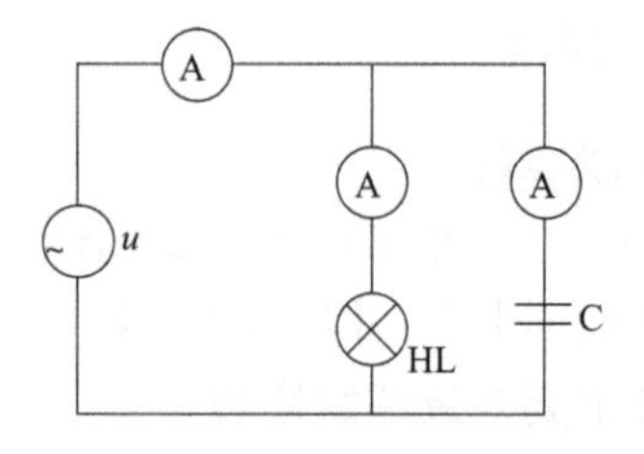

图 2-22 RC 并联电路

在式 $Z=R+j(X_L-X_C)=R+jX$ 的两端同乘 I^2 得:

$$I^2Z=I^2R+JI^2(X_L-X_C)$$

$$S'=P+jQ$$

根据功率是标量的特征和上式,可以作出如图 2-23 所示的总功率、有功功率和无功功率的三角形关系图。

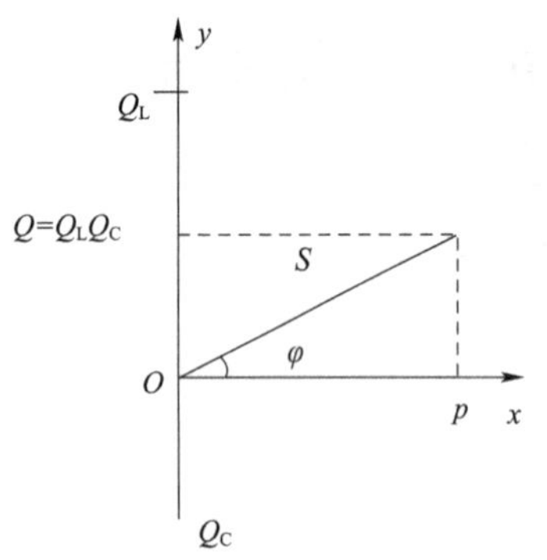

图 2-23 功率三角形

图中的 $P=I^2R$ 为电路所消耗的有功功率,$Q=I^2X$ 为电路的总无功功率,$S=UI$ 称为电路的视在功率。图 2-23说明 S、P、Q 数值之间的关系也构成一个三角形,该三角形称为功率三角形。由图 2-23 可见,视在功率 S、有功功率 P、无功功率 Q 三者数值之间的关系满足勾股定理,即

$$S=\sqrt{P^2+Q^2}$$

有功功率 P 与视在功率 S 之间夹角的余弦称为电路的功率因数,即

$$\cos\varphi=\frac{P}{S}$$

功率因数是描述电源设备利用率的物理量,式中的 φ 称为功率因数角。

视在功率 S 并不表示交流电路实际消耗的功率,它只是表示电源可能提供的最大功率或电路可能消耗的最大有功功率。为了与实际的有功功率相区别,视在功率的单位用伏安(VA)或千伏安(kVA)来计量。

用电设备铭牌上标明的额定功率是指额定的有功功率 P_N,而交流电源设备如交流发电机、变压器、交流稳压电源等的额定功率指的就是这些设备的额定视在功率 S_N,即额定电压 U_N和额定电流 I_N的乘积。即

$$S_N=U_N\,I_N$$

额定视在功率 S_N 又称额定容量,简称容量。它表明电源设备允许提供的最大有功功率,但不是实际输出的有功功率。这也是交流发电机、变压器、交流稳压电源等电源设备容量的计量单位用伏安(VA),而不用瓦(W)的原因。

一个电源实际输出的有功功率与电源所接负载的特性有关。当电源接的是纯电阻负载时，实际输出的有功功率等于电源的容量；当电源不是接纯电阻负载时，实际输出的有功功率将小于电源的容量。

电源接负载的目的是为了实现能量的转换。即通过负载将电场能量转化成其他形式的能量对外做功，输出有功功率。但电源所接的负载有许多像电动机那样的设备，这些设备主要是由各种线圈组成的，对电源来说是一个感性的负载。电源带这样的设备，因电流和电压不同相，功率因数将下降，电源设备的利用率将下降。要提高电源设备的利用率，必须提高电路的功率因数。

四、评价与反馈

1. 自我评价与反馈

(1)你是否能主动完成工作现场的清洁和整理工作？(　　)

A. 主动完成　　B. 被动完成　　C. 未完成

(2)在交流电路中，电感、电容是(　　)元件。

A. 储能　　B. 耗能　　C. 不确定

(3)在交流电路中，电感上电压的相位(　　) 电流。

A. 超前　　B. 滞后　　C. 同步

(4)在交流电路中，电容上电压的相位(　　)电流。

A. 超前　　B. 滞后　　C. 同步

签名：__________　______年______月______日

2. 小组评价与反馈

(1)工作页填写情况。(　　)

A. 填写完整　　B. 缺失 0% ~20%

C. 缺失 20% ~40%　　D. 缺失 40% 以上

(2)实施过程中是否注意操作质量和有责任心？(　　)

A. 注意质量，有责任心　　B. 不注意质量，有责任心

C. 注意质量，无责任心　　D. 全无

(3)实验前有无进行安全检查并警示其他同学？(　　)

A. 有安全检查和警示　　B. 有安全检查无警示

C. 无安全检查、无警示

(4)总体印象评价。(　　)

A. 非常优秀　　B. 比较优秀　　C. 有待改进　　D. 急需改进

参与评价的同学签名：__________　______年______月______日

3. 教师评价

____

____

____

教师签名：__________　______年______月______日

子任务4　三相正弦交流电路认知

任务描述

由三相电源、三相输电线和三相负载等组成的电路称为三相正弦交流电路。三相电源是由三个频率相同、幅值相同、相位互差120°的正弦电压源按一定方式联结而成的。本任务主要学习三相正弦交流电路基础知识。

学习目标

1. 了解三相交流电的产生和特点；
2. 理解三相交流电相序的概念；
3. 了解三相四线制、三相五线制和三相三线制供电方式。

建议学时:4学时。

一、理论知识准备

单相交流电路中的电源只有两个输出端钮,输出一个正弦电压或电流。现在,世界上电力网几乎都是采用三相正弦交流电向用户供电。因为在输送功率相同、电压相同、距离相同,功率因数和线路损耗相等的情况下,采用三相输电比用单相输电可节约25%左右的材料;作为生产机械主要动力的电动机,三相电动机比同容量的单相电动机结构简单、性能好、工作可靠、造价低。所以,采用三相电路供电比单相交流电路具有优越性。

1. 三相交流电源的产生

三相交流电是由三相交流发电机产生的,汽车上使用的交流发电机就是三相交流发电机。三相交流发电机结构如图2-24a)所示。它主要由定子和转子构成。在定子中嵌入了三个完全相同、彼此相隔120°的绕组,每一个绕组为一相,合称三相绕组。三相绕组的始端分别用U_1、V_1、W_1表示,末端用U_2、V_2、W_2表示。当转子作顺时针等速旋转时,三相绕组就产生振幅相等、频率相同、相位互差120°的三相对称电动势,如图2-24b)所示,以e_u为参考正弦量,则有

$$e_U = E_m \sin\omega t$$
$$e_V = E_m \sin(\omega t - 120°)$$
$$e_W = E_m \sin(\omega t + 120°)$$

由图2-24可见,各相电压到达最大值的时间差为$T/3$(或相位差120°);三相电动势随时间按正弦规律变化,它们到达最大值的先后次序,称为相序。三个电动势按顺时针方向的次序到达最大值,即按U→V→W→U的顺序,称为正序或顺序;若按逆时针方向的次序到达最大值,即按U→W→V→U的顺序,称为负序或逆序。

上述三相交流发电机的各相绕组原则上可以作为一个独立的电源,若在各相绕组的两端接上一个负载,便可得到三个互不相关的独立的单相电路。

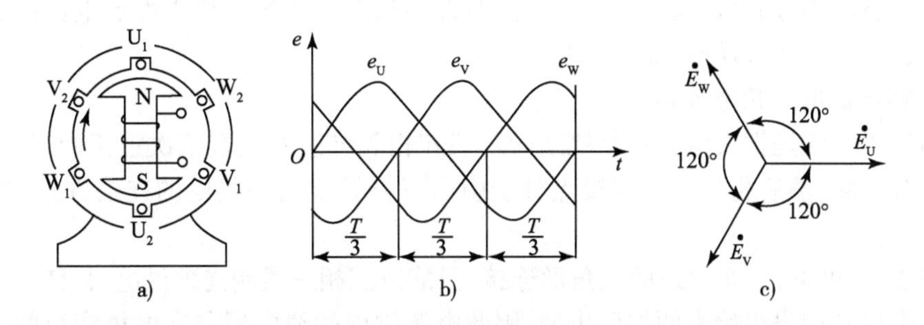

图 2-24　三相交流发电机结构、波形和矢量图

a) 三相交流发电机结构图；b) 电动势波形图；c) 电动势矢量图

2. 三相电源的连接

三相发电机的三个绕组向外供电时，一般采用星形连接和三角形连接两种连接方式。其中星形连接可分为三相三线制和三相四线制。实际应用中大多采用星形连接。

1) 三相电源的星形(Y)连接

将发电机三相绕组的末端 U_2、V_2、W_2 连在一起，接成一公共点，首端 U_1、V_1、W_1 分别与负载连接，这种连接方式称为星形接法或 Y 接法，如图 2-25 所示。末端接成的一点称为中性点，以 N 表示。从中性点 N 引出一根与负载相接的导线，称为中线或零线。从三个始端 U_1、V_1、W_1 分别引出的三根接负载的导线，称为相线或端线(俗称火线)。

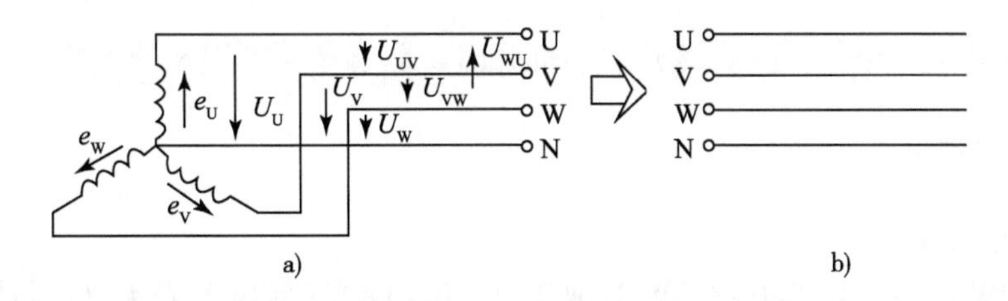

图 2-25　发电机绕组的星形连接

a) 电路图；b) 等效电路

星形连接的三相交流发电机在输电时，有中线的三相制称为三相四线制。无中线的三相制称为三相三线制。

三相四线制与三相三线制的不同点是：三相四线制可以输出两种电压，即线电压和相电压；而三相三线制只输出线电压，在三相四线制中，相线与中线之间的电压称为相电压，用 U_u、U_v、U_w 表示。它们的有效值相等，用字母 U_P 表示，相电压的正方向规定从始端指向末端。相线与相线之间的电压称为线电压，用 U_{uv}、U_{vw}、U_{wu} 表示。三个线电压的有效值也相等，用字母 U_L 表示。

一般日常生活用电 220V 就是相电压，工业动力用电(如三相异步电动机)都是 380V 的线电压。三相绕组在星形连接时，线电压在数值上等于相电压的$\sqrt{3}$倍，即 $U_L=\sqrt{3}U_P$，其相位比它对应的相电压超前 30°。

汽车安装的三相交流发电机绕组多采用星形连接，星形连接发电机突出的优点是低速时发电性能好，在高速时常利用绕组的中性点对地的高压提高发电机输出功率，以适应当今汽车用电设备增加、用电量增大的要求。同时许多汽车利用发电机中性点电压法去控制各种继电器,如充电指示灯继电器等。

2)三相电源的三角形连接

三角形连接就是把发电机每相绕组的末端和相邻绕组的始端依次连接起来,构成一个三角形闭合电路,然后再从三个连接点分别引出三根导线向外供电的连接方式,如图 2-26 所示。

由图 2-26 可见,三相绕组的三角形连接,只能以三相三线制向外供电,且任意两根相线都是从发电机某相绕组始末两端引出的,因此电源供出的线电压与发电机绕组的相电压是相等的,即 $U_L = U_P$。

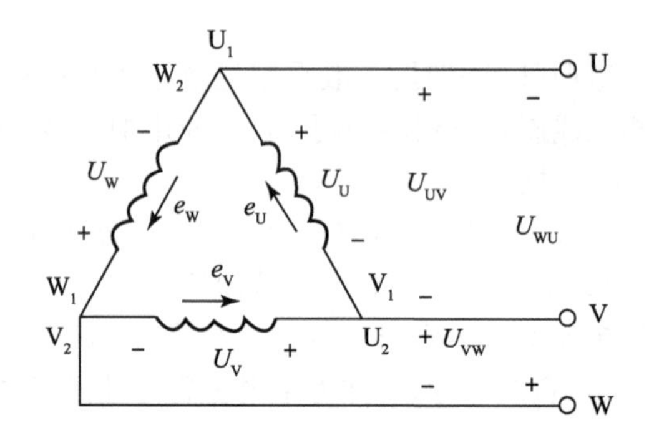

图 2-26　三相电源的三角形连接

二、实践操作

(一)实践准备

220V/40W 灯泡 6 只,220V/25W 灯泡 2 只,(0 ~ 1A)交流电流表 4 只,指针式万用表 1 块,开关、导线等。

(二)技术要求及注意事项

(1)熟知电工电子实训室管理规章制度。

(2)在指导教师的指导下完成实践操作。

(三)操作步骤

1. 测量三相交流电源的线电压和相电压

用万用表测量三相交流电源的相电压和线电压,将测量值记入表 2-4。

三相交流电源的线电压和相电压测量记录　　表 2-4

U_{uv}	U_{vw}	U_{wu}	U_{un}	U_{vn}	U_{wn}

2. 三相负载的连接

(1)三相负载的星形连接。

①按图 2-27 所示连接实验电路。

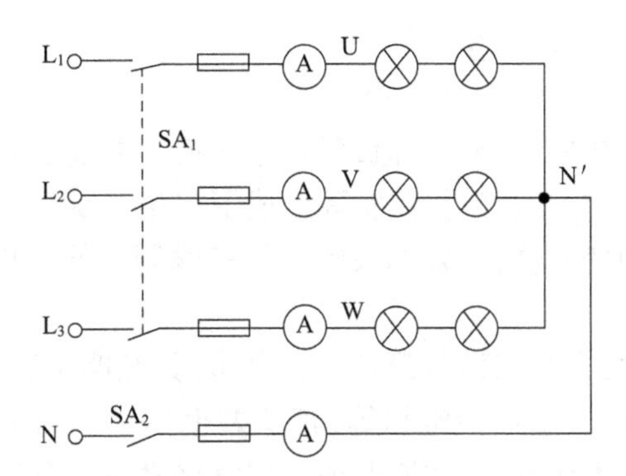

图 2-27　三相负载的星形连接实验电路原理图

②经检查无误后，合上开关 SA_1 和 SA_2，读取线电流（星形连接时相电流等于线电流），测量负载端各相相电压、线电压。

③断开中线开关 SA_2，重复上述测量，注意与有中线时相比有无变化。

④断开开关 SA_1，将 U 相负载的两盏灯泡改为 25W，其他两相不变。先合上 SA_1，重复第②步测量内容。

⑤将中线开关 SA_2 断开，重复第②步测量内容。

注意：实验第⑤步，做无中线不对称负载连接时，由于电压要高于灯泡的额定电压，所以动作要迅速，测量完应立即断开 SA_1 开关，或通过三相调压器将 380V 线电压降为 220V 线电压使用。

（2）三相负载的三角形连接与测量。

①按图 2-28 所示连接电路。

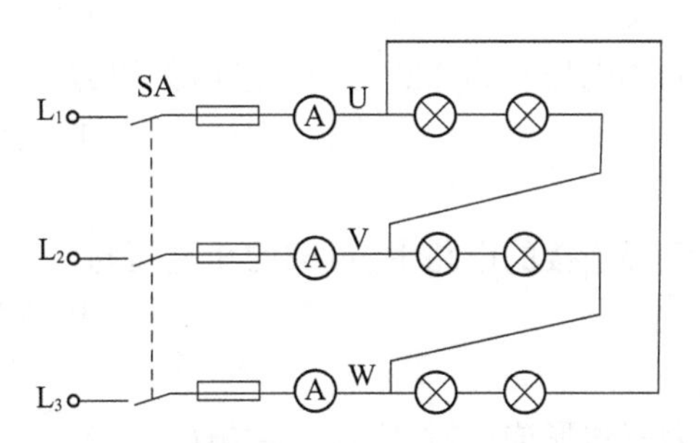

图 2-28　三相负载的三角形连接实验电路原理图

②检查无误后，合上电源开关 SA，读取线电流，测量线电压（三角形连接时相电压）。

③断开开关 SA，将 U 相负载的灯泡改为 25W，其他两相不变，重复第②步测量内容。

④断开开关 SA，将 U 相负载的灯泡改为一盏，其他两相仍为两盏。重复第③步测量内容，并观察各相灯泡的亮度。

三、学习拓展

中线的作用如下。

在三相四线制供电系统中,三相对称负载星形连接时中线电流为零,因此取消中线也不会影响三相负载的正常工作,三相四线制实际变成了三相三线制。通常在高压输电时,由于三相负载都是对称的三相变压器,所以都采用三相三线制。低压供电系统中的动力负载也采用这种供电方式。

但在低压供电系统中,有些三相负载经常要变动(如照明电路中的灯具经常要开和关)是不对称负载,各相电流的大小不一定相等,相位差也不一定为120°,中线电流也不为零,因此中线不能取消。只有中线存在,才能保证三相电路成为三个互不影响的独立回路,不会因负载的变动而相互影响。由于当中线断开后,各相电压就不再相等了,阻抗较小的相电压低,阻抗较大的相电压高,这可能烧坏接在相电压升高线路中的电器,所以在三相负载不对称的低压供电系统中,不允许在中线上安装熔断器或开关,而且中线常用钢丝制成,以免中线断开引起事故。当然,要力求三相负载平衡以减小中线电流。如在三相照明电路中,安装时应尽量使各相负载接近对称,此时中线电流一般小于各相电流,中线导线可以选用比三根端线截面小一些的导线。

四、评价与反馈

1.自我评价与反馈

(1)你是否能主动完成工作现场的清洁和整理工作?(　　)

A.主动完成　　B.被动完成　　C.未完成

(2)三相四线制供电系统中,线线电压指的是(　　)的电压。

A.相线之间　　B.相线与零线之间

C.相线对地之间

(3)三相四线制供电的相电压若为220V,则线电压大约为(　　)。

A.220V　　B.320V

C.380V

(4)三相对称负载三角形连接的电路中,负载的相电压与(　　)相等。

A.电源的线电压　　B.电源的相电压

C.负载的线电压

(5)电源的三相绕组为三角形连接时,它可以输出(　　)。

A.一种等级的电压　　B.两种等级的电压

C.三种等级的电压

签名:____________　______年______月______日

2.小组评价与反馈

(1)工作页填写情况。(　　)

A.填写完整　　B.缺失0%~20%

C.缺失20%~40%　　D.缺失40%以上

(2)实施过程中是否注意操作质量和有责任心?(　　)

A. 注意质量,有责任心　　B. 不注意质量,有责任心

C. 注意质量,无责任心　　D. 全无

(3)实验前有无进行安全检查并警示其他同学?(　　)

A. 有安全检查和警示　　B. 有安全检查无警示

C. 无安全检查、无警示

(4)总体印象评价。(　　)

A. 非常优秀　　B. 比较优秀

C. 有待改进　　D. 急需改进

参与评价的同学签名:____________　______年______月______日

3. 教师评价

____

____

____

教师签名:____________　______年______月______日

学习任务三　磁路与变压器认知

任务要求

完成本学习任务后，你应该能：

1. 深刻理解电磁感应的实质、重点掌握楞次定律的基本内容、理解自感和互感的异同；
2. 建立磁路的概念并了解磁物质的分类；
3. 了解霍尔效应原理及其应用；
4. 结合实物了解变压器的基本结构、理解其工作原理及变压比、变流比的概念；了解点火线圈的作用、结构和原理。

建议学时：24 学时。

任务概述

在汽车上，电磁铁广泛应用于接触器、继电器以及自动装置中，变压器以及汽车上的点火线圈就是利用电磁感应原理工作的。本学习任务主要学习磁路与变压器的基本知识。

主要学习任务

1. 电磁感应的认知；
2. 铁磁物质与磁路的认知；
3. 霍尔效应的认知；
4. 变压器的认知。

子任务1　电磁感应认知

任务描述

电磁感应广泛运用在我们生活的各个领域中。在汽车领域中，汽车点火系统中的点火线圈就广泛采用了电磁感应原理。本任务主要对电磁感应、楞次定律、自感现象和互感现象进行学习。

学习目标

1. 深刻理解电磁感应的实质；

2. 重点掌握楞次定律的基本内容；

3. 理解自感和互感的异同。

建议学时:6 学时。

一、理论知识准备

(一)法拉第电磁感应实验

1820 年 H·C·奥斯特发现电流磁效应后,许多物理学家便试图寻找它的逆效应,提出了磁能否产生电,磁能否对电作用的问题。英国的法拉第(M. Faruday)经过多年的实验研究,于 1831 年总结出电磁感应的规律。让我们回顾一下法拉第那著名的电磁感应实验吧。

【实验 1】 如图 3-1 所示,由导体 AB、电流表构成的闭合回路中,当 AB 沿切割磁力线方向作运动时,电流表中指针会向一边偏转,证明有感生电动势产生,并产生感生电流。

【实验 2】 如图 3-2 所示,由线圈、电流表构成的闭合回路中,当磁棒插进线圈的过程中,电流计的指针发生了偏转,而在磁棒从线圈内抽出的过程中,电流计的指针则发生反方向的偏转,磁棒插进或抽出线圈的速度越快,电流计偏转的角度越大。但是当磁棒不动时,电流计的指针不会偏转。

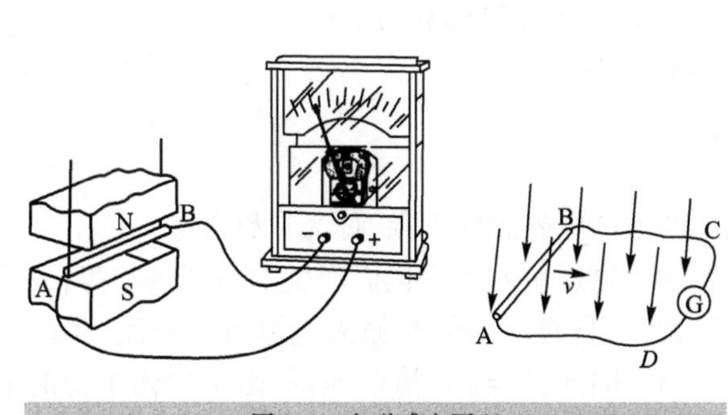

图 3-1　电磁感应原理

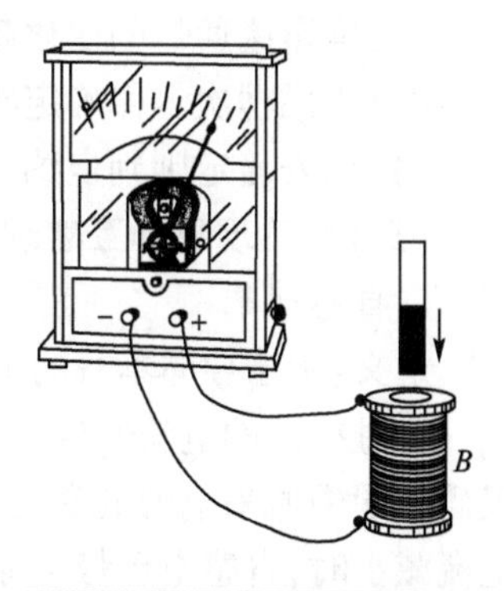

图 3-2　电磁感应实验

上述两个实验证明,当导体切割磁力线运动或线圈中的磁通量发生变化时,在导体或线圈的闭合回路中就会有电流产生,尽管两个实验的形式不同,但本质却是相同的。如果把图 3-1中的回路看成一个单匝线圈,我们发现导体中的电流也是由于磁通量的变化而引起的。因此这种由于磁通量的变化而产生电流的现象称为电磁感应现象,这个电流称为感应电流,产生感应电流的电动势称为感应电动势。实验表明,直导体中的感应电动势的大小与磁感应强度(B),导体长度(L)以及导体运动速度(v)有关,用公式表达为

$$E = BLv$$

而线圈中感应电动势的大小与线圈中磁通量的变化快慢($\Delta\Phi/\Delta t$)和线圈匝数(n)有关,即

$$E = n\Delta\Phi/\Delta t$$

(二)楞次定律

1833 年,楞次在概括了大量实验事实的基础上,总结出一条判断感应电流方向的规律,称为楞次定律(Lenz law)。

楞次定律可表述为:闭合回路中感应电流的方向,总是使得它所激发的磁场来阻碍引起感应电流的磁通量的变化。

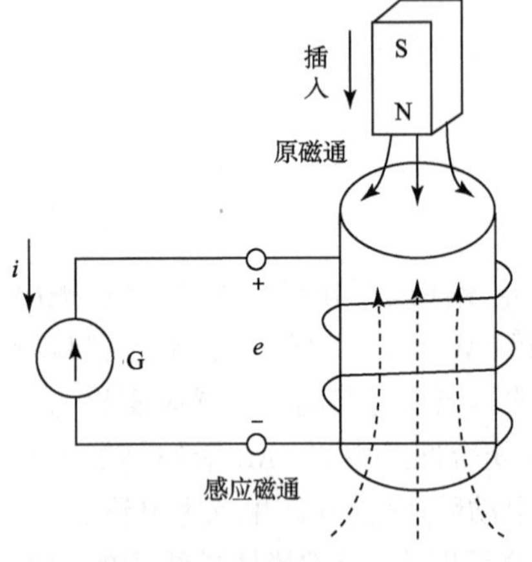

图3-3　楞次定律实验图

楞次定律也可简练地表述为:感应电流产生的磁通总是试图阻碍原磁通的变化。

在图3-3中,磁铁磁通方向向下,给位于下方的线圈一个逐渐增大的磁通。根据楞次定律,在线圈中感应磁通应试图阻碍原磁通的增加,即与原磁通方向相反,因此感应磁通的方向向上。而感应电流的方向可用右手螺旋定则来判断,即用右手握住线圈,让拇指指向感应磁通方向,则弯曲的四指方向就是感应电流方向。根据同样的方法,可判定当图中磁铁磁通方向向上时,所产生的感应电流方向应相反。因此,感应电流产生的磁通其特点可总结为:来拒去留。

综上所述,用楞次定律判断感应电流(电动势)的方法如下:

(1)先确定原磁场方向。

(2)确定磁通量的变化趋势(增大或减小)。

(3)应用楞次定律确定感应电流产生的磁场方向(增反减同)。

(4)用安培定则判定感应电流的方向(右手螺旋定则)。

(三)自感现象和互感现象

1.自感现象

定义:由于导体本身的电流发生变化而产生的电磁感应现象,称为自感现象。

流过线圈的电流发生变化,导致穿过线圈的磁通量发生变化而产生的自感电动势,总是阻碍线圈中原来电流的变化,当原来电流增大时,自感电动势与原来电流方向相反;当原来电流减小时,自感电动势与原来电流方向相同。因此,“自感”简单地说,由于导体本身的电流发生变化而产生的电磁感应现象,称为自感现象。

两种典型实例如下。

(1)通电自感:如图3-4a)所示,合上S,串有线圈L的小灯A逐渐变亮。

(2)断电自感:如图3-4b)所示,断开S,小灯不会立即熄灭。

2.自感电动势

定义:自感现象中产生的电动势。

作用:阻碍电流的变化——当电流增大时,自感电动势阻碍电流增大;当电流减小时,自感电动势阻碍电流减小。

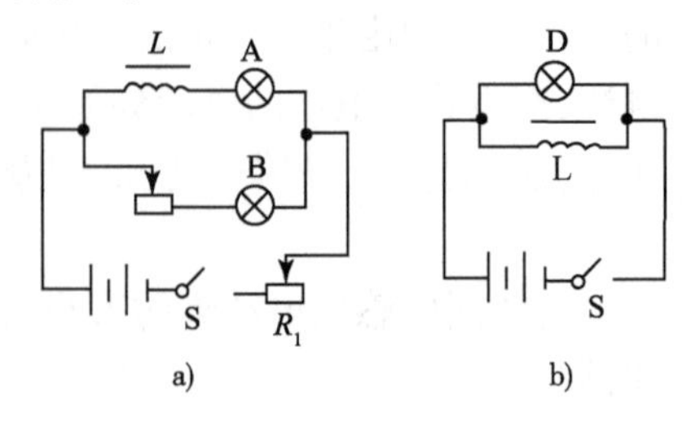

图3-4　自感现象实验图
a)磁通自感;b)断电自感

实例分析:图3-4a)中,合上S,L中电流从零开始增大,方向从左到右,L中产生的自感电动势阻碍电流增大,其方向与原电流(即引起自感现象的电流)方向相反。图3-4b)中,断开S,L中原来从左到右的电流减小,L中产生自感电动势阻碍电流减小,其方向与原电流相同。所以自感电动势总是起着推迟电流变化的作用，自感电动势的大小与线圈的自感系数和线圈中的电流的变化率成正比。

在汽车电子元器件中，有不少随时通、断电的电感线圈，由于自感现象的存在，从而在开关上产生电弧现象。要减少高压电弧，可以在电路中接入电容器或续流二极管。

3. 互感现象

互感定义：由一个线圈中的电流发生变化而使其他线圈产生感应电动势的现象称为互感现象。如图3-5所示，该电路主要由线圈1和2组成。而线圈1两端通过开关S连接直流电源E，线圈2通过电阻R连接一个灵敏电流计G。当开关S闭合或切断的瞬间，发现电流计G的指针发生了偏转。也即是说由于线圈1中变化的电流产生了变化的磁通Φ_{11}，它的一部分磁通Φ_{12}穿过了线圈2，使其产生了感应电动势，并因此产生了感应电流使得电流计的指针偏转。

4. 互感电动势

互感电动势的大小与互感磁通量的变化率以及线圈的匝数成正比，因此可通过改变二次线圈的匝数来改变二次线圈的互感电动势的高低。例如汽车点火系统中的点火线圈(图3-6)就是加大了次级线圈的匝数(20000匝以上)，使得当在触点断开瞬间初级线圈(300匝左右)电流发生变化，因此在次级线圈中产生高达10kV以上的互感电压。

互感电动势的方向可用楞次定律和右手螺旋定则判断(图3-5)，具体方法是：

(1)根据线圈中电流的方向，确定线圈中互感磁通的方向。

(2)根据线圈1中电流变化的趋势，确定通过线圈2中互感磁通的变化趋势。

(3)根据楞次定律判定线圈2中感应磁通的方向。

(4)根据右手螺旋定则判定互感电流的方向。

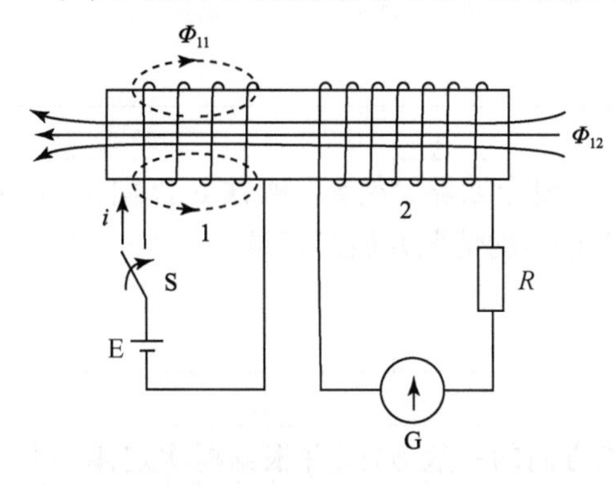

图3-5　互感现象示意图

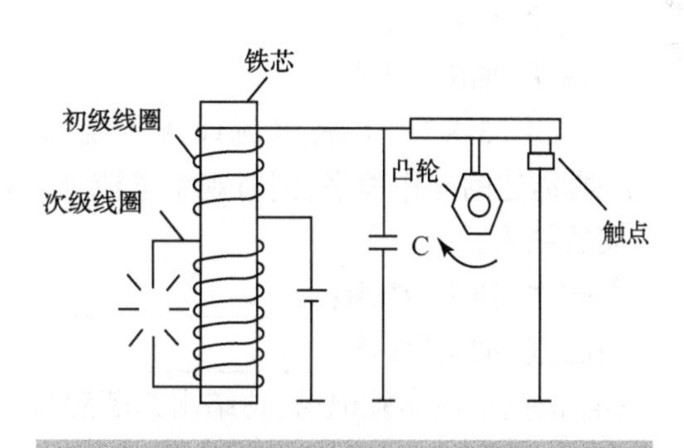

图3-6　点火线圈工作原理

二、实践操作

(一)实践准备

电工电子实验台、连接线。

(二)技术要求及注意事项

(1)熟知电工电子实训室管理规章制度。

(2)在指导教师的指导下完成实践操作。

(三)操作步骤

通过实训,在通用电工电子实验室设备上实现对电磁感应、楞次定律、自感和互感现象的求证和认知。

电磁感应实验如下。

(1)在图3-7所示的均匀磁场中放置一根导体AB,导体两端连接一个灵敏电流计G。当AB沿切割磁力线方向作运动时,同时观察电流计的指针偏转的情况并做好记录。

实验结果:________________

(2)如图3-8所示,将电流计接入线圈中形成闭合回路,把条形磁铁N极向下迅速插进线圈中,同时观察电流计的指针偏转的情况并做好记录;再把条形磁铁从线圈内抽出,同时观察电流计的指针偏转的情况并做好记录。

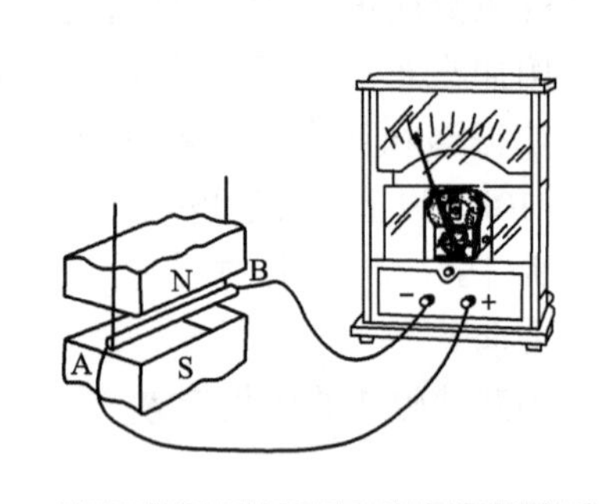

图3-7　电磁感应实验图

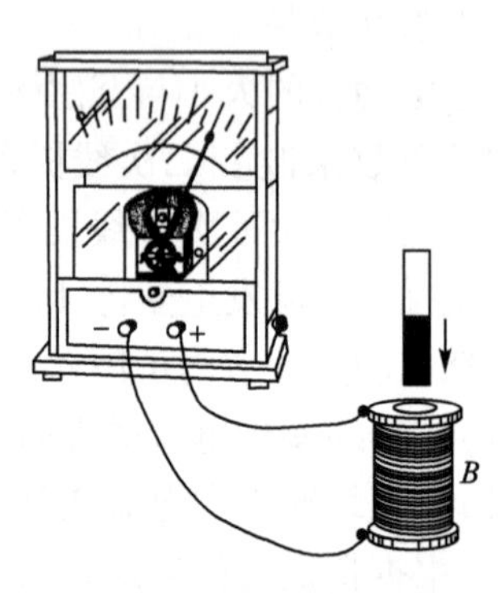

图3-8　电磁感应实验图

实验结果:

当磁铁"插进"线圈:________________

当磁铁"抽出"线圈:________________

(3)如图3-8所示,将电流计接入线圈中形成闭合回路,将条形磁铁S极向下,重复"(2)"所描述的操作程序,同时观察电流计的指针偏转的情况并做好记录。

实验结果:

当磁铁"插进"线圈:________________

当磁铁"抽出"线圈:________________

(4)根据上述实验记录,总结出判断感应电流方向的一般方法,并根据楞次定律和右手螺旋定则,判断图3-9中各线圈的感应电动势和感应电流的方向,填入表3-1中。

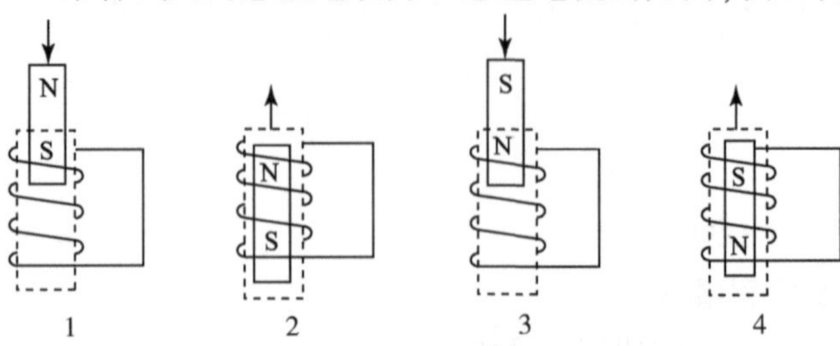

图3-9　判断感应电动势及感应电流图

判断感应电动势方向及感应电流方向结果表　　表3-1

序号	1	2	3	4
感应电动势方向				
感应电流方向				

三、学习拓展

互感现象也会带来危害,如对电磁干扰比较敏感的汽车电子设备,为防止在接通或切断电路时,由于线路上的电流突然变化,在线圈上所产生的较大的自感电动势使得相连的电器元件被击穿,因此常常制作屏蔽罩,以屏蔽外磁场的影响。再如有些相距较近的线圈,为防互感的产生,人们选择将线圈垂直放置或利用交叉来消除互感的作用。

想一想

常用的气体打火机是如何实现点火的?

四、评价与反馈

1. 自我评价与反馈

(1)你是否能主动完成工作现场的清洁和整理工作?(　　)

A. 主动完成　　B. 被动完成　　C. 未完成

(2)直导体中的感应电动势的大小与(　　)有关。

A. 磁感应强度 B　　B. 导体长度 L　　C. 导体运动速度 v

(3)当通过自感元件的电流增大时,所产生的自感电动势将(　　)。

A. 阻碍电流增大　　B. 使得电流更加变大　　C. 对电流不起作用

(4)互感电动势的方向可用楞次定律和(　　)定则判断。

A. 左手螺旋　　B. 右手螺旋　　C. 左、右手均可

签名:____________　______年______月______日

2. 小组评价与反馈

(1)工作页填写情况。(　　)

A. 填写完整　　B. 缺失0%~20%

C. 缺失20%~40%　　D. 缺失40%以上

(2)实施过程中是否注意操作质量和有责任心?(　　)

A. 注意质量,有责任心　　B. 不注意质量,有责任心

C. 注意质量,无责任心　　D. 全无

(3)实验前有无进行安全检查并警示其他同学?(　　)

A. 有安全检查和警示　　B. 有安全检查无警示

C. 无安全检查、无警示

(4)总体印象评价。(　　)

A. 非常优秀　　B. 比较优秀

C. 有待改进　　　　　　　　　　　　　　D. 急需改进

参与评价的同学签名:____________　______年______月______日

3. 教师评价

____

____

____

教师签名:____________　______年______月______日

子任务2　铁磁物质与磁路认知

任务描述

在汽车上,电磁铁广泛应用于汽车电器中,如接触器、继电器以及自动装置中。本任务主要学习铁磁物质和磁路。

学习目标

1. 了解铁磁物质的分类;
2. 建立磁路的概念。

建议学时:4学时。

一、理论知识准备

(一)铁磁物质定义与分类

1. 铁磁物质

铁、镍、钴等金属或它们的合金称为铁磁物质或铁磁材料。能吸引铁磁物质的性质称为磁性,具有磁性的物体称为磁铁。

2. 磁场

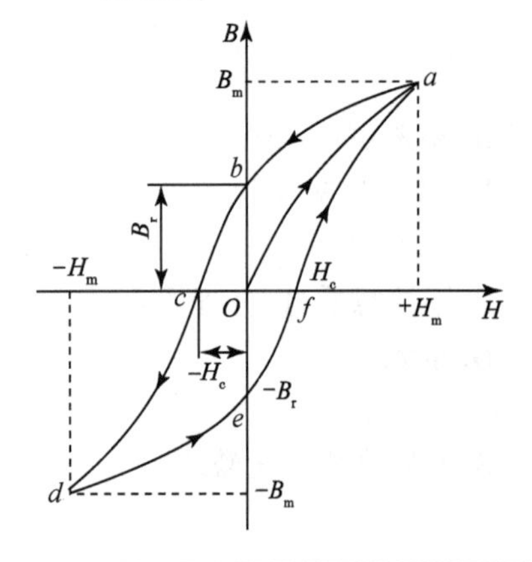

图3-10　磁滞回线

在磁铁周围存在着磁力作用的空间,当另一磁铁或通电导体置入该空间时,就会受到磁力的作用,人们把这种磁力空间称为磁场。

3. 铁磁物质的分类

铁磁物质在正反两个外磁场$+H_m$与$-H_m$之间的反复磁化多个循环后,即可得出一个近似对称原点的闭合曲线*abcdefa*,通常称此为磁滞回线(图3-10)。

磁性材料根据其磁滞回线的形状和工程上的用途,大致可分为软磁材料、硬磁材料和矩磁材料三大类。

1)软磁材料

软磁材料是指磁滞回线很窄的磁性材料。软磁材料的特点是磁导率很大,剩磁和矫顽磁力都很小,容易磁化也容易去磁。

2)硬磁材料

硬磁材料是指磁滞回线较宽的磁性材料,其特点是必须要用较强的外磁场才能使它们磁化。一经磁化,去外磁场后磁性不易消失,具有很强的剩磁,而且矫顽磁力也较强,故硬磁材料适合做存储和提供磁能的永久磁铁。

3)矩磁材料

矩磁材料是指磁滞回线呈矩形的磁性材料。其特点是在较小的外磁场作用下就能被磁化,并达到磁饱和。去掉外磁场后,仍保持饱和状态。是电子计算机存储器的制造材料。

(二)磁路

磁通集中通过的闭合路径称为磁路,在汽车电器中,常把磁通集中到用铁磁材料做成的各种形状的铁芯中,使磁力线在铁芯中形成闭合回路。图3-11所示就是几种电器的磁路,绝大部分磁通通过闭合的磁路(包括空气隙),称为主磁通。少数穿出铁芯的磁通称为漏磁通,在磁路分析和计算中可忽略不计。

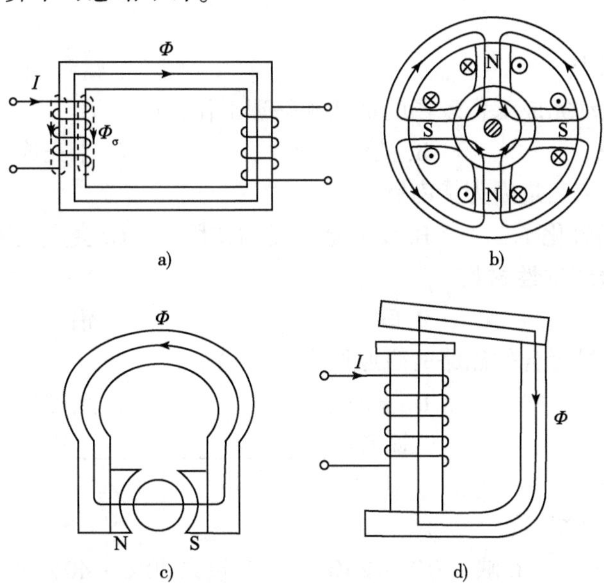

图3-11　磁路

二、实践操作

(一)实践准备

铁磁材料、非铁磁材料、磁铁。

(二)技术要求及注意事项

(1)熟知电工电子实训室管理规章制度。

(2)在指导教师的指导下完成实践操作。

(三)操作步骤

通过实训,实现对铁磁材料和非铁磁材料特性的认知和区分。

(1)将磁铁任意一端慢慢靠近铁磁材料，观察铁磁材料是否被磁铁吸引，并记录下来。

实验结果：______________________________

(2)将磁铁任意一端慢慢靠近非铁磁材料，观察铁磁材料是否被磁铁吸引，并记录下来。

实验结果：______________________________

三、学习拓展

在磁路中，磁通与产生的磁通势 NI(磁源)成正比，与磁路的磁阻 R_m成反比，即

$$\Phi=\frac{NI}{R_m}$$

但在实际计算中，由于磁阻并非是一个常数(它随磁路的饱和程度变化而变化)，因此该定理的应用要谨慎。

四、评价与反馈

1. 自我评价与反馈

(1)你是否能主动完成工作现场的清洁和整理工作？(　　)

A. 主动完成　　B. 被动完成　　C. 未完成

(2)指南针能指南北是因为指南针(　　)。

A. 被地磁场磁化了　　B. 受到地磁场的作用　　C. 会产生磁感应线

(3)(　　)不属于磁性材料。

A. 铁　　B. 镍　　C. 铝

(4)绝大部分通过闭合的磁路的磁通称为(　　)。

A. 主磁通　　B. 漏磁通　　C. 余磁通

签名：____________　______年______月______日

2. 小组评价与反馈

(1)工作页填写情况。(　　)

A. 填写完整　　B. 缺失0%～20%　　C. 缺失20%～40%　　D. 缺失40%以上

(2)实施过程中是否注意操作质量和有责任心？(　　)

A. 注意质量，有责任心　　B. 不注意质量，有责任心

C. 注意质量，无责任心　　D. 全无

(3)实验前有无进行安全检查并警示其他同学？(　　)

A. 有安全检查和警示　　B. 有安全检查无警示

C. 无安全检查、无警示

(4)总体印象评价。(　　)

A. 非常优秀　　B. 比较优秀

C. 有待改进　　D. 急需改进

参与评价的同学签名：____________　______年______月______日

3. 教师评价

____

____

____

教师签名:__________　______年______月______日

子任务3　霍尔效应认知

任务描述

霍尔效应是由美国物理学家霍尔于1897年发现的,霍尔传感器是一种磁传感器。用它可以检测磁场及其变化,可在各种与磁场有关的场合中使用。霍尔传感器以霍尔效应为其工作基础,是由霍尔元件和它的附属电路组成的集成传感器。霍尔传感器在工业生产、交通运输和日常生活中有着非常广泛的应用。

学习目标

1. 了解霍尔效应的原理;
2. 了解霍尔元件的应用;
3. 了解霍尔传感器的原理及其应用。

建议学时:6学时。

一、理论知识准备

(一)霍尔效应、霍尔元件及霍尔传感器

1. 霍尔传感器

如图3-12所示,在半导体薄片两端通以控制电流I,并在薄片的垂直方向施加磁感应强度为B的匀强磁场,则在垂直于电流和磁场的方向上,将产生电势差为U_H的霍尔电压,它们之间的关系为

$$U_H = k\frac{IB}{d}$$

式中:d——薄片的厚度;

k——霍尔系数,它的大小与薄片的材料有关。

由上式可知,霍尔电压与通过霍尔元件的电流及磁感应强度成正比,当电流I为定值时,霍尔电压只与磁感应强度成正比。

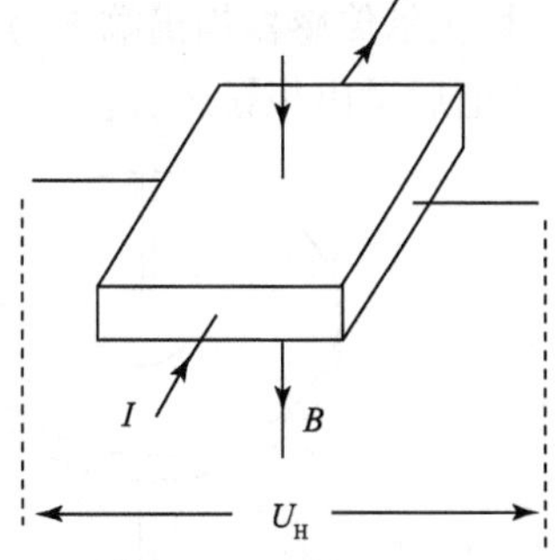

图3-12　霍尔电压产生原理图

2. 霍尔元件

根据霍尔效应,人们用半导体材料制成的元件称为霍尔元件。它具有对磁场敏感、结构简单,体积小、频率响应宽、输出电压变化大和使用寿命长等优点,因此在汽车、自动化、计算机和信息技术等领域得到广泛的应用。

3. 霍尔传感器

由于霍尔元件产生的电势差很小，故通常将霍尔元件与放大器电路、温度补偿电路及稳压电源电路等集成在一个芯片上，称为霍尔传感器。霍尔传感器又称霍尔集成电路，其内部集成电路原理如图 3-13 所示。

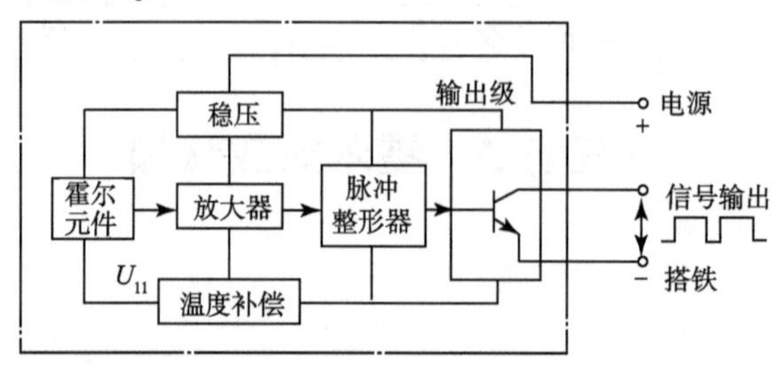

图 3-13　霍尔集成电路原理图

(二) 霍尔传感器的应用

1. 测转速或转数

如图 3-14 所示，在非磁性材料的圆盘边上粘一块磁钢，霍尔传感器放在靠近圆盘边缘处，圆盘旋转一周，霍尔传感器就输出一个脉冲，从而可测出转数(计数器)，若接入频率计，便可测出转速。

如果把开关型霍尔传感器按预定位置有规律地布置在轨道上，当装在运动车辆上的永磁体经过它时，可以从测量电路上(图 3-13)测得脉冲信号，根据脉冲信号的分布可以测出车辆的运动速度。

2. 各种实用电路

开关型霍尔传感器尺寸小、工作电压范围宽、工作可靠、价格便宜，因此获得极为广泛的应用。下面列举两个实用电路加以说明。

(1) 电路 1　防盗报警器。

如图 3-15 所示，将小磁铁固定在门的边缘上，将霍尔传感器固定在门框的边缘上，让两者靠近，即门处于关闭状态时，磁铁靠近霍尔传感器，输出端 3 为低电平，当门被非法撬开时，霍尔传感器输出端 3 为高电平，非门输出端 Y 为低电平，继电器 J 吸合，J_a 闭合，蜂鸣器通电后发出报警声音。

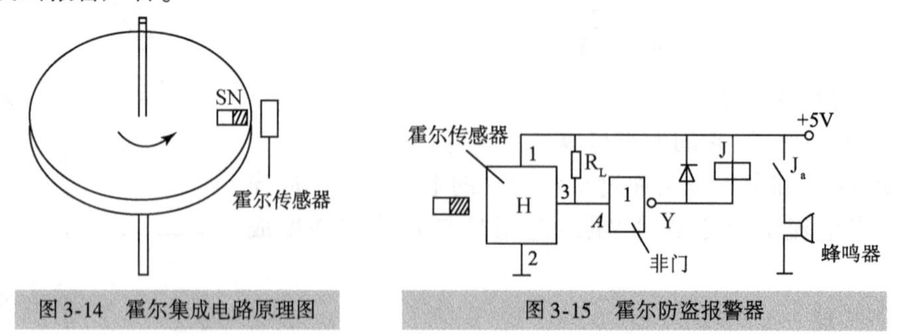

图 3-14　霍尔集成电路原理图　　图 3-15　霍尔防盗报警器

(2) 电路 2　公共汽车门状态显示器。

使用霍尔传感器，只要再配置一块小永久磁铁就很容易做成车门是否关好的指示器，例如公共汽车的 3 个门必须关闭，驾驶员才可开车。电路如图 3-16 所示，3 片开关型霍尔传感器分别装在汽车的3个门框上,在车门适当位置各固定一块磁钢,当车门开着时,磁钢远离霍尔开关,输出端为高电平。若3个门中有一个未关好,则或非门输出为低电平,红灯亮,表示还有门未关好,若3个门都关好,则或非门输出为高电平,绿灯亮,表示车门关好,驾驶员可放心开车。

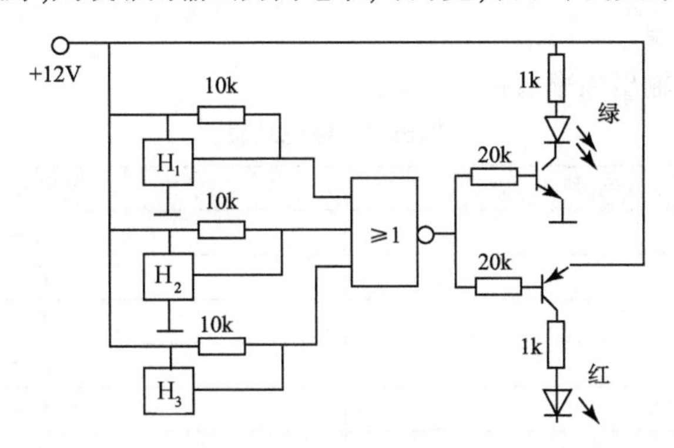

图3-16 公共汽车车门霍尔传感器

二、实践操作

(一)实践准备

电工电子实验台、霍尔转速传感器、频率计、连接线。

(二)技术要求及注意事项

(1)熟知电工电子实训室管理规章制度。

(2)在指导教师的指导下完成实践操作。

(三)操作步骤

根据霍尔效应表达式 $U_H = IBk/d$ 可知,当 k/d 不变时,在转速圆盘上装上 N 只磁钢,并在磁钢上方安装一个霍尔元件。圆盘每转一周,表面的磁场 B 从无到有就变化 N 次,霍尔电势也相应变化 N 次。此电势通过放大、整形和计数电路就可以测量被测旋转体的转速。通过实训,在通用电工电子实验室设备上实现对霍尔转速传感器的认识和霍尔效应的应用。

1. 霍尔转速传感器测速实验

(1)根据图3-17,将霍尔转速传感器装于转动源的传感器调节支架上,探头对准盘内的磁钢(如果霍尔传感器是单极的,可以用一只磁钢,但可靠性和精度会差一点;如果霍尔传感器是双极的,那么必须要有一组分别为N/S极的磁钢去开启关断它,那么至少要两只磁钢)。

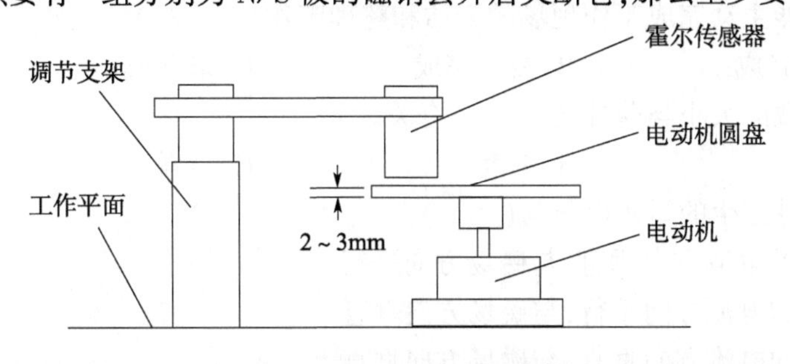

图3-17 霍尔转速传感器安装示意图

(2)将 +15V 直流电源加于霍尔传感器的电源输入端,注意电源极性不要接错。

(3)将霍尔传感器输出端接频率计。

(4)调节电动机转速电位器使转速变化,用频率计观察输出频率的变化。

2. 记录输出频率值

记录频率计 6 组输出频率值在表 3-2 内。

输出频率值记录表 表 3-2

转速 v(从快到慢)	频率 f(Hz)
v_1	f_1 =
v_2	f_2 =
v_3	f_3 =
v_4	f_4 =
v_5	f_5 =
v_6	f_6 =

由以上数据可得:最快的转速 v_1 对应的频率 f_1 = ________ ,最慢转速 v_6 对应的频率 f_6 = ________。

总结一下,随着速度变慢,频率如何变化?

三、学习拓展

霍尔传感器广泛应用于汽车上,如发动机的曲轴位置传感器和凸轮轴位置传感器。

曲轴位置传感器(Crankshaft Position Sensor,CPS)又称发动机转速与曲轴转角传感器,其功用是采集曲轴转动角度和发动机转速信号,并输入电子控制单元(ECU),以便确定点火时间和喷油时刻。

凸轮轴位置传感器(Camshaft Position Sensor,CPS)又称汽缸识别传感器(Cylinder Identification,CIS),为了区别于曲轴位置传感器(CPS),凸轮轴位置传感器一般都用 CIS 表示。又称同步信号传感器,它是一个汽缸判别定位装置,向 ECU 输入凸轮轴位置信号,是点火控制的主控信号。

四、评价与反馈

1. 自我评价与反馈

(1)你是否能主动完成工作现场的清洁和整理工作?(　　)

A. 主动完成　　B. 被动完成　　C. 未完成

(2)霍尔系数的大小与薄片的(　　)有关。

A. 形状　　B. 厚度　　C. 材料

(3)霍尔元件产生的霍尔电压与(　　)。

A. 通过的电流方向垂直,与磁场方向平行

B. 通过的电流方向平行,与磁场方向垂直

C. 通过的电流方向垂直,与磁场方向垂直

D. 通过的电流方向平行,与磁场方向平行

(4)霍尔电压与通过霍尔元件的电流及磁感应强度有什么关系?(　　)。

A. 霍尔电压与通过霍尔元件的电流成正比,与磁感应强度成正比

B. 霍尔电压与通过霍尔元件的电流成反比,与磁感应强度成正比

C. 霍尔电压与通过霍尔元件的电流成正比,与磁感应强度成反比

D. 霍尔电压与通过霍尔元件的电流成反比,与磁感应强度成反比

签名:____________　______年______月______日

2. 小组评价与反馈

(1)工作页填写情况。(　　)

A. 填写完整　　B. 缺失 0% ~20%

C. 缺失 20% ~40%　　D. 缺失 40% 以上

(2)实施过程中是否注意操作质量和有责任心?(　　)

A. 注意质量,有责任心　　B. 不注意质量,有责任心

C. 注意质量,无责任心　　D. 全无

(3)实验前有无进行安全检查并警示其他同学?(　　)

A. 有安全检查和警示　　B. 有安全检查无警示

C. 无安全检查、无警示

(4)总体印象评价。(　　)

A. 非常优秀　　B. 比较优秀

C. 有待改进　　D. 急需改进

参与评价的同学签名:____________　______年______月______日

3. 教师评价

____

____

____

教师签名:____________　______年______月______日

子任务 4　变压器认知

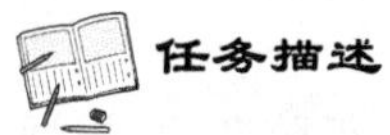

任务描述

变压器是利用电磁感应原理工作的电气设备,具有传递能量、变换电压、变换电流和变换阻抗的功能,因此在各个领域中有着广泛的应用。

学习目标

1. 了解变压器的基本结构;

2. 理解变压器的基本原理及变压比、变流比的概念;

3. 了解点火线圈的作用和原理。

建议学时:8 学时。

一、理论知识准备

(一)变压器的基本结构和工作原理

1. 变压器的结构

变压器主要由铁芯和绕组两大部分构成,普通的双绕组变压器有芯式和壳式两种结构形式。图3-18a)所示为芯式变压器,其特点是绕组包围铁芯。图3-18b)所示为壳式变压器,这种变压器的部分绕组被铁芯包围,可以不要专门的变压器外壳,适用于容量较小的变压器。

变压器的绕组有原边绕组(初级或一次绕组)和副边绕组(次级或二次绕组),原边绕组与电源相连,副边绕组与负载相连。

变压器铁芯上的原边绕组和副边绕组之间有磁耦合关系,在图3-19中,当匝数为N_1的原边绕组接上交流电压u_1时,原边绕组中将产生交流电流i_1,磁通势i_1N_1产生的交变磁通大部分通过铁芯而闭合。因此,根据电磁感应定律将同时在原边绕组、副边绕组中产生感应电动势e_1和e_2。

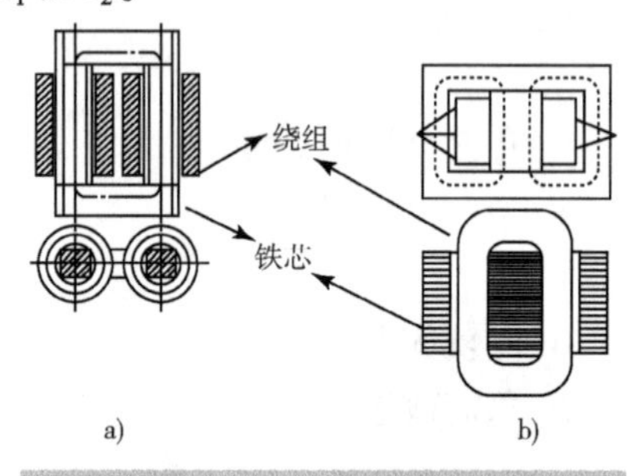

图3-18 变压器结构图

a)芯式变压器;b)壳式变压器

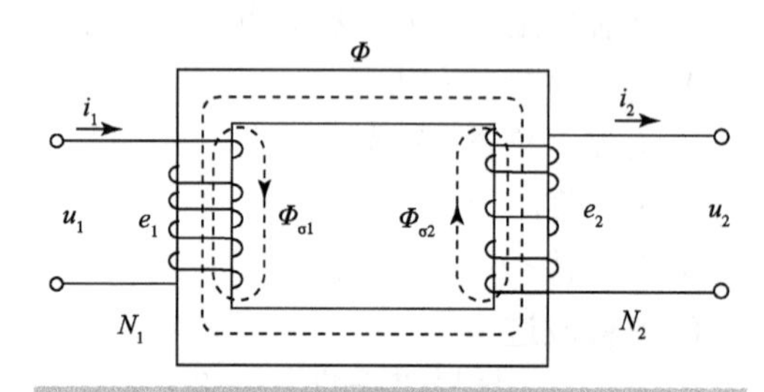

图3-19 变压器工作示意图

如果副边绕组有负载,则副边绕组(匝数为N_2)中有电流i_2通过,磁通势i_2N_2产生的磁通也大部分通过铁芯而闭合。这样,铁芯中的主磁通中是一个由原边绕组、副边绕组的磁通势共同产生的合磁通,这时,e_1和e_2也自然是由合磁通Φ产生的。另外,磁通势i_1N_1和i_2N_2:还要产生漏磁通$\Phi_{\sigma1}$和$\Phi_{\sigma2}$,它们在各自的绕组中分别产生漏磁电动势$\Phi_{\sigma1}$和$\Phi_{\sigma2}$。

2. 变压器的原理

1)变压器的电压变换作用

变压器原边绕组施加额定电压,副边绕组开路(不接负载)的情况,称为空载运行。图3-19是普通双绕组变压器运行时的示意图。

设变压器原边绕组通过的为正弦变化的交流电,则产生的磁通也为正弦变化,根据电磁感应定律$e_1=-Nd\Phi/dt$,经推导得出两个绕组的电压分别为

$$U_1=E_1=4.44fN_1\Phi_m$$
$$U_{20}=E_2=4.44fN_2\Phi$$

式中:f——电源的频率;

Φ_m——铁芯中的主磁通的最大值;

U_1——电源电压;

U_{20}——空载时副边绕组的电压。

由上两式可得原边、副边绕组的电压之比为

$$\frac{U_1}{U_{20}}=\frac{E_1}{E_2}=\frac{N_1}{N_2}=K$$

即变压器原边、副边绕组的电压与其绕组的匝数成正比。

上式中 K 称为变压器的变比。若 $K>1$，则为降压变压器。

变压器铭牌上常注明原边、副边的额定电压，如“220/20V”（$K=11$），这表明原边绕组的额定电压 $U_{1n}=220$V，副边绕组的额定电压 $U_{2n}=20$V。

想一想

汽车点火线圈初级绕组的匝数约为220匝，次级绕组约为11000匝。若初级绕组的电压 $U=12$V，则点火线圈的变比及次级绕组的电压各是多少？

2）变压器的电流变换作用

变压器原边绕组加上额定电压、副边绕组接上负载 Z_1 的工作情况称为负载运行（图3-19）。负载运行时原边绕组、副边绕组都有电流，则铁芯中的主磁通是由合磁通势 $i_1N_1+i_2N_2$ 产生的。

原边绕组、副边绕组电流的有效值的关系为

$$I_1/I_2\approx N_2/N_1=1/K$$

即变压器原边绕组、副边绕组的电流与其绕组的匝数成反比。

变压器原边绕组、副边绕组的电流之比为变压器变比的倒数。由上式可知，当变比不变，负载增加，I_2 和 I_2N_2 增加，I_1 和 I_1N_1 也要相应地增大，以抵偿副边绕组的电流和磁通势对主磁通的影响，从而维持主磁通的最大值近似不变。

想一想

汽车点火线圈初级绕组的匝数约为220匝，次级绕组约为11000匝。若初级绕组的低压电流 $I_1=4$A，次级绕组的电流是多少？

（二）汽车点火系统的点火线圈与电路

汽车点火线圈又称变压器，它是根据互感原理工作的。当断电器触点张开时，通过初级绕组的电流变化引起磁场变化，就会在次级绕组产生高压电。点火线圈原理如图3-20所示。

1. 汽车点火线圈

根据磁路和结构的不同可分为开磁路和闭磁路点火线圈。

开磁路点火线圈多用于传统点火系统及普通电子点火系统；闭磁路点火线圈具有漏磁少、转换效率高（约70%）、结构简单、体积小、质量轻等优点，多应用于高能电子点火系统及电控点火系统。

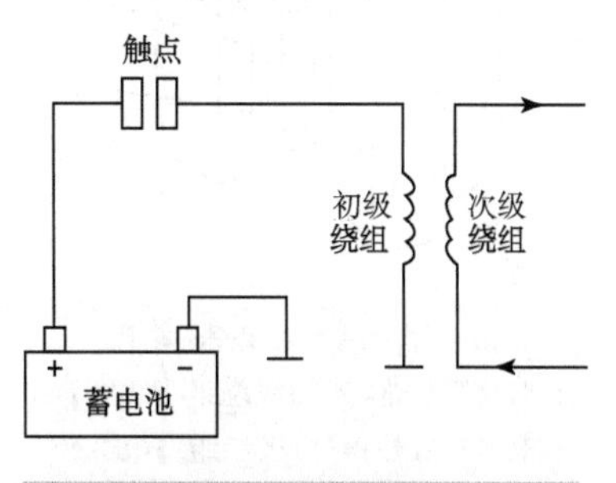

图3-20　点火线圈原理

开磁路点火线圈的结构如图3-21所示。点火线圈由铁芯、初级(低压)绕组、次级(高压)绕组、胶木盖、绝缘瓷杯等组成。铁芯由硅钢片叠制而成,包在硬纸套中。纸套上套有11000~23000匝的次级绕组。初级绕组绕在次级绕组的外部,有利于散热。初级绕组的匝数为220~330匝。初级绕组和外壳之间有导磁用的钢片,底部有绝缘瓷杯,上部有胶木盖外壳内充满沥青或绝缘油等绝缘物,以加强绝缘性,防止潮气侵入。胶木盖上有连接断电器的低压接线柱、高压线插孔、"开关"接线柱和"+开关"接线柱。

附加电阻(或附加电阻线)接在"+开关"和"开关"的两接线柱上,与初级绕组串联,用来改善点火系统的工作特性。图3-21所示为东风EQ1090型汽车装用的DQ125型点火线圈,为两接线柱式,本身不带附加电阻,"-"接线柱接至分电器触点,而"+"接线柱上有两根导线,其中一根接至起动机电磁开关的附加电阻短路接线柱上;另外一根导线(附加电阻线)接至点火开关,不能用普通导线代替。

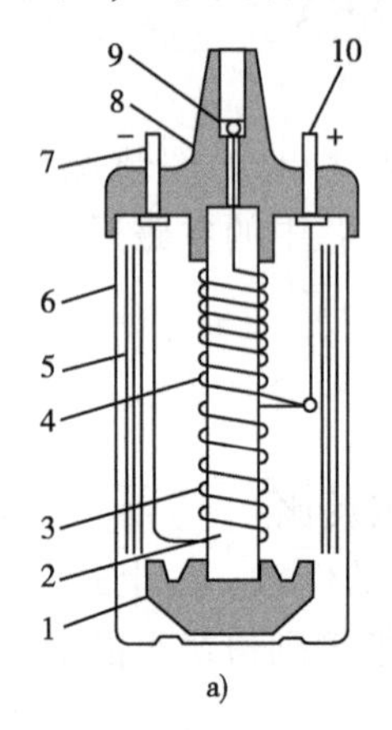

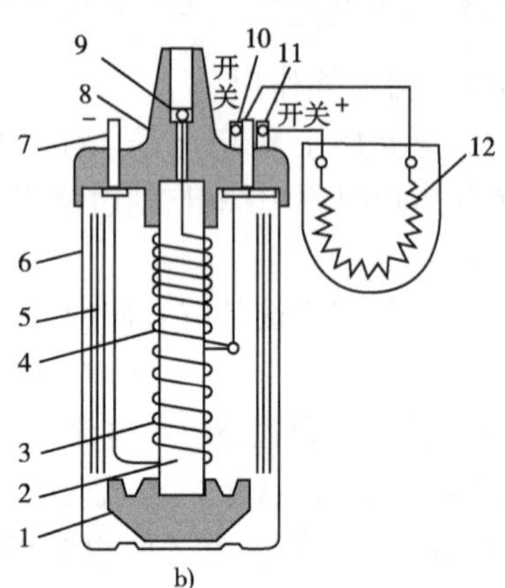

图3-21 开磁路点火线圈的结构

a)二低压接柱式;b)三低压接柱式

1-瓷座;2-铁芯;3-初级绕组;4-次级绕组;5-导磁钢片;6-外壳;7-"-"接线柱;8-胶木盖;9-高压线插座;10-"+"或"开关"接线柱;11-"+开关"接线柱;12-附加电阻

闭磁路点火线圈的结构如图3-22所示。在"日"字形铁芯内绕有初、次级绕组,在初级绕组外绕有次级绕组。为减小磁滞损耗,磁路中只有很小的气隙,故漏磁较少,磁路磁阻与开磁路点火线圈相比要小得多,其绕组的匝数较少,励磁电流较小,使得点火线圈结构紧凑、体积小,能量转换效率提高。

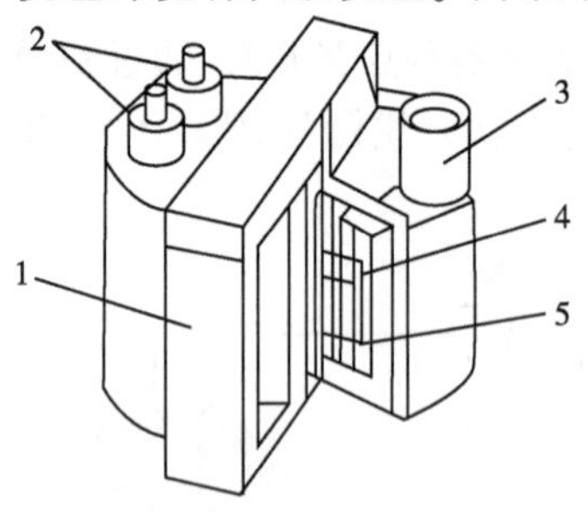

图3-22 闭磁路点火线圈的结构

1-日字形铁芯;2-初级绕组接线柱;3-高压接线柱;4-初级绕组;5-次级绕组

2. 点火系统的基本组成与电路

1)点火系统的基本组成

传统点火系统由电源(蓄电池和发电机)、点火开关SW、点火线圈、分电器(断电器和配电器等)和火花塞等组成,如图3-23所示。

2)点火系统的工作原理

在蓄电池点火系统中,由蓄电池或发电机供给的12V低电压,经断电器和点火线圈转变为15~20kV的高压电,再经配电器分送到各缸火花塞,使其电极间产生电火花。其工作过程如图 3-23 所示。

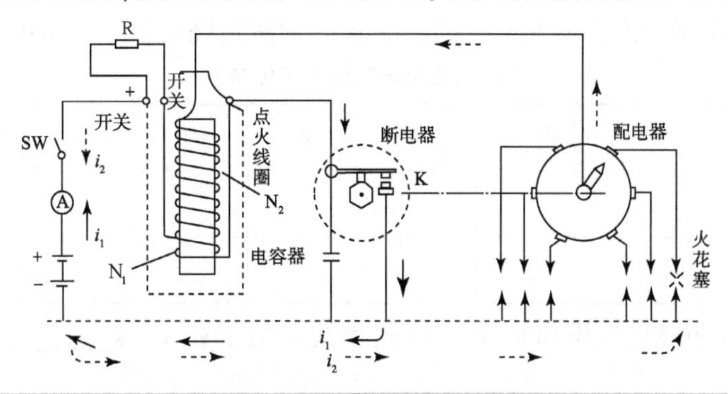

图 3-23　传统点火系统组成及原理示意图

当发动机工作时,断电器连同凸轮一起在发动机凸轮轴的驱动下旋转,使断电器触点反复地开闭,接通与切断点火线圈初级绕组的电流。在点火开关接通的情况下,断电器触点闭合,点火线圈初级绕组中有电流通过。流过初级绕组的电流称为初级电流 i_1。初级电流所经过的路径称为初级电路或低压电路。其回路为:蓄电池正极→电流表→点火开关 SW→附加电阻 R→点火线圈初级绕组 N_1→断电器触点 K→搭铁→蓄电池负极。触点 K 打开,切断初级电路,初级绕组中的电流 i_1迅速下降,使铁芯中的磁场也迅速减弱,在次级绕组 N_2 中感应出高压电动势,由于初级电流和磁场迅速降低,次级绕组匝数多,次级绕组中感应电动势可达 15 ~20kV(次级高压),击穿火花塞间隙,产生电火花,点燃可燃混合气。高压电流 i_2流过的电路,称为次级电路或高压电路。其回路为:点火线圈次级绕组 N_2→附加电阻 R→点火开关 SW→电流表—蓄电池正极—蓄电池负极—搭铁→火花塞旁电极→火花塞中心电极→分高压线→配电器旁电极→分火头→中心高压线→点火线圈的次级绕组。

从以上分析可见,蓄电池点火系统的工作过程可分为 3 个阶段,即:断电器触点闭合,初级电流增大;触点打开,初级电流迅速减小,次级绕组产生高压电;火花塞间隙被击穿,产生电火花,以点燃汽缸中的可燃混合气。

二、实践操作

(一)实践准备

电工电子实验台、可拆交流演示变压器 1 个、演示交流电表 1 个、学生电源。

(二)技术要求及注意事项

(1)熟知电工电子实训室管理规章制度。

(2)在指导教师的指导下完成实践操作。

(三)操作步骤

通过实训,在通用电工电子实验室设备上实现对变压器原理的测试和认知。

变压器原理实验如下(探究变压器线圈两端的电压与匝数的关系)。

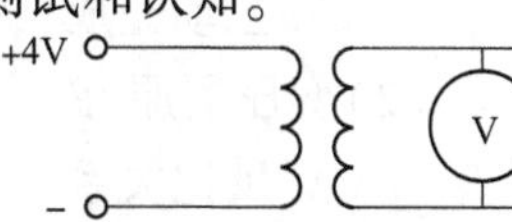

图 3-24　变压器实验图

按照图 3-24 将线路连接起来,可拆变压器的原边绕组取 100 圈,接入 4V 交流电;副边绕组接演示电表,调至交流电压 15V 档。

(1)保持原边 绕组电压 U_1 和匝数 n_1 不变,改变副边绕组的匝数 n_2,观察演示交流电表数值变化并记录下来填入表3-3,研究副边绕组 n_2 对副边绕组电压 U_2 的影响。

演示交流电表数值变化记录表 表3-3

U_1 =(　　　)V　n_1 =(　　　)匝				
n_2(匝)				
U_2(V)				

试验结论:原边绕组电压和匝数不变时,副边绕组匝数 n_2 越________,副边绕组电压 U_2越________。

(2)保持原边绕组电压 U_1 和副边绕组匝数 n_2 不变,改变原边绕组的匝数 n_1,观察演示交流电表数值变化并记录下来填入表3-4,研究原边绕组 n_1 对副边绕组电压 U_2 的影响。

演示交流电表数值变化记录表 表3-4

U_1 =(　　　)V　n_2 =(　　　)匝				
n_1(匝)				
U_2(V)				

试验结论:原边绕组电压和副边绕组匝数不变时,原边绕组匝数 n_1 越________,副边绕组电压 U_2越________。

(3)思考:副边绕组的电压是怎么产生的?铁芯起什么作用?

三、学习拓展

理想变压器应具备的条件:

(1)原、副边绕组没有电阻。

(2)无磁能量漏失。

(2)铁芯不发热。

实际变压器在工作时,因磁漏而损耗电能,变压器原、副边绕组有电阻通电时发热,铁芯因涡流发热,损耗了电能。

四、评价与反馈

1.自我评价与反馈

(1)你是否能主动完成工作现场的清洁和整理工作?(　　)

A.主动完成　　B.被动完成　　C.未完成

(2)变压器原、副边绕组的电压之比和它们线圈的匝数的有何关系?(　　)。

A.反比关系　　B.正比关系　　C.相等关系

(3)在汽车点火系统中,次级绕组的匝数越多,则产生的自感电动势(　　)。

A.越低　　B.越高　　C.无影响

(4)按照绕组和铁芯结构形式的不同来划分,普通的双绕组变压器不包括哪种结构形式?(　　)。

A.芯式变压器　　B.壳式变压器　　C.干式变压器

签名:____________　______年______月______日

2.小组评价与反馈

(1)工作页填写情况。(　　)

A.填写完整　　B.缺失0%~20%

C.缺失20%~40%　　D.缺失40%以上

(2)实施过程中是否注意操作质量和有责任心?(　　)

A.注意质量,有责任心　　B.不注意质量,有责任心

C.注意质量,无责任心　　D.全无

(3)实验前有无进行安全检查并警示其他同学?(　　)

A.有安全检查和警示　　B.有安全检查无警示

C.无安全检查、无警示

(4)总体印象评价。(　　)

A.非常优秀　　B.比较优秀

C.有待改进　　D.急需改进

参与评价的同学签名:____________　______年______月______日

3.教师评价

____

____

____

教师签名:____________　______年______月______日

学习任务四　汽车电气元件认知

任务要求

完成本学习任务后,你应该:

1. 能结合实物了解直流串励式电动机的结构;

2. 能结合实物了解交流发电机定子及转子的结构、发电原理、整流原理和调节器的功用及原理;

3. 了解继电器的结构及工作原理、分类,掌握继电器的测试;

4. 了解电磁阀的结构及应用,能对电磁阀进行检测;

5. 了解开关结构和识别方法、理解它们的特点及用途、会识别它们在电路中的图形符号;

6. 了解熔断器、断路器、易熔线的作用。

建议学时:16 学时。

任务概述

随着汽车不断地向信息化与智能化方向发展,现代汽车每一个系统都离不开电器元件的使用。本学习任务主要学习汽车的电器元件的基本知识。

主要学习任务

1. 直流串励式电动机认知;
2. 交流发电机的认知;
3. 其他电器元件的认知。

子任务 1　直流串励式电动机认知

任务描述

直流串励式电动机时汽车起动机的重要组成部分,其作用时将蓄电池输入的电能转换为机械能,产生电磁转矩。

1. 了解直流串励式电动机的结构；
2. 了解旋转磁场的产生与转子转动的原理；
3. 了解各类新型起动机的结构和原理。

建议学时：6 学时。

一、理论知识准备

（一）汽车起动机

组成：起动机是由直流串励式电动机、传动机构和操纵机构三部分组成，如图 4-1 所示。

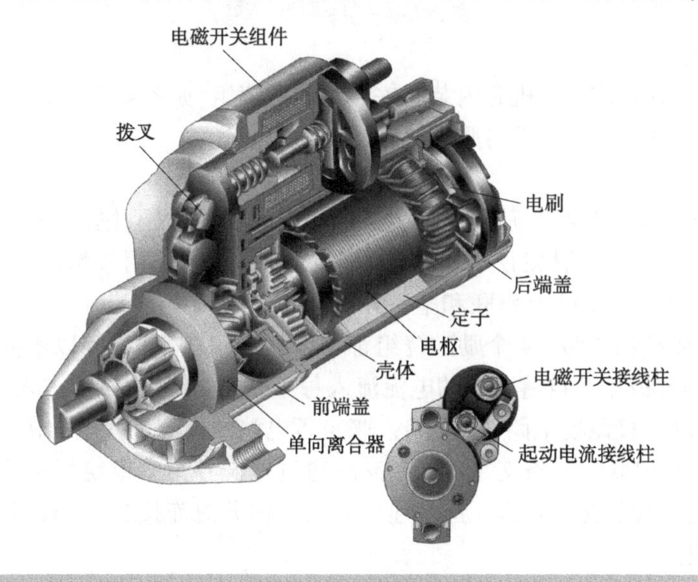

图 4-1　起动机的构造

1. 直流串励式电动机

电动机的作用是将蓄电池输入的电能转换为机械能，产生电磁转矩。

2. 传动机构

传动机构又称起动机离合器、啮合器。传动机构的作用是在发动机起动时使起动机轴上的小齿轮啮入飞轮齿环，将起动机的转矩传递给发动机曲轴；在发动机起动后又能使起动机小齿轮与飞轮齿环自动脱开。

3. 电磁开关

电磁开关的作用是控制直流串励式电动机与蓄电池之间电路的接通和切断；同时，还控制起动机小齿轮与发动机飞轮的啮合与分离。对于汽油发动机，有些起动机的电磁开关还具有在起动发动机时短路点火线圈附加电阻的作用，以提高起动时的点火电压。

（二）直流串励式电动机

1. 直流串励式电动机的结构

直流串励式电动机主要由机壳或轭铁（励磁线圈架）、定子、转子、换向器、磁极、电枢及电刷等组成,如图 4-2 所示。

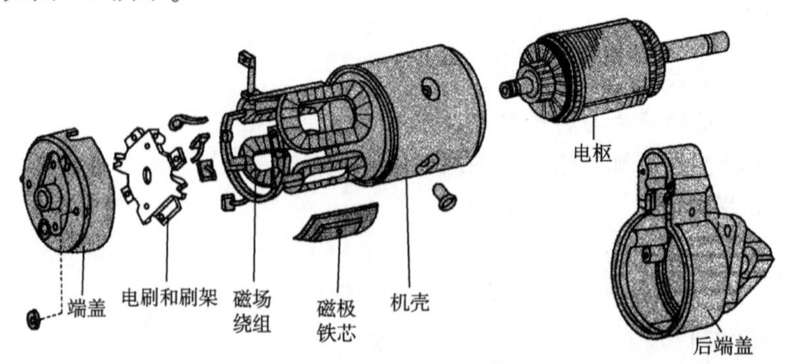

图 4-2　直流电动机构造

1)机壳或轭铁

机壳或轭铁用钢管制成,机壳内装有铁芯和励磁绕组,如图 4-3 所示。某些机壳上有一个电流输入接线极柱,并在内部与励磁绕组连接。

2)励磁绕组

励磁绕组又称定子绕组。励磁绕组绕在机壳内的铁芯周围,励磁绕组的作用是建立电动机的电磁场。机壳内一般装有 4 个(2 对)铁芯,励磁绕组采用较粗的矩形裸铜线绕制,4 个励磁绕组的连接方法主要有串联和串—并联两种方式。

(1)串联连接磁场电路。4 个励磁绕组都与电枢绕组相串联,并以不同的绕向绕制,形成交替的 N 极和 S 极。来自蓄电池的电流流入每一相励磁绕组,然后进入电枢绕组。

(2)串—并联连接磁场电路(图 4-4)。来自蓄电池的电流进入电动机后分成两路,分别流向励磁绕组互相串联的两条支路。每条支路通过电刷各与电枢绕组串联,但励磁绕组又与电枢绕组形成的两条支路并联。这种连接方式又称分流连接方式,被用来控制起动机工作时的最大转速。

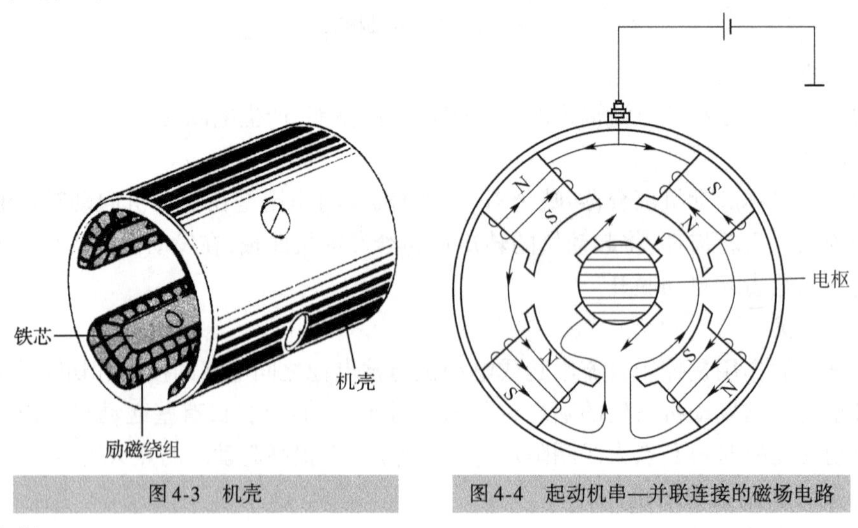

图 4-3　机壳　　图 4-4　起动机串—并联连接的磁场电路

3)电枢

电枢又称转子,是产生扭转力矩的核心部件。电枢由外圆带槽的硅钢片铁芯和嵌装在铁芯槽内的电枢绕组以及换向器等构成,如图4-5所示。当电枢绕组和励磁绕组所产生的磁场相互作用时,电枢便会转动。

转子铁芯与电枢轴为紧配合。电枢绕组也采用横截面为矩形的铜线绕制,以满足几百安培工作电流的要求。实际上,电枢中有多个绕组,每一个绕组的两端都被连接到以筒状形式布置的换向器上。电枢轴由装在起动机端盖上的轴承支承。叠层硅钢片铁芯用来收集磁场和减小涡流形成的热效应损耗。

4)换向器(图4-6)

换向器的作用是将通过励磁绕组的电流连接到电枢线圈,并保证电枢产生的扭转力矩方向不变,使电枢轴能输出固定方向的转矩。换向器由许多截面呈燕尾形的铜片围合而成,铜片嵌在换向器轴套和压环组成的槽中,铜片之间以及铜片与轴套、压环之间均用云母绝缘。铜片一端有焊接电枢绕组线头的凸缘。

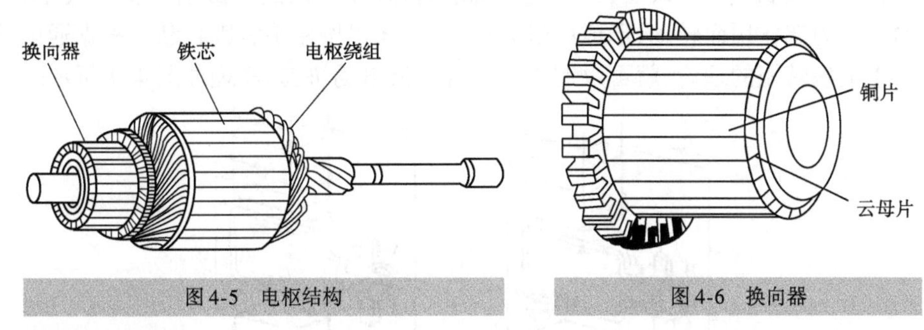

图4-5　电枢结构　　图4-6　换向器

5)电刷与电刷架

电刷的作用是将电流从励磁绕组引入电枢绕组。电刷和装在电枢轴上的换向器用来连接磁场绕组和电枢绕组的电路,并使电枢轴上的电磁力矩保持固定方向。电刷架一般为框式结构,如图4-7所示。其中正极刷架与端盖采用绝缘方式安装,负极刷架直接搭铁。电刷置于电刷架中,如图4-8所示,电刷由铜粉与石墨粉压制而成,呈棕红色,加入铜的目的是为了减少电阻并增加耐磨性。刷架上装有弹性较好的扭转弹簧,以压紧电刷与换向器良好接触。电刷的高度一般不应低于标准电刷的2/3,电刷与换向器的接触面积不应小于75%,并且要求电刷在电刷架内无卡滞现象,否则需要进行修磨或更换。

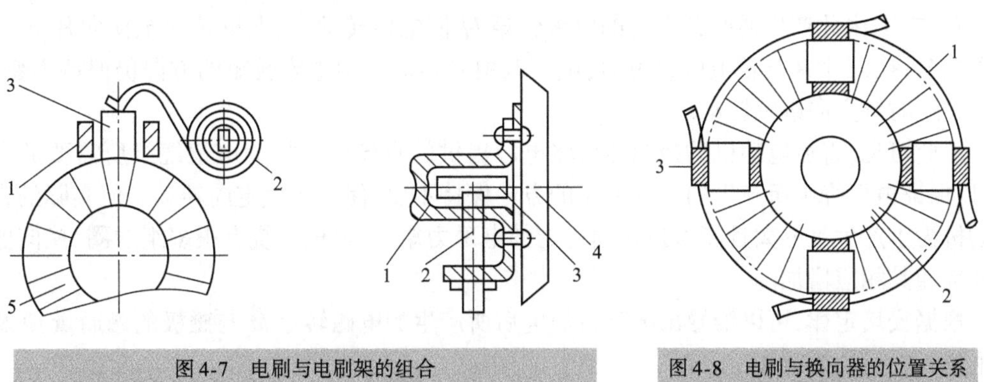

图4-7　电刷与电刷架的组合
1-框式电刷架;2-扭转弹簧;3-电刷;4-端盖;5-换向器

图4-8　电刷与换向器的位置关系
1-电刷架;2-换向器;3-电刷

6)端盖

端盖由换向器端框架(前端盖)和驱动机构外壳(后端盖)组成。分别装在机壳的两端,靠两个长螺栓将它们紧固在一起。两端盖内均装有青铜石墨轴承套或铁基含油轴承套,用以支承电枢轴。

2. 直流串励式电动机的工作原理

1)电动机电磁转矩的原理

直流电动机是将直流电能转化为机械能并产生机械转矩的动力设备。它是根据带电导体在磁场中受到电磁力作用这一理论为基础而制成的。

由电磁理论可知,将直导体置于磁场中,使其通过一定方向的电流时,直导体会受到电磁力作用而运动,且运动方向与导体中电流方向和磁场方向有一定关系,可用左手定则判断。

如果将直导线制成一个线匝,并通上直流电时,则线匝两边在磁场中受到大小相等、方向相反的电磁力偶作用而转动,形成电磁力矩,其方向仍按左手定则判断。根据通电线匝在磁场中产生电磁转矩的理论,就可以制成实用的直流电动机,其原理如图4-9所示。

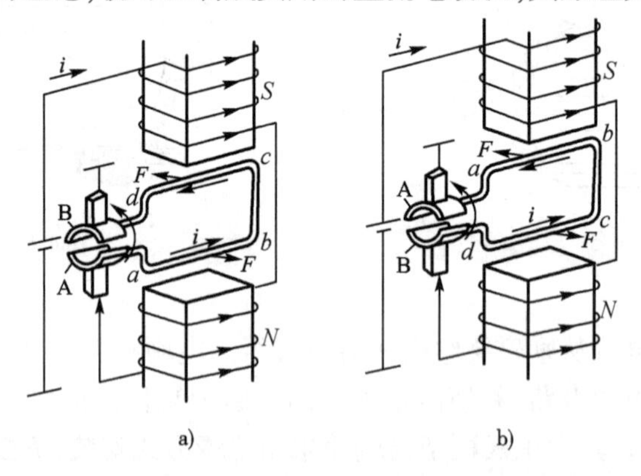

图4-9 串励式直流电动机的工作原理

a)换向前;b)换向后

电动机工作时,电流通过电刷和换向片流入电枢绕组。换向片A与正电刷接触,换向片B与负电刷接触,绕组中的电流从a-b-c-d根据左手定则判断绕组匝边ab、cd均受到电磁力F的作用,由此产生逆时针方向的电磁转矩M使电枢转动;当电枢转动至换向片A与负电刷接触,换向片B与正电刷接触时,电流改由d-c-b-a,但电磁转矩的方向仍保持不变,使电枢按逆时针方向继续转动。

由此可见,直流电动机的换向器可将电源提供的直流电转换为电枢绕组所需要的交流电,以保证电枢绕组所产生的电磁力矩的方向保持不变,使其产生定向转动。但实际的直流电动机为了产生足够大且能保持转速稳定的电磁力矩,其电枢上绕有很多组线圈,换向器的铜片也随其相应增加。

根据安培定律,可以推导出电动机通电后所产生的电磁转矩M与磁极的磁通量Φ及电枢电流I_s之间的关系为:

$$M = C_m \Phi I_s$$

式中：C_m——电动机转矩常数。

C_m 与电动机磁极对数 P、电枢绕组导线总根数 z 及电枢绕组电路的支路对数 a 有关，即

$$C_m = \frac{P_z}{2\pi a}$$

2）直流电动机转矩自动调节原理

电枢在电磁转矩 M 作用下转动，由于绕组在转动的同时切割磁力线而产生感应电动势，并根据右手定则判定其方向与电枢电流 I 的方向相反，故称为反电动势 E。反电动势 E_f 与磁极的磁通 Φ 和电枢的转速 n 成正比，即

$$E_f = C_e \Phi n$$

式中：C_e——电动机的结构常数。

由于反电动势的方向与电源电压的方向相反，因此电动机工作时，电枢回路的电压平衡方程式为

$$U = E_f + I_s R_s$$

式中：U——电源电压，V；

R_s——电枢回路电阻，Ω（其中包括电枢绕组的电阻、电刷与换向器的接触电阻）；

I_s——电枢电流，A。

在直流电动机刚接通电源的瞬间，电枢转速 n 为0，电枢反电动势 $E_e = 0$，此时，电枢绕组中的电流达到最大值，即 $I_{max} = U/R$，将相应产生最大电磁转矩，即 M_{max}，若此时的电磁转矩大于电动机的阻力矩 M_x，电枢就开始加速转动。随着电枢转速的上升，E_f增大，I_f下降，电磁转矩 M 也就随之下降。

3. 串励式直流电动机的工作特性

串励直流电动机的输出转矩 M、转速 n 和功率 P 随电枢电流变化的规律，称为串直流电动机的工作特性。图4-10所示为串励式直流电动机的工作特性曲线，其中曲线 M、n 和 P 分别代表转矩特性、转速特性和功率特性。串励式直流电动机的特点是起动转矩大，机械特性软。

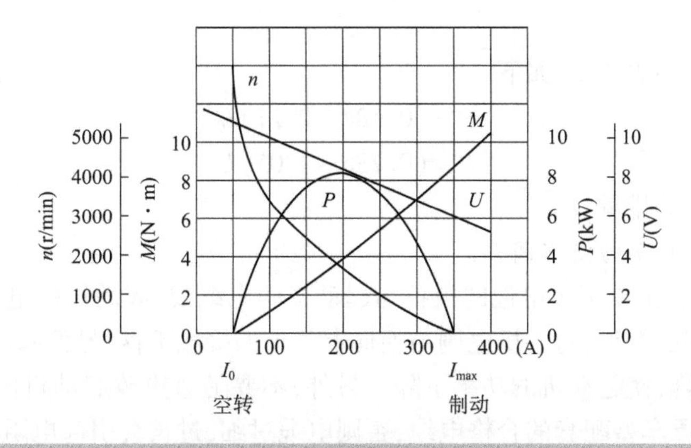

图4-10　串励式电动机特性

M-输出转矩；n-转速；P-功率；U-起动电压

（1）转矩特性：对于串励式直流电动机，其磁场电流与电枢电流相同，并且在磁通未饱

和时,磁通与电枢电流成正比,串励直流电动机的转矩与电枢电流的平方成正比。因此磁通未饱和时,电枢电流越大,串励式电动机产生的转矩比并励式电动机的优势更大。即:

磁通不饱和时

$$\Phi = CI_j = CI_s$$

$$M = C_1 \Phi I_s = C_0 I_s^2$$

磁通饱和时

$$\Phi = C$$

$$M = C_1 \Phi I_s = C_0 I_s$$

(2)机械特性:由电动机的电压平衡方程式可知,起动机的转速为

$$n = \frac{U - I_s(R_s + R_j)}{C_m \Phi}$$

由上式可知,串励直流电动机具有轻载转速高、重载转速低的软机械特性。重载转速低,可以保证电动机在起动时(重载)不会超出允许功率而烧毁,使起动机安全可靠。这是起动机采用串励直流电动机的又一原因。但由于其轻载或空载时转速很高,容易造成“飞散”事故,故对于功率较大的串励直流电动机,不允许轻载或空载下运行。

(3)功率特性:起动机功率 P 由电动机电枢转矩 M 和电枢的转速 n 来确定,即

$$P = \frac{Mn}{9550}$$

式中:M——电动机电枢转矩,N·m;

n——电动机电枢转速,r/min。

由上式可知,在完全制动状态($n=0$)和空载($M=0$)时,起动机的输出功率等于零,电枢电流接近制动电流的一半时,电动机输出功率最大。由于起动机起动时间很短,起动机可以最大功率运转,因此将其最大功率作为额定功率。

起动机功率必须保证发动机能够迅速可靠起动,若功率不够将会增加起动次数,缩短蓄电池寿命。一般汽油机最低起动转速为 50~70r/min,柴油机最低起动转速为 100~200r/min。

起动机所需功率 P(kW)如下。

汽油机 $P = (0.184 \sim 0.21)L$

柴油机 $P = (0.736 \sim 1.05)L$

式中:L——发动机的排量,L。

4. 影响起动机功率的使用因素

(1)接触电阻。主要指蓄电池的极柱与起动机的电缆线,起动机的电缆线与搭铁、接触盘与主接线柱内侧的触头、起动机电刷与换向器片等的接触不良,导致起动机的主电路电阻增大,起动电流下降,使起动机的功率下降。另外,不要随意更改起动机电缆的截面尺寸和长度,最好使用与原车型配套的合格电缆,否则电缆过细、过长会引起电阻增大,起动机输出功率下降。

(2)蓄电池的容量。蓄电池的容量越小,内阻越大,导致起动电流下降,起动机输出功率下降,故应使蓄电池经常保持充足电电状态。

(3)温度。温度降低会使蓄电池的内阻增加,容量下降,导致输出电流减小功率下降。

(三)起动机的传动机构

起动机的传动机构包括离合器和拨叉两部分。离合器起着传递转矩将发动机起动,同时又能在起动后自动打滑脱落啮合从而保护起动机不致损坏的作用。拨叉的作用是使离合器做轴向移动。

1. 离合器

现代汽车上常用的离合器由滚柱式、弹簧式和摩擦片式 3 种,下面以滚柱式离合器为例详细介绍离合器的构造及工作原理。

1)滚柱式离合器的构造(图 4-11)

离合器的驱动齿轮采用 40 号中碳钢加工淬火而成,与外壳连成一体。外壳内装有十字块和四套滚柱弹簧,十字块与花键套筒固联,壳底与外壳相互扣合密封。

花键套筒的外面装着缓冲弹簧及衬圈,末端固装着拨环与卡圈。整个离合器总成利用花键套筒套装在起动机轴的花键部位上,可以做轴向移动和随轴转动。

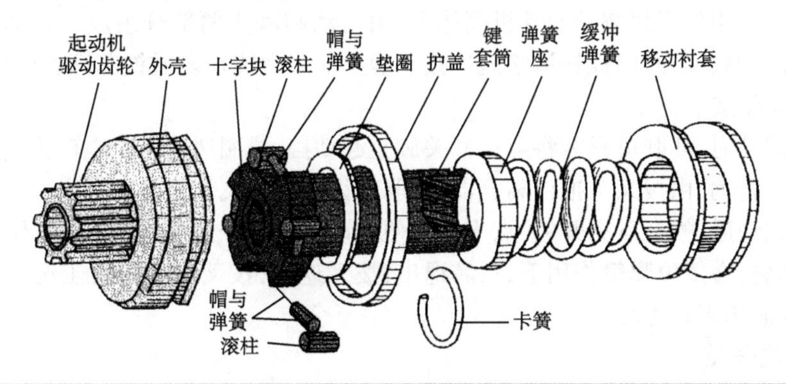

图 4-11　滚柱式离合器

2)滚柱式离合器的工作原理

离合器的外壳与十字块之间的间隙为宽窄不同的楔形槽。这种离合器就是通过改变滚柱在楔形槽中的位置来实现离合器的,如图 4-12 所示。

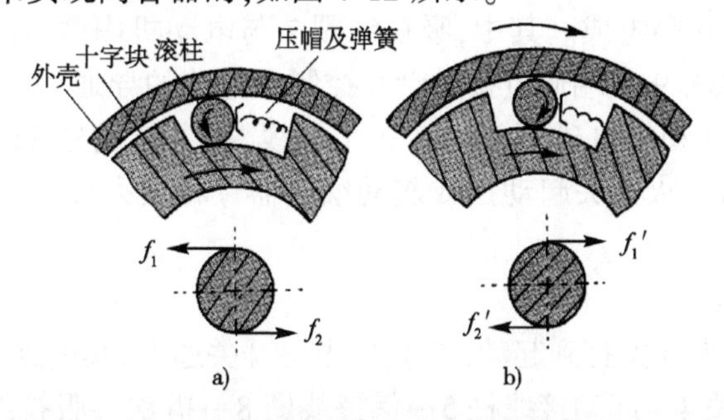

图 4-12　滚柱式离合器的工作原理

a)发动机起动时;b)发动机起动后

发动机起动时,拨叉动作,经拨环将离合器沿花键推出,驱动齿轮啮入发动机飞轮齿环。此时电枢转动,十字块随电枢一起旋转,滚柱滚入楔形槽窄的一侧而卡住,从而传递转矩,驱动曲轴旋转,如图4-12a)所示。

发动机起动后,飞轮齿环的转速高于驱动齿轮,滚柱滚入楔形槽宽的一侧而打滑,如图4-12b)所示。这样转矩就不能从驱动齿轮传给电枢,从而防止啦电枢超速飞散的危险。

起动完毕,则由拨叉复位弹簧作用,经拨环使离合器退回,驱动齿轮完全脱离飞轮齿环。

由于功率过大时滚柱式离合器的滚柱易卡死,故其只适用中小功率的起动机。弹簧式离合器具有结构简单、工艺简化、寿命长、成本低等优点,但因扭力弹簧所需圈数多,轴向尺寸较长,故适用于起动柴油机所需的大功率起动机,而不适宜在小型起动机上采用。摩擦片式离合器虽有传递大转矩、防止超载损坏起动机的优点,但摩擦片容易磨损而影响起动机性能,而且需经常检查、调整或更换。同时结构也比较复杂、耗用材料较多、加工费时、修理复杂,因此,现在汽车上已经较少采用。

2. 拨叉

拨叉的作用是使离合器做轴向移动,将驱动齿轮啮入和脱离飞轮齿环。现代汽车上一般采用电磁式拨叉。

电磁式拨叉用外壳封装于起动机壳体上,由可动和静止两部分组成。可动部分包括拨叉和电磁铁芯,两者之间用螺杆活络地连接。静止部分由绕在电磁铁芯钢套外的线圈、拨叉轴和复位弹簧组成。

发动机起动时,驾驶员只需将点火开关旋至起动挡,线圈通电产生电磁力,将铁芯吸入,于是带动拨叉转动,由拨叉头推出离合器,使驱动齿轮啮入飞轮齿环。

发动机起动后,松开点火开关,点火开关便自动复位一个角度(即点火工作挡),线圈断电,电磁力消失,在复位弹簧作用下,铁芯退出,拨叉返回,拨叉头将打滑工况下的离合器拨回,驱动齿轮脱离飞轮齿环。

(四)电磁开关

起动机电磁开关又称起动机的操纵机构或控制机构,主要用来控制起动机驱动齿轮与发动机飞轮齿圈啮合,控制起动机主电路(电流为200~600A)导通。

1. 电磁开关的结构

电磁开关的结构与工作原理图如图4-13所示,电磁开关主要由吸拉线圈7、保持线圈8、活动铁芯9、接触盘6等组成。其中,吸拉线圈7与电动机串联,保持线圈8与电动机并联,直接搭铁。活动铁芯9一端通过接触盘6控制主电路的导通;另一端通过拨叉11控制驱动齿轮的啮合。在起动机电磁开关上有3个接线柱:主接线柱3(接蓄电池的起动电缆线)、起动接线柱5(接点火开关起动挡或起动继电器)和点火线圈附加电阻段路接线柱2(接点火线圈)。

2. 起动机的工作过程

(1)起动时,将点火开关打到起动(ST)挡,电磁开关通电,其电路为:蓄电池正极→起动机主接柱3→点火开关4→起动接线柱5→保持线圈8→搭铁→吸拉线圈7→主接线柱1→直流串励式→电动机→搭铁

此时,吸拉线圈7与保持线圈8的电流方向相同、磁场方向相同,活动铁芯9在两个线圈磁场力的共同作用下克服复位弹簧的作用向左移动,通过拨叉11使驱动齿轮13与发动机飞轮14啮合。当驱动齿轮13与飞轮14啮合后,接触盘6将接线柱1、3内侧触头接通,

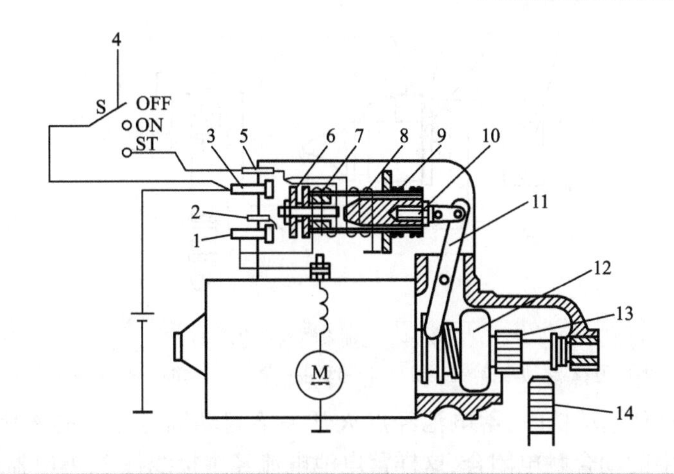

图 4-13　电磁开关的结构与工作原理图

1、3-主接线柱;2-附加电阻段路接线柱;4-点火开关;5-起动接线柱;6-接触盘;7-吸拉线圈;8-保持线圈;9-活动铁芯;10-调节螺钉;11-拨叉;12-单向离合器;13-驱动齿轮;14-飞轮

于是起动机的主电路接通(电流为 200~600A),其电路为:蓄电池正极→主接线柱 3→接触盘 6→主接线柱 1→励磁绕组→电刷→电枢绕组→电刷→搭铁。

这时,直流电动机产生电磁转矩,通过单向离合器带动曲轴旋转,起动发动机。

(2)发动机起动后,单向离合器打滑。

(3)松开点火开关,点火开关从起动(ST)挡回到点火(IG)挡,这时从点火开关到起动接线柱 5 之间已没有电流,吸拉线圈 7 与保持线圈 8 由原来的并联变为串联,其电路为:蓄电池正极→主接线柱 3→接触盘 6→主接线柱 1→吸拉线圈 7→保持线圈 8→搭铁。

此时,由于吸拉线圈 7 与保持线圈 8 电流方向相反、磁场方向相反,磁吸力相互抵消,因此,活动铁芯 9 在复位弹簧的作用下迅速右移,使主电路断开,驱动齿轮 13 与飞轮 14 脱离啮合,起动机停止工作。

在接触盘 6 接通主电路之前,由于电流经吸拉线圈 7 到励磁绕组与电枢绕组,所以电枢产生了一个较小的电磁转矩,使驱动齿轮 13 在缓慢旋转状态下与飞轮 14 平稳啮合。主电路接通后,吸拉线圈 7 被短路,活动铁芯 9 的位置由保持线圈 8 产生的磁吸力来保持。主电路接通的同时,接触盘 6 将附加电阻短路接线柱 2 接通,使点火线圈的附加电阻短接,提高点火电压。现在附加电阻已经很少采用,所以这个接线柱或不接线,或已经被取消。

(五)起动机的控制电路

一般汽车起动机都是由点火开关起动挡来控制的。但是,由于起动机的电磁开关工作电流较大,若直接由点火开关控制起动机的电磁开关,点火开关会因此而经常烧坏。在一些汽车上的起动机控制电路中加装了起动继电器,以避免起动机电磁开关的电流直接通过点火开关,起到保护点火开关的作用。此外,有的起动机控制电路还具有防止误操作的功能,即在发动机工作时,若点火开关打到起动挡,起动机也不能工作,以免打坏驱动齿轮和飞轮齿圈。

1. 带有起动继电器的起动系统控制电路

大部分汽车为了保护点火开关,在起动机控制电路中加装起动继电器,如图 4-14 所示。

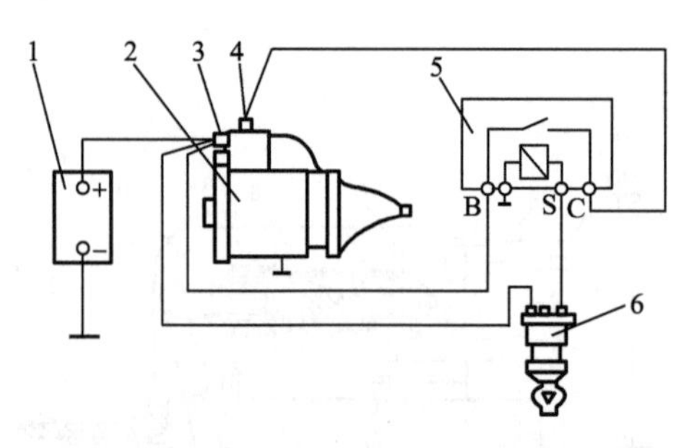

图 4-14　起动系统基本电路

1-蓄电池;2-起动机;3-主接线柱;4-起动接线柱;5-起动继电器;6-点火开关

当点火开关打到起动挡时,蓄电池经点火开关给起动继电器中的磁化线圈供电(电流很小),使继电器中的动合触电闭合,这样蓄电池电流经主接线柱 3、继电器的触点到起动机电磁开关上的起动接线柱 4,起动机开始正常工作。

2. 防止起动系统挡误操作

当发动机工作时,起动机是不能工作的,这一点除了利用发电机的中性点电压控制起动复合继电器外,大多数汽车采用点火开关锁体控制。打起动挡时,点火开关是从 off(关断)挡→on(运行)挡→start(起动)挡。重复打起动挡时,点火开关必须从 off 挡开始,即当发动机没有起动或发动机自动熄火,需要再次起动发动机时,点火开关必须先回到 off 挡,然后才能起动发动机。当发动机运行时(在 on 挡),锁体向 start 挡方向是拧不动的。这样就可以防止起动系统的误操作,如桑塔纳、奥迪等车都是采用这种方式防止误操作的。

对于装有自动变速器的汽车,要求只有变速器在 P 挡(驻车挡)或 N 挡(空挡)时,起动机才能工作,否则起动发动机时,汽车不是向前跑就是向后跑而发生事故。因此,装备自动变速器的汽车的起动系统中都设有“空挡起动开关”,当自动变速器在 P 挡或 N 挡之外的任何挡位时,此开关都是断开的,即将起动机控制电路断开,使起动机无法工作。

(六)新型起动机

1. 电枢移动式起动机

电枢移动式起动机与普通起动机的主要区别是它的 4 个磁极中有一个是活动磁极。这个活动磁极兼作电磁铁,其绕组兼作吸引线圈与保持线圈构成电磁开关。这种起动机的结构及控制电路如图 4-15 所示。

电枢移动式起动机工作过程如下。

将点火开关 S 打至起动挡,起动继电器线圈通电,触点 K_1 闭合,接通了起动电路,一方面电流经励磁绕组(吸引线圈)D、搭铁触点 K_2 和保持线圈并联搭铁,产生电磁力,吸引活动磁极向下运动,带动拨叉逆时针摆动,推动右端离合器向右运动,使驱动小齿轮与发动机飞轮齿环啮合。另一方面,励磁绕组 A、B 及电枢绕组(励磁绕组 C 与电枢绕组并联)通电,使起动机驱动小齿轮在电枢缓慢转动下平稳地啮入飞轮齿环。

驱动小齿轮与飞轮齿环啮合后,拨叉左端将电磁开关触点 K_2 打开,于是励磁绕组 A、B、C、D 和电枢绕组形成四级直流串励式电动机标准电路,产生强大的电磁转矩,起动发动机。

发动机起动后,松开点火开关使其旋至点火挡,起动继电器线圈断电,触点 K_1 打开,起动机断电,拨叉复位,起动机停止工作。

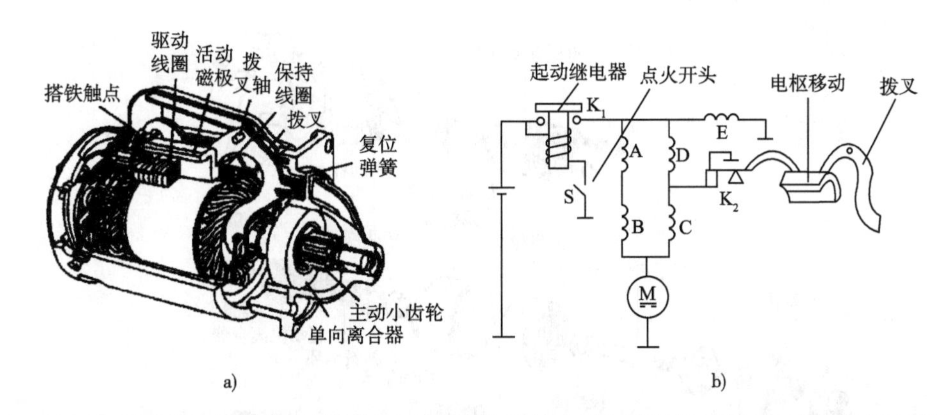

图4-15　电枢移动式起动机及其控制电路

a)结构;b)控制电路

A、B、C-固定磁极励磁绕组;D-活动磁极励磁绕组(兼作电磁开关吸引线圈);E-保持线圈;K_1-起动继电器动合触点;K_2-搭铁触点

2. 减速起动机

减速起动机与常规起动机的主要区别是在传动机构和电枢轴之间安装了一套齿轮减速装置,通过减速装置把力矩传递给单向离合器,可以降低电动机的速度增大输出力矩,减小起动机的体积和质量。减速起动机的减速比一般为3~5,齿轮减速装置主要有行星齿轮减速装置和平行轴外啮合减速齿轮装置两种形式。减速起动机的优点为单位质量的输出功率增加;缩小了外部尺寸,便于安装;提高了起动性能,有利于发动机的低温起动;减轻了蓄电池的负担,延长了使用寿命。但是减速起动机也有缺点,就是机械零件增加,机构和生产工艺也比传统的起动机复杂。

目前,采用减速起动机的汽车越来越多,如北京现代索纳塔、北京切诺基吉普车、奥迪、本田和丰田轿车等都采用了减速起动机。下面分别结合实例讲解减速起动机的结构组成和工作原理。

1)行星齿轮式减速起动机

行星齿轮式减速起动机的结构如图4-16所示。

(1)电动机。该起动机的电动机结构有两类,一类与常规起动机类似采用励磁线圈产生磁场,此处不再重复。另一类采用永久磁铁磁场代替励磁绕组,产生了电磁场、减小了起动机的体积、提高了起动性能。

(2)传动机构。该起动机的传动机构采用滚柱式单向离合器,用拨叉拨动驱动齿轮使之移动。其机构与工作过程和传统式起动机类似。

(3)减速齿轮装置。行星齿轮减速装置中设有3个行星齿轮,1个太阳轮(电枢轴齿轮)及1个固定的内齿圈,其结构如图4-17所示。

内齿圈固定不动,行星齿轮支架是一个具有一定厚度的圆盘,圆盘和驱动齿轮轴制成一体。3个行星齿轮连同齿轮轴一起压装在圆盘上,行星齿轮在轴上可以边自转边公转。驱动齿轮轴一端制有螺旋键齿,与离合器传动导管内的螺旋键槽配合。

如图4-18所示,为了防止起动中过大的扭力对齿轮造成损坏,弹簧垫圈把离合器片压紧在内齿圈上,这样当内齿圈受到扭力过大时离合器片和弹簧垫圈可以吸收过大的扭力。

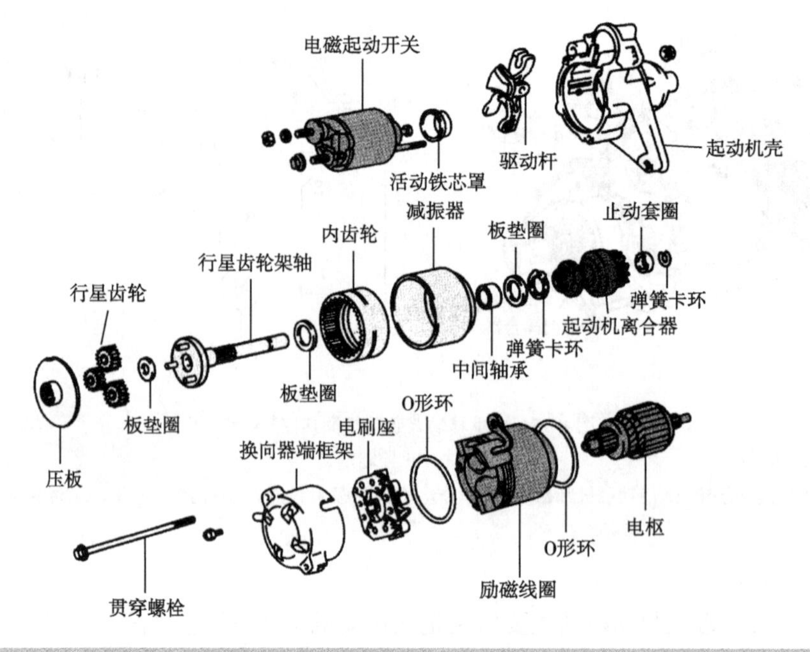

图 4-16　行星齿轮式减速起动机结构图

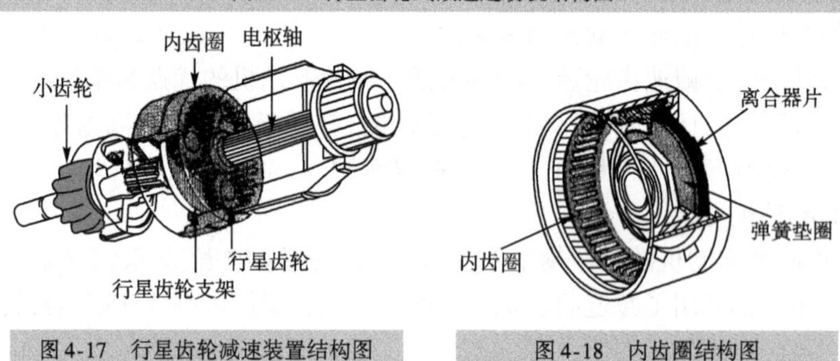

图 4-17　行星齿轮减速装置结构图

图 4-18　内齿圈结构图

2)平行轴式减速起动机

平行轴式减速起动机结构如图 4-19 所示,主要包括电动机、平行轴减速装置、传动机构和控制装置。

(1)电动机。该起动机 4 个磁场绕组相互并联后再与电枢绕组串联,仍为串励式电动机。基本部件与常规起动机相似,此处不再重复其工作原理。

(2)传动机构及减速装置。如图 4-20 所示为减速装置中齿轮的啮合关系和传动机构中单向离合器示意图。

滚柱式单向离合器设置有减速齿轮内毂,其内毂制成楔形空腔,传动导管装入时,将空腔分割成 5 个楔形腔室,室内放置滚柱和弹簧。平时在弹簧张力作用下,滚柱滚向楔形腔室窄端,传递动力时,由滚柱将传动导管和减速齿轮卡紧成一体。离合器的工作原理和常规起动机中的滚柱式单向离合器工作原理相同,此处不再进行分析。

减速齿轮装置采用平行轴外啮合减速齿轮装置,改装置设有 3 个齿轮,即电枢轴齿轮、惰轮(中间齿轮)及减速齿轮。从图 4-21 中可以看出,与常规起动机相比,该减速装置传动比大,输出转矩也较大。

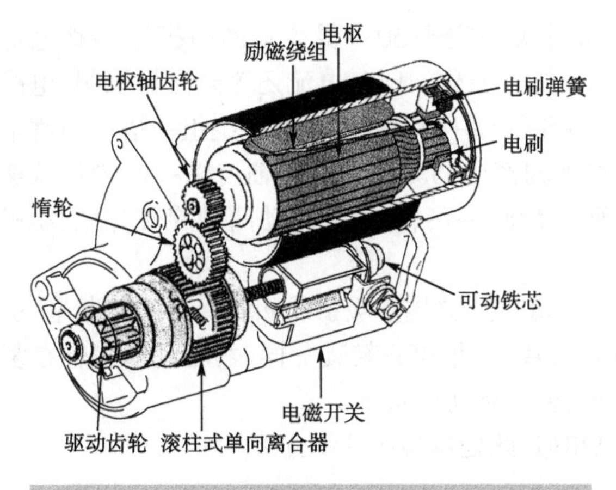

图 4-19　平行轴式减速起动机的构造

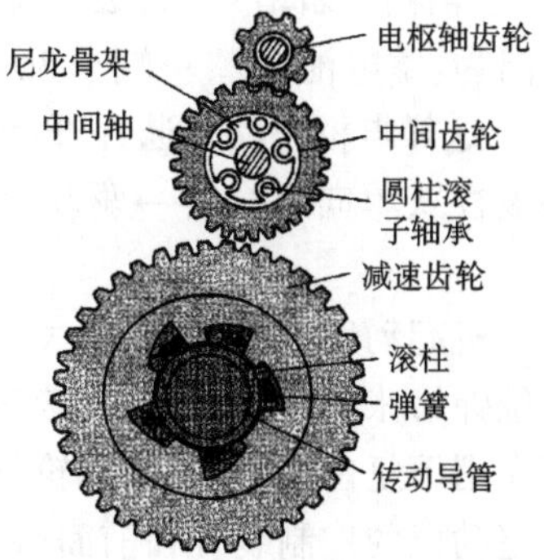

尼龙骨架
电枢轴齿轮
中间轴
中间齿轮
圆柱滚子轴承
减速齿轮
滚柱
弹簧
传动导管

图 4-20　减速齿轮啮合关系和单向离合器

(3)控制装置及其工作过程。以丰田花冠轿车中平行轴式减速起动机为例,结合电路图分析控制装置的工作原理及控制装置的工作过程。如图 4-21 所示,控制装置的结构同传统式电磁控制装置基本相同,不同之处在于可动铁芯的左端固装的挺杆,经钢球推动驱动齿轮轴,引铁右端绝缘地固装着接触盘。起动机不工作时,接触盘与触点分开,驱动齿轮与飞轮分离。

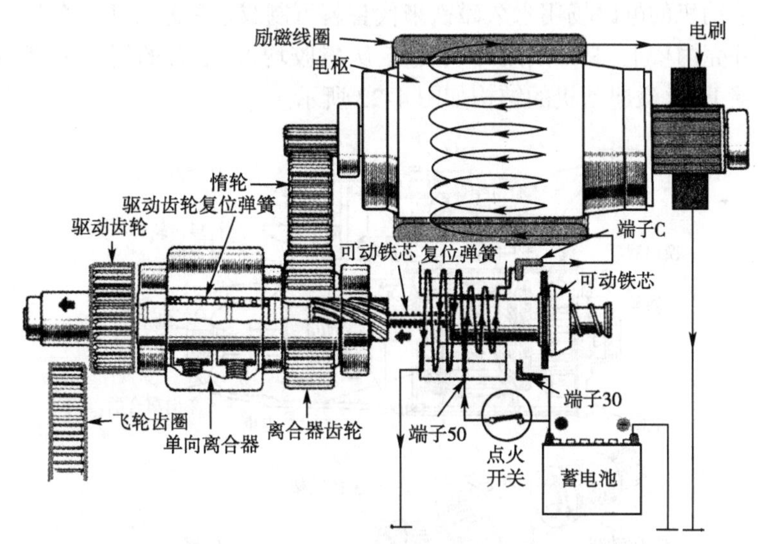

图 4-21　平行轴式减速起动机构及电路图

其工作过程分析如下。

接通起动开关,吸引线圈和保持线圈通电,此时的电流流向为:蓄电池“+”→点火开关→端子 50→保持线圈→搭铁,蓄电池“+”→点火开关→端子 50→吸引线圈→端子 C 励磁线圈→电枢绕组→搭铁→蓄电池“-”,此时电动机低速运转,保证了驱动小齿轮与飞轮的平稳啮合。

吸引线圈和保持线圈的电磁力吸引移动铁芯向左移动,推动驱动齿轮轴,使驱动齿轮与飞轮啮合,这种动作过程称为直动齿轮式。驱动齿轮与飞轮齿圈进入啮合后,接触盘和触点接触,此时电流的方向为:蓄电池“+”→点火开关→端子50→保持线圈→搭铁→蓄电池“-”。这样保持线圈产生的磁场使可动铁芯保持在原位。同时电流还流经磁场线圈,电路电流流向为:蓄电池“+”→端子30→接触片→端子C→励磁线圈→电枢绕组→搭铁→蓄电池“-”。这样电枢电路接通并开始旋转。电枢轴产生的力矩经电枢轴齿轮→惰轮→减速齿轮→滚柱式单向离合器→驱动齿轮轴→驱动齿轮→飞轮齿圈,带动曲轴旋转,使发动机起动。

发动机起动后,放松起动开关,点火开关回到“点火”挡。吸引线圈和保持线圈断电,引铁在复位弹簧张力作用下复位,接触片与触点飞离,电枢停止转动。同时,驱动齿轮轴在复位弹簧作用下复位,拖动驱动齿轮与飞轮分离,恢复到初始状态。

该起动机的控制装置和前面所述起动机相似,此处不再作具体分析。

3)永磁起动机

随着稀土永磁材料的出现,近年来出现了一种以永磁材料作为磁极的起动机,称为永磁起动机,它省去了传统起动机中的励磁绕组。因此,起动机的结构得到了简化,体积和质量也相应地减小。

适合用在起动机上的永磁材料有永磁铁氧体、稀土钕铁硼永磁、钛铁硼永磁等。钕铁硼永磁材料磁力较高,磁能积最大达302kJ/m³,它是永磁铁氧体的12倍。

将普通型起动机的电磁场用永久磁铁来代替就可制成永磁起动机。条形永久磁铁可用冷黏在起动机外壳内壁上,黏结剂用环氧型胶、厌氧胶均可,也有的用片弹簧均匀地固装在起动机外壳内壁上,永磁起动机的结构如图4-22所示。

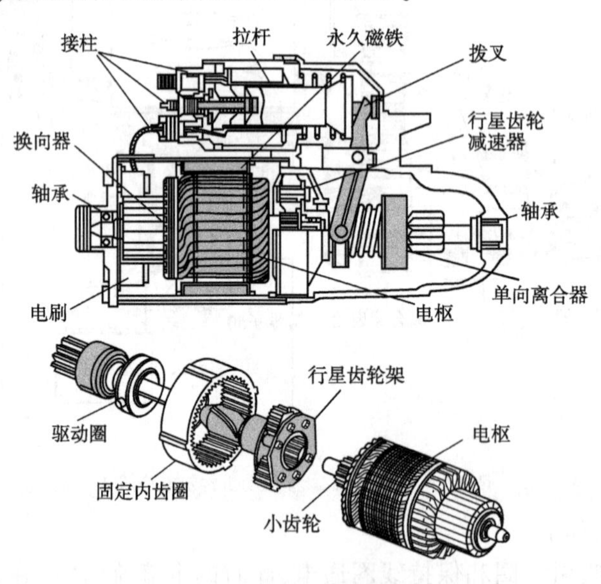

图4-22 永磁起动机

永磁起动机和普通起动机相比体积明显减小,因此它适合于安装在空间较小的车辆上。永磁起动机另一个特点是在电枢的前端装有行星齿轮减速器,使电枢能以较高的转速转动,从而提高了起动机的转矩。

奥迪、捷达、高尔夫等轿车上均采用永磁起动机。为进一步减小起动机的体积和质量,上海别克轿车、北京切诺基吉普车装用了永磁行星齿轮式减速起动机。北京 BJ2021(切诺基)吉普车傻姑娘装用的是德国博世公司生产的 12VDW1.4 型永磁减速式起动机,其原理简图如图 4-23 所示。

电动机采用永磁磁场,6 块永久磁极用弹性保持片固定于外壳内表面,且通过弹性片上的孔和外壳内壁的凸起定位。由于取掉了磁场绕组,减小了电感,与同功率的普通起动机相比,具有更高的起动性能。电枢轴的支撑采用滑动轴承。传动机构采用滚柱式单向离合器,其结构和工作过程与普通起动机相同。齿轮减速装置采用行星齿轮减速装置,该装置中设有 3 个行星齿轮,1 个太阳轮(即电枢轴齿轮)及 1 个固定的内齿圈,其啮合关系如图 4-24 所示。

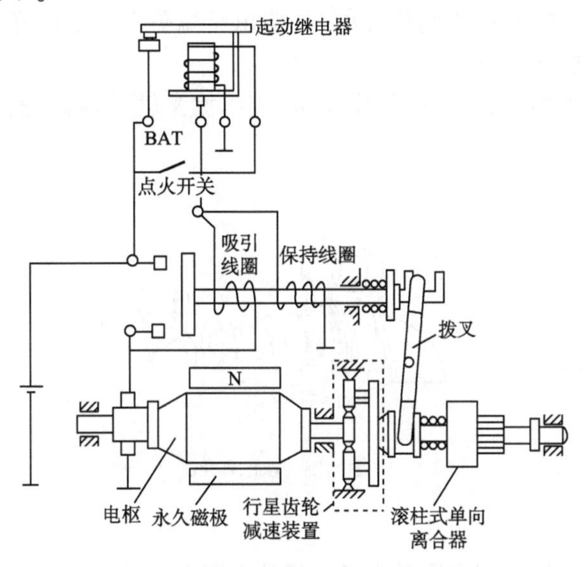

图 4-23 12VDW1.4 型永磁减速式起动机原理图

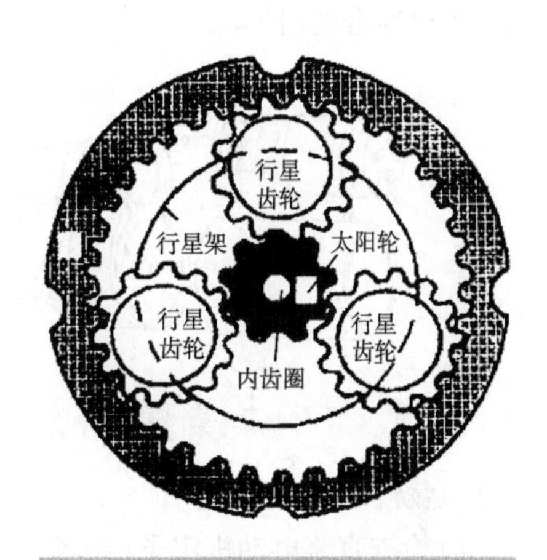

图 4-24 行星齿轮减速装置的啮合关系

二、实践操作

(一)实践准备

电工电子实验台,连接线。

(二)技术要求及注意事项

(1)熟知电工电子实训室管理规章制度。

(2)在指导教师的指导下完成实践操作。

(三)操作步骤

1.起动机的拆卸

起动机解体前应清洁外部的油污和灰尘,然后按照下列步骤进行解体。

(1)选择合适尺寸的扳手,旋出防尘盖固定螺钉,取下防尘盖,用专用钢丝钩取出电刷;拆下电枢上止推圈处的卡簧(图 4-25)。

(2)选择合适尺寸的扳手,旋出两个紧固穿心螺栓,取下前端盖,抽出电枢(图 4-26)。

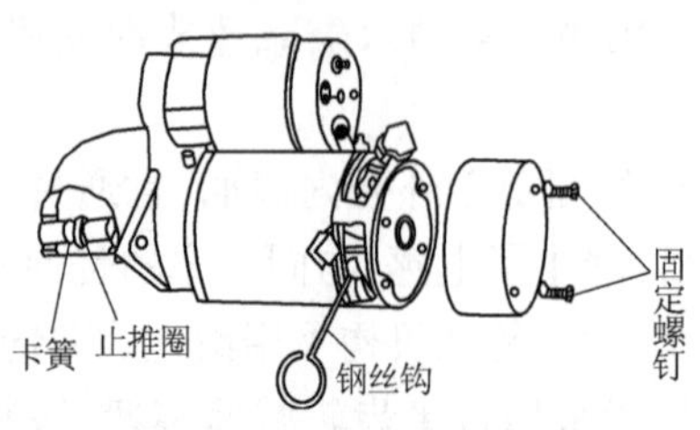

图 4-25　拆下卡簧

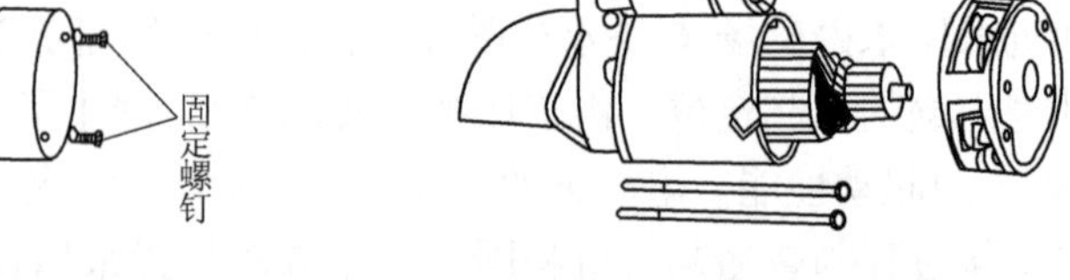

图 4-26　抽出电枢

(3)拆下电磁开关主接线柱与电动机接线柱之间的导电片,旋出后端盖上的电磁开关紧固螺钉,使电磁开关后端盖与中间壳体分离(图 4-27)。

(4)从后端盖上旋出中间支承板紧固螺钉,取下中间支承板,旋出拨叉轴销螺钉,抽出拨叉,取出离合器(图 4-28)。

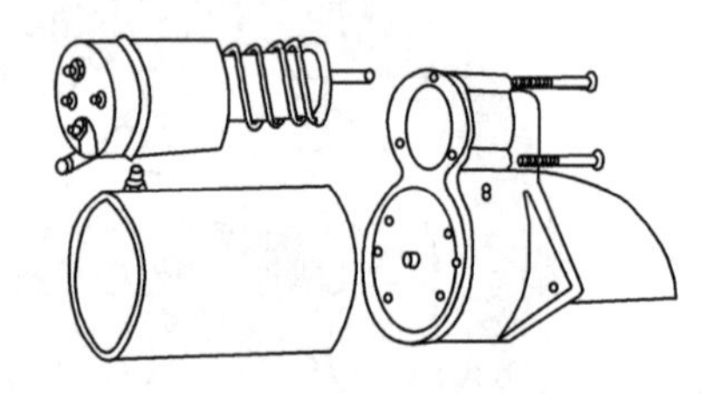

图 4-27　旋出紧固螺钉

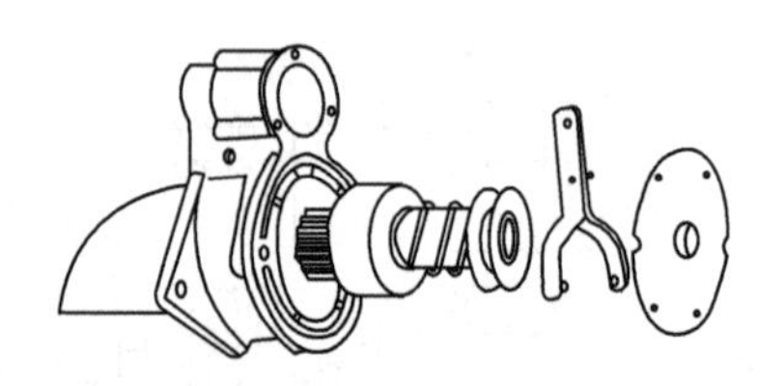

图 4-28　取出离合器

2. 起动机部件的检测

(1)检查直流电动机定子(磁场部分)用万用表测量磁场绕组的电阻(图 4-29),并填写表 4-1。

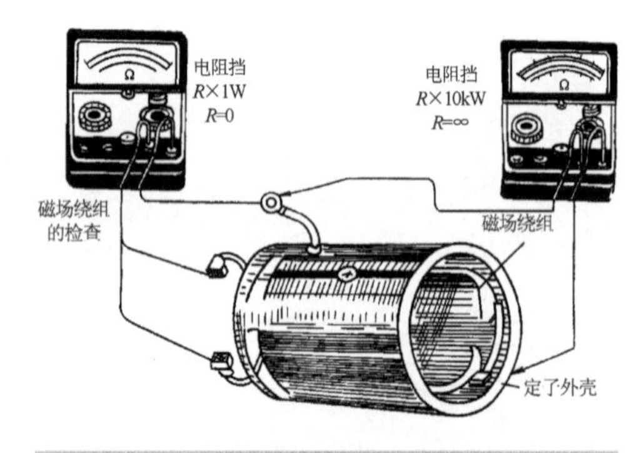

图 4-29　测量磁场绕组的电阻

记　录　表　　　　表 4-1

万用表挡位	测　量　值	规　定　值

用螺丝刀测量磁场绕组是否有匝间短路(图 4-30)。

测量结果:__________。

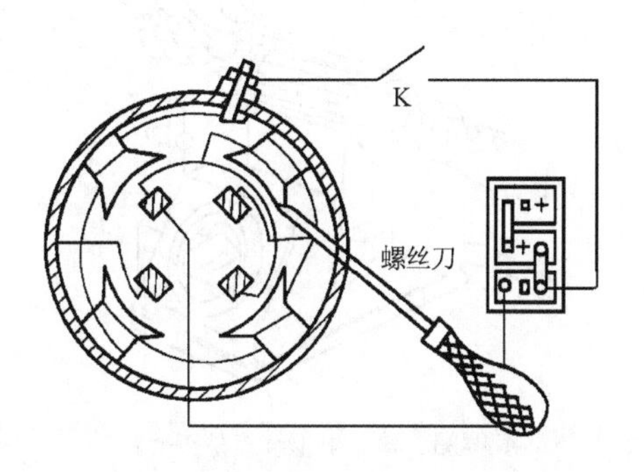

图 4-30　测量是否有匝间短路

(2)检查直流电动机转子(电枢部分)用万用表检查电枢绕组的电阻(图 4-31),并完成表 4-2。

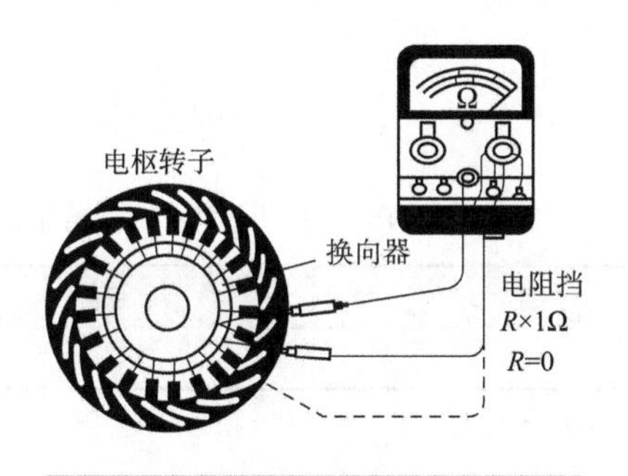

图 4-31　检查电枢绕组的电阻

记　录　表　　　表 4-2

万用表挡位	测量值	规定值

用万用表检查电枢绕组与转子轴之间的电阻(图 4-32),并完成表 4-3。

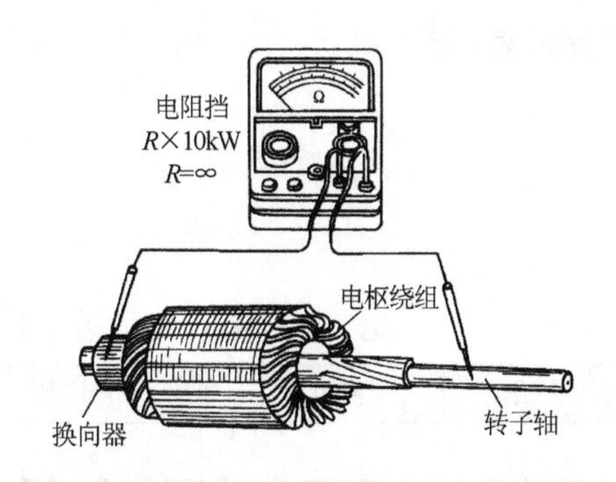

图 4-32　检查电枢绕组与转子轴之间的电阻

记　录　表　　　表 4-3

万用表挡位	测量值	规定值

用测试仪检查电枢绕组是否短路(图 4-33)。

测量结果:__________。

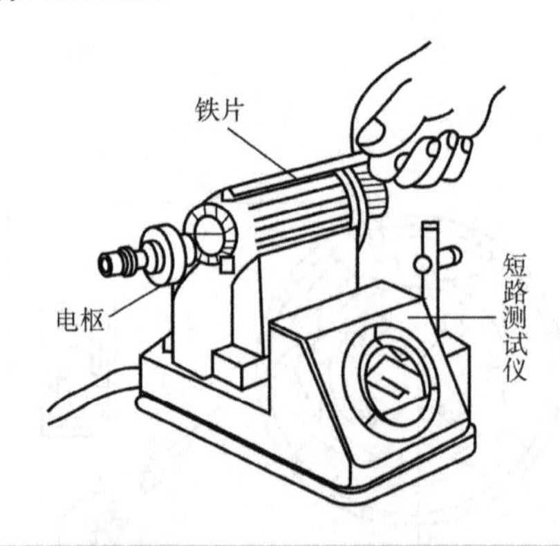

图 4-33　检查电枢绕组是否短路

(3)检查电刷架及电刷弹簧。

用弹簧秤检查电刷弹簧压力(图 4-34),应符合规定值,完成表 4-4。

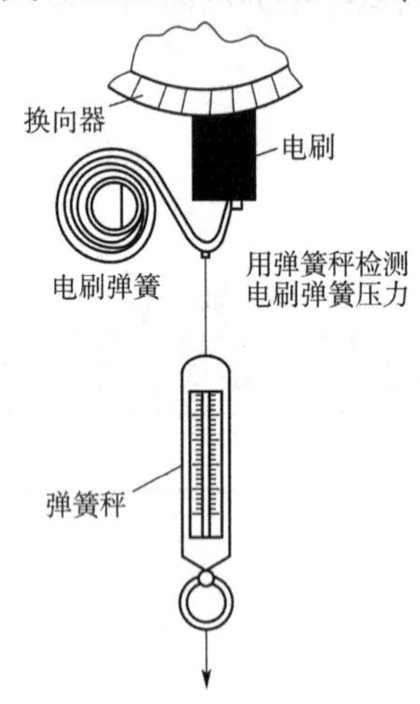

图 4-34　检查电刷弹簧压力

记　录　表　　　表 4-4

测量值	规定值

用万用表检查两组电刷的电阻值(图 4-35),并完成表 4-5。

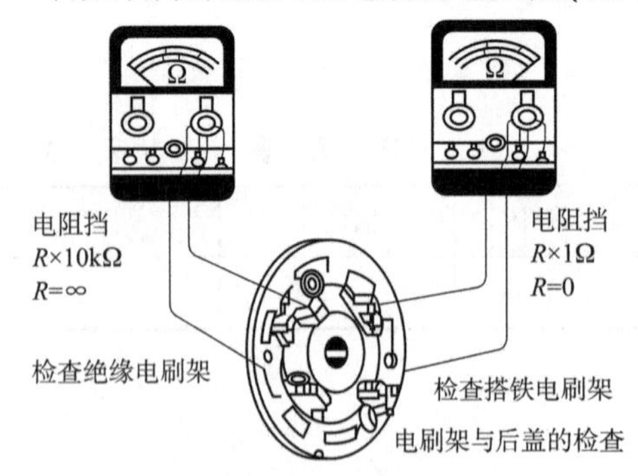

图 4-35　检查两组电刷的电阻值

记　录　表　　　表 4-5

万用表挡位	测量值	规定值

(4)检查单向离合器(图 4-36)。

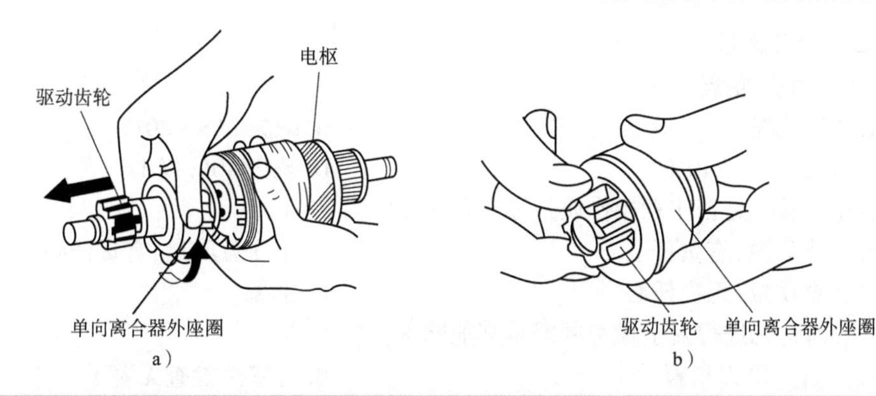

图4-36　检查单向离合器

将单向离合器及驱动齿轮总成装到电枢轴上，握住电枢，当转动单向离合器外座圈时，驱动齿轮总成应能沿电枢轴自如滑动。在确保驱动齿轮无损坏的情况下，握住外座圈，转动驱动齿轮，应能自由转动，反转时不应转动，否则就有故障，应更换单向离合器。

3. 起动机的装配

基本上可按拆卸时的相反步骤进行。首先将离合器和拨叉装入后端盖内，其次装中间支承板，将电枢轴插入后端盖内，装上电动机外壳和前端盖，并用穿心螺栓结合紧，再次装入电刷和防尘盖，最后装上电磁开关。

三、学习拓展

永磁起动机以永磁材料为磁极，没有励磁线圈，直流电动机的接线柱通过电刷直接与电枢绕组相连。该起动机具有质量轻、结构简单等优点。由于永磁电动机的机械特性较差，所以必须配有减速机构，即永磁起动机一般都是减速式起动机，该起动机一般有2～3对磁极，其他结构与励磁式的相同。

四、评价与反馈

1. 自我评价与反馈

(1)你是否能主动完成工作现场的清洁和整理工作？(　　)

A. 主动完成　　B. 被动完成　　C. 未完成

(2)起动机中直流串励式电动机的功用是(　　)。

A. 将电能转变为机械能　　B. 将机械能转变为电能

C. 将电能转变为化学能

(3)起动机运转无力的原因是(　　)。

A. 蓄电池没电　　B. 蓄电池亏电

C. 蓄电池过充电　　D. 蓄电池充足电

(4)直流串励式起动机中的“串励”是指(　　)。

A. 吸引线圈和保持线圈串联连接　　B. 励磁绕组和电枢绕组串联连接

C. 吸引线圈和电枢绕组串联连接

签名：＿＿＿＿＿＿　＿＿＿年＿＿＿月＿＿＿日

2. 小组评价与反馈

(1)工作页填写情况。(　　)

A. 填写完整　　B. 缺失 0% ~20%

C. 缺失 20% ~40%　　D. 缺失 40% 以上

(2)实施过程中是否注意操作质量和有责任心?(　　)

A. 注意质量,有责任心　　B. 不注意质量,有责任心

C. 注意质量,无责任心　　D. 全无

(3)实验前有无进行安全检查并警示其他同学?(　　)

A. 有安全检查和警示　　B. 有安全检查无警示

C. 无安全检查、无警示

(4)总体印象评价:(　　)。

A. 非常优秀　　B. 比较优秀

C. 有待改进　　D. 急需改进

参与评价的同学签名:__________　______年______月______日

3. 教师评价

____

____

____

教师签名:__________　______年______月______日

子任务 2　交流发电机认知

发电机是汽车电源系统的主要电源,由汽车发动机驱动,它在正常工作时,对除起动机以外的所有用电设备供电,并向蓄电池充电以补充蓄电池在使用中所消耗的电能。

学习目标

1. 能结合实物了解交流发电机的作用及结构;
2. 了解交流发电机的发电原理和整流原理;
3. 了解电压调节器的功用及原理。

建议学时:6 学时

一、理论知识准备

(一)交流发电机的基础知识

1. 交流发电机的作用

发电机是汽车的主要电源,其在整车上的位置如图 4-37 所示。其功用是在发动机正常运转时,向所有用电设备(起动机除外)供电,同时给蓄电池充电,如图 4-38 所示。

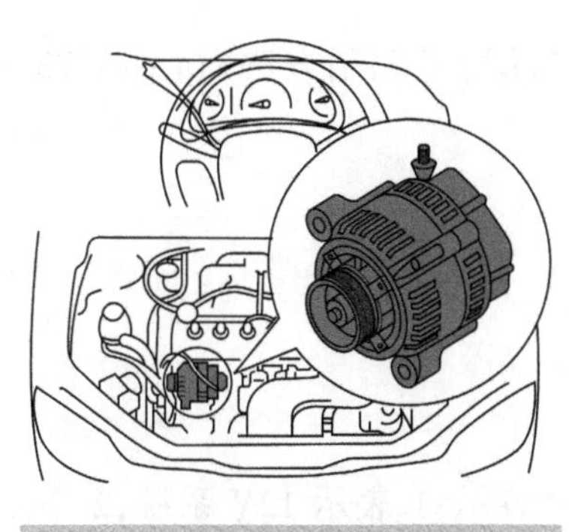
图 4-37　发电机在整车上的位置

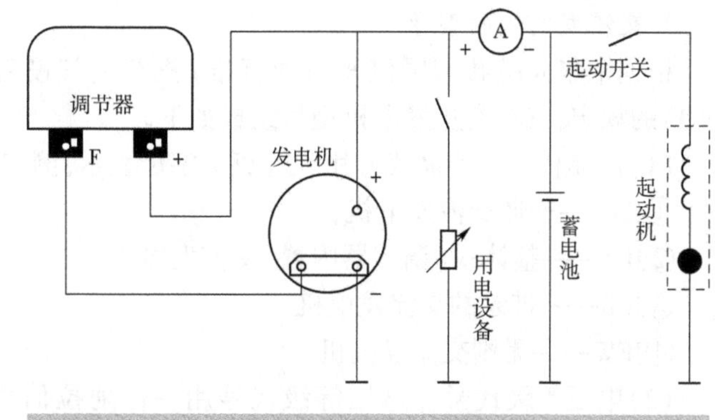

图 4-38　蓄电池充电电路

汽车采用三相交流发电机，内部带有二极管整流电路，将交流电整流为直流电。交流发电机必须配装电压调节器，电压调节器对发电机的输出电压进行控制，使其保持基本恒定，以满足汽车用电器的需求。

2. 交流发电机的分类

1）按总体结构分类

（1）普通交流发电机。普通交流发电机应用最为普遍，上海大众汽车就应用这种交流发电机。

（2）整体式交流发电机。内装电子调节器的交流发电机称为整体式交流发电机，如一汽奥迪、上海桑塔纳等轿车用整体式交流发电机。

（3）带泵交流发电机。带真空制动助力泵的交流发电机称为带泵交流发电机，如 JFB1712 型交流发电机。

（4）永磁交流发电机。转子磁极采用永磁材料的交流发电机称为永磁交流发电机。

（5）无刷交流发电机。无电刷、滑环结构的交流发电机称为无刷交流发电机。如福建仙游电机厂生产的 JFW14X 型交流发电机。

2）按磁场绕组搭铁方式分类

（1）内搭铁式。即磁场绕组的一端与发电机壳相连接，如普通交流发电机的 JF132 型交流发电机。

（2）外搭铁式。即磁场绕组的一端经调节器后搭铁。

3）按整流器结构分类

（1）六管交流发电机。六管交流发电机的整流器由 6 只硅二极管组成，这种类型应用最为广泛，如上海大众车用的 JF132 型交流发电机等。

（2）八管交流发电机。八管交流发电机是指具有两个中性点二极管的交流发电机，其整流器总成共有 8 只二极管。

（3）九管交流发电机。九管交流发电机是指具有 3 个磁场二极管的交流发电机，其整流器总成共有 9 只二极管，如北京 BJ1022 型轻型载货汽车用 JFZ141 型交流发电机。

（4）十一管交流发电机。十一管交流发电机是指具有中性点二极管和磁场二极管的交流发电机，其整流器总成共有 11 只二极管，如上海大众轿车用 JFZ1813Z 型交流发电机。

3. 交流发电机的型号

根据中华人民共和国汽车行业标准《汽车电气设备产品型号编制方法》(QC/T 73—1993)的规定,汽车交流发电机型号组成如下。

(1)产品代号。产品代号用大写英文字母表示,例如:

①JF——普通交流发电机;

②JFZ——整体式(调节器内置)交流发电机;

③JFB——带泵的交流发电机;

④JFW——无刷交流发电机。

(2)电压等级代号。电压等级代号用一位阿拉伯数字表示,1 表示 12V 系统,2 表示 24V 系统,6 表示 6V 系统。

4. 交流发电机的结构

汽车用硅整流交流发电机由三相同步发电机和硅整流器两大件组成,其工作过程是:交流发电机定子绕组中感应出交变电动势,经整流器整流,输出直流电。普通交流发电机一般由转子、定子、整流器、前后端盖、风扇、带轮等组成。图 4-39 所示为 JF132 型 6 管交流发电机解体图。

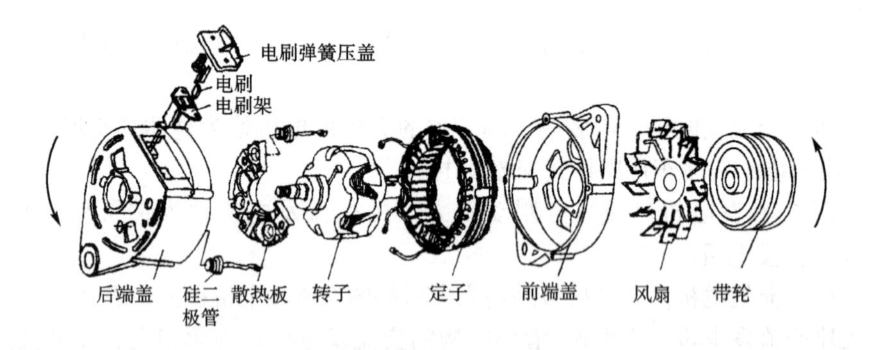

图 4-39　JFB2 型 6 管交流发电机解体图

1)转子

转子的功用是产生旋转磁场。转子由爪极、磁轭、磁场绕组、滑环、转子轴组成,如图 4-40 所示。

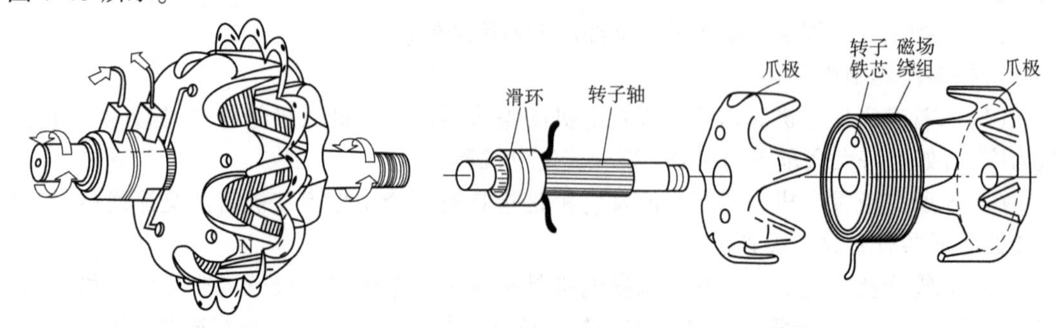

图 4-40　发电机转子的结构

转子轴用优质碳素钢车制面成,中部有压花,一端有半圆键槽和螺纹。

导磁用的铁芯,称为磁轭,用软磁材料的低碳钢制成,压装在转轴的中部。

励磁绕组用高强度漆包铜线绕一定数而成,套装在磁矩上,两个线头分别穿过一块磁极的小孔与两个滑环焊接。

磁极为爪形,又称鸟嘴形,用低碳钢板冲压或用精密铸造浇铸而成。两块磁极各具有数目相等的爪极。国产 JF 系列交流发电机都制成 6 对磁极,爪极互相交错压装在磁绕组和磁轭的外面。

滑环由导电性能优良的铜制成,两个滑环之间及与转轴之间均用云母缘。滑环与装在后端盖上的两个电刷相接触,两个电刷通过引线分别接在两个螺钉接线柱上。这两个接线柱即为发电机的“F(磁场)接线柱和“ - ”(搭铁)接线柱。当这两个接线柱与直流电源相接时,励磁绕组中便有励磁电流流过,产生磁场,使得一块爪极被磁化为 S 极,另一块被磁化为 N 极,从而形成了 6 对相互交错的磁极。当发动机工作时,可在定子铁内部形成交变磁场。电刷与直流电源接通时,转子磁场的磁力线分布如图 4-41 所示。

2)定子

定子的功用是产生交流电。定子安装在转子的外面,和发电机的前后端盖固定在一起,当转子在其内部转动时,引起定子绕组中磁通的变化,定子绕组中就产生交变的感应电动势。

定子由定子铁芯与定子绕组组成,如图 4-42 所示。定子铁芯由内圆带槽且相互绝缘的环状硅钢片叠压而成。定子绕组为三相绕组,并按一定规律对称安放在定子铁芯槽内。

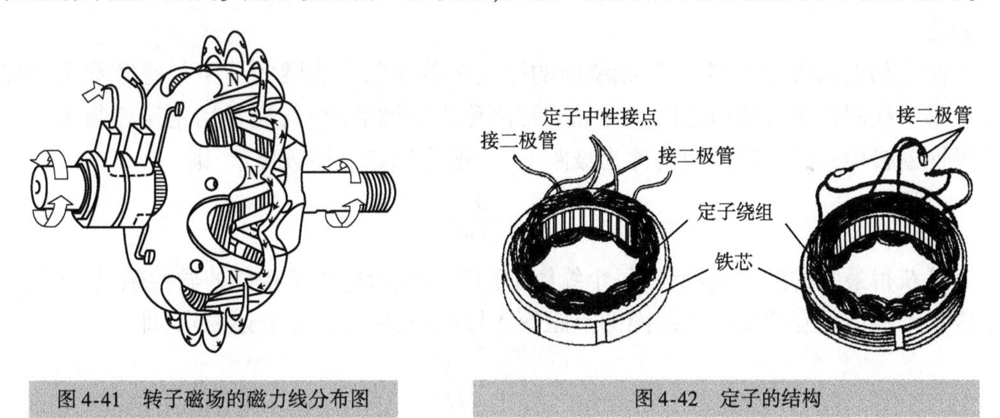

图 4-41　转子磁场的磁力线分布图

图 4-42　定子的结构

三相绕组的连接方法有星形连接(简称Y形连接)和三角形连接(简称△形连接)两种,如图 4-43 所示。

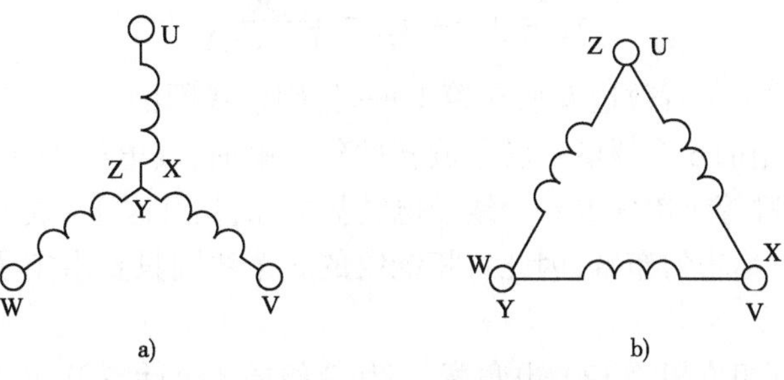

图 4-43　三相绕组的连接方法

a)星形连接;b)三角形连接

当采用Y形连接时，三相绕组的3个末端X、Y、Z连接在一起，该点称为中性点，3个始端U、V、W作为交流发电机的输出端，如图4-43a)所示。当采用△形连接时，一相绕组的始端与另一相绕组末端连接，共有3个接点，这3个接点即为交流发电机的输出端，如图4-43b)所示。

绕制三相绕组的要求是使三相绕组产生频率相同、幅值相等、相位互差120°电角度的相对称电动势。为此在绕制三相绕组时，应合理确定绕组的安放位置。

交流发电机转子的磁极对数决定了三相定子绕组线圈的个数和定子铁芯的槽数。转子上每对磁极必须对应分布在定子铁芯槽中3个线圈的下面，以便产生三相交流电。定子线圈嵌入铁芯中用以切割磁力线面产生感应电动势的边称为有效边，每个线圈的两个有效边应分别嵌入定子铁芯的两个槽中，以便获得感应电动势。由于车用发电机定子绕组均用单层绕法，即1个定子槽中只放1个有效边，因此3个线圈的6个有效边共需6个。设转子磁极对数为P，则每相绕组共有P个线圈，$2P$个有效边，三相绕组有$3P$个线圈、$3\times2P$个有效边，定子铁芯的槽数为

$$Z=3\times2P$$

式中：Z——定子铁芯槽数；

P——磁极对数。

例如，4对磁极的交流发电机每相绕组有4个线圈，需24槽铁芯；而6对磁极的交流发电机每相则有6个线圈，铁芯槽数为36槽。目前车用交流发电机大多采用6对磁极、36槽定子铁芯。

为使三相电动势大小相等，每相绕组的线圈个数和每个线圈的节距与匝数都必须完全相等。每个线圈两个有效边之间所间隔的距离称为线圈节距y_1，通常用定子槽数表示。而相邻异性磁极中心线之间的距离称为极距y_p，一般也用定子槽数表示，则

$$y_p=\frac{Z}{2P}$$

为了获得最大的感应电动势，每个线圈的两条有效边应置于相邻的异性磁极之间，以使其感应电动势能相互叠加。当线圈的节距等于极距时，便可满足上述要求，即

$$y_1=y_p=\frac{Z}{2P}$$

例如，对于$P=6$、$Z=36$的交流发电机，每个线圈的节距应为

$$y_1=y_p=\frac{Z}{2P}=\frac{36}{(2\times6)}$$

即当一个线圈的一条有效边安放在第1槽时，则该线圈的另一条有效边应安放在第4槽内。此外，每相绕组的6个线圈在转子旋转的每一瞬时，其电气条件应完全相同，在任何时刻，该相总电动势都等于串联的6个线圈电动势之和，只有这样才能获得最大电动势。由于6对磁极沿圆周对称均匀布置，因此每相绕组的6个线圆只要沿定子圆周均匀对称布置即可。

为使三相交流电相位相差120°电角度，三相绕组的3个始端U、V、W或3个末端X、Y、Z在定子槽内的排列应分别相隔120°电角度。电角度θ为磁极对数与物理角度的乘积，即

$$\theta=P\alpha$$

式中：θ——电角度；

P——磁极对数；

α——物理角度。

对于6对磁极的交流发电机，其定子铁芯每槽物理角度为 $360 \div Z = 360/36 = 10°$，则每槽的电角度为 $\theta = 6 \times 10° = 60°$。

因此，要使三相绕组的感应电动势相差120°电角度，只要相邻两相定子绕组的始端(或末端)相隔两个槽(或8个槽)即可，即三相绕组的各始端U、V、W分别放入1、3、5槽(或1、9、17槽)、即可保证相部三相绕组之间的相位差为120°电角度。在确定三相绕组引出导线的具体位置时、应根据三相绕组始端与整流二极管相连接的位置来确定。国产JF11系列交流发电机的定子绕组展开图如图4-44所示。

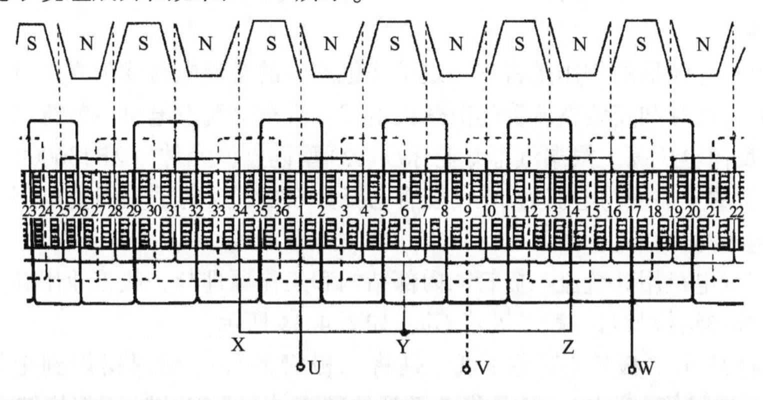

图4-44　JF11型交流发电机定子绕组展开图

3)端盖与电刷组件

交流发电机的前、后端盖均用铝合金压铸或用砂模铸造而成，起支撑转子、定子、整流器和电刷组件的作用，采用铝合金材料的主要目的是为了减少漏磁。因为铝合金为非导磁材料，且具有质量轻、散热性能好的优点。

在后端盖上装有电刷组件，电刷组件由电刷、电刷架和电刷弹簧组成。电刷的作用是将电流通过滑环引入磁场绕组，如图4-45所示。

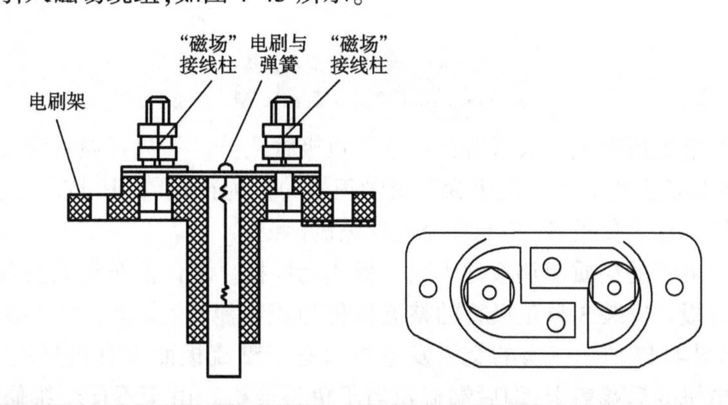

图4-45　电刷组件

电刷用铜粉和石墨粉模压而成，电刷架用酚醛玻璃纤维塑料模压而成。电刷安装在电刷架的孔内,借弹簧张力使电刷与滑环保持良好接触。每只交流发电机有两只电刷,每只电刷都有一根引线直接引到发电机后端盖的接线端子上或后端盖上。

4)带轮及风扇

交流发电机的前端装有带轮和风扇,有些发电机风扇是装在端盖里面的,由发动机通过传动带驱动发电机的转子轴和风扇一起旋转,风扇用铝合金板或钢板冲压而成。

发电机工作时,定子绕组和励磁绕组中都会有热量产生,温度过高会烧坏导线的绝缘皮导致发电机不能正常工作,所以必须考虑发电机的散热。为了提高散热能力,有的发电机装有两个风扇(前后各一个),如丰田轿车的发电机。另外,在前、后端盖上还制有通风口,当风扇与驱动带轮一起转动时,空气便从进风口流入,经发电机内部再从出风口流出,由此便将内部热量带出,以达到散热目的。

5)整流器

交流发电机整流器的作用是将三相定子绕组产生的交流电转变为直流电。整流器一般由6只硅整流二极管和安装整流管的散热板组成。汽车交流发电机用整流二极管的特点是工作电流大、反向电压高。根据汽车专业标准《ZQ型硅整流元件》(ZBT36008—1989)规定：ZQ50型二极管的正向平均电流为50A、浪涌电流为600A、反向重复峰值电压为270V、反向不重复峰值电压为300V。

汽车交流发电机用硅整流二极管的内部结构和工作原理与一般工业用硅整流二极管基本相同,但其外形结构却与一般二极管不同,如图4-34所示。

图4-46a)所示二极管(简称a型)是将二极管的外壳用焊锡焊到金属散热板上;图4-46b)所示二极管(简称b型)是将二极管的整流结(即PN结)直接烧结在金属散热板上;图4-46c)所示二极管(简称c型)是将二极管做成扁圆形,既可焊在金属散热板上,也可夹在两块金属板之间使用;图4-46d)所示二极管(简称d型)是将二极管压装在金属散热板上的孔中使用。在这四种类型的二极管中,b型、d型应用最广。

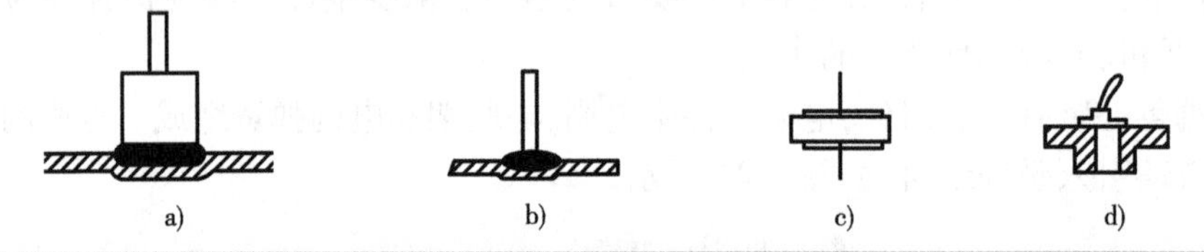

图4-46 汽车二极管的结构
a)a型;b)b型;c)c型;d)d型

汽车交流发电机用整流二极管有正极管与负极管之分。一只普通六管交流发电机具有3只正极管和3只负极管。引出电极为二极管正极的称为正极管,其上有红色标记;引出电极为二极管负极的称为负极管,其上有绿色或黑色标记。

安装整流二极管的铝质散热板称为整流板或元件板。现代汽车交流发电机的整流器多数都有两块整流板。安装3只正极管的整流板称为正整流板;安装3只负极管的整流板称为负整流板,如图4-47所示。有的交流发电机只有正整流板而没有负整流板,3只负极管直接压装在发电机的后端盖上,即后端盖相当于负整流板。由于不便于维修,因此,此种结构逐渐被淘汰。

在正整流板上制有一个螺孔,称为“输出”端子安装孔,螺栓由此从后端盖引出,作为发电机的"输出"端子,该端子为发电机的正极,标记为"B"、"A"或"+"。

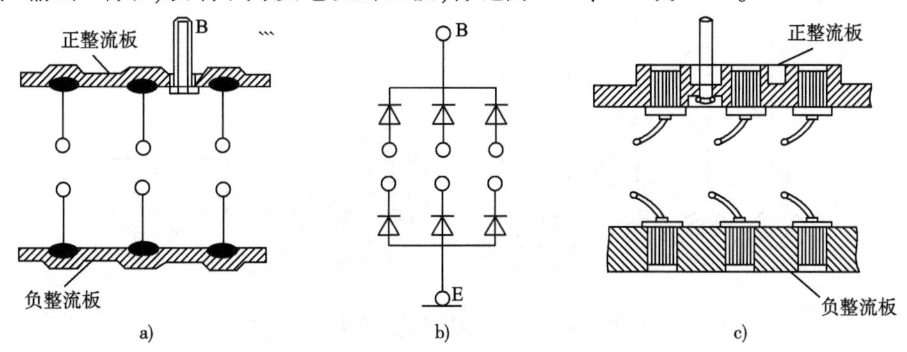

图4-47　二极管安装示意图

a)焊接式;b)电路图;c)压装式

整流器总成的形状各异,有长方形(如JF132系列交流发电机)、马蹄形(如JFZ1542型交流发电机)、半圆形(如JF1522A型交流发电机)和圆形(如丰田TOYOTA皇冠CROWN牌MS122型轿车用交流发电机)等,图4-48所示为JF1522A型交流发电机的整流器总成。

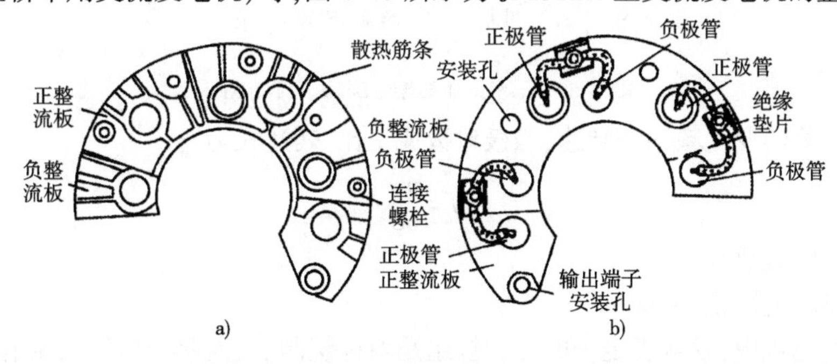

图4-48　JF1522A型交流发电机的整流器总成

目前,整流器总成大多数都装于交流发电机后端盖的外侧,在整流器总成外面再加装一个用薄铝板或薄铁板冲压而成的防护盖,与整流器总成装于交流发电机后端盖内侧的相比具有两大优点:一是便于散热冷却;二是便于维修。

5. 交流发电机的工作原理

1)交流发电机的发电原理

直流发电机的工作原理是使线圈在磁场中转动,线圈的工作边不断切割磁力线而发电。反过来,如果使磁场旋转,而将线圈固定在其周围,也就是使磁力线切割线圈的工作边,同样也可以发电。交流发电机就是把通电线圈所产生的磁场在发电机中旋转,使其磁力线切割定子线圈,在线圈内产生交变电动势。交流发电机产生交流电的基本原理仍然是电磁感应原理。交流发电机工作原理如图4-49所示。

若转子不停地旋转,则感应电动势和负载中电流的方向和大小将随时间作周期性变化,于是就产生交变电动势和交变电流。由于磁感应强度的分布近似于正弦规律,使交流电也按正弦规律变化,这就是正弦交流电,它是一般交流电的基本波形。

实际使用的交流发电机是三相同步交流发电机,即转子的转速与旋转磁场的转速相同

(同步转速)的三相交流发电机,其发电原理如图4-50所示。

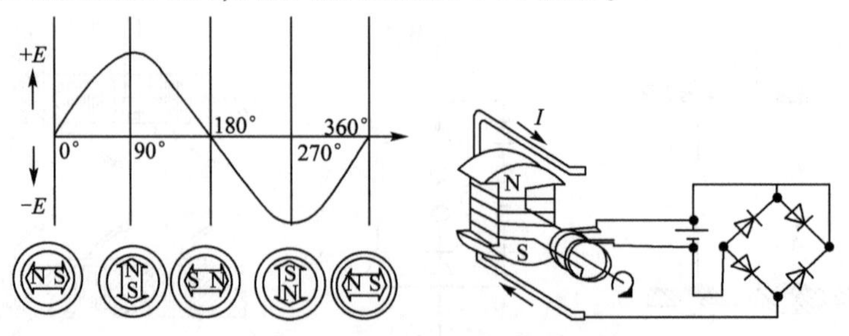

图4-49　交流发电机工作原理示意图

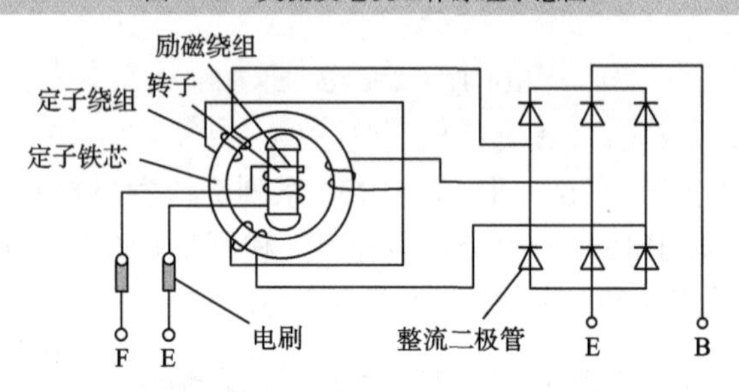

图4-50　三相交流发电机工作原理示意图

交变电动势的变化频率和转速、磁极对数成正比,表达式为

$$f=\frac{pn}{60}$$

式中:p——磁极对数;

n——发电机转速, r/min。

在交流发电机中,发电机定子的三相绕组是对称绕制的,因此产生的三相电动势也是对称的,其相位差为120°,三相同步交流发电机的感应电动势瞬时值表达式为

$$e_U=E_m\sin\omega t=\sqrt{2}E_\phi\sin\omega t$$

$$e_V=E_m\sin\left(\omega t-\frac{2}{3}\pi\right)=\sqrt{2}E_\phi\sin\left(\omega t-\frac{2}{3}\pi\right)$$

$$e_W=E_m\sin\left(\omega t-\frac{4}{3}\pi\right)=\sqrt{2}E_\phi\sin\left(\omega t-\frac{4}{3}\pi\right)$$

式中:E_m——每相电动势的最大值;

E_ϕ——每相电动势的有效值;

ω——电角速度。

定子每相电动势的有效值用下式计算:

$$E_\phi=4.44KfN\Phi=C_e\Phi n$$

式中:K——绕组系数(和发电机定子绕组的绕线方式有关);

N——每相绕组的匝数,匝;

f——频率,Hz;

Φ——每极磁通,Wb;

C_e——电动机结构常数;

E_ϕ——相电动势。

由此可见，当交流发电机结构一定时，结构常数 C_e 不变，相电动势 E 和发电机转速、磁通成正比，与每相绕组串联的匝数以及感应电动势的频率成正比，即定子绕组的匝数越多，转子转速越高，则绕组内感应电动势也越高。

2）交流发电机的励磁

除了永磁式交流发电机不需要励磁以外，其他形式的交流发电机都需要励磁，因为它们的磁场都是电磁场，必须给励磁绕组通电才会有磁场产生而发电，否则发电机将不能发电。

将电流引入到励磁绕组使之产生磁场的现象称为励磁。交流发电机的励磁方式有他励和自励两种。

（1）他励。在发电机转速较低时（发动机未达到怠速转速），所发电量不足以向外供电，且需要蓄电池供给发电机励磁绕组电流，使励磁绕组产生磁场来发电。这种由蓄电池供给磁场电流发电的方式称为他励发电。

（2）自励。随着发电机转速的提高（一般在发动机达到怠速时），发电机定子绕组的电动势逐渐升高并能使整流器二极管导通，当发电机的输出电压大于蓄电池电压时，发电机就能对外供电了。当发电机能对外供电时，就可以把自身发的电供给励磁绕组，这种自身供给磁场电流发电的方式称为自励发电。

交流发电机励磁过程是先他励后自励。当发动机达到正常怠速转速时，发电机的输出电压一般高出蓄电池电压 1～2V 以便对蓄电池充电，此时，由发电机自励发电。

不同汽车的励磁电路各不相同，但有一个共同特点是：励磁电路都必须由点火开关控制。

3）整流器的整流原理

定子绕组中所感应出的交流电，要靠硅二极管组成的三相桥式整流器转化为直流电。硅二极管具有单向导电性，当给二极管加上正向电压（正电位高于负电位）时导通，即呈现低电阻状态；当给二极管加一反向电压（正极电位低于负极电位）时截止，即呈现高电阻状态。利用硅二极管的这种单向导电的特性就可把交流电变为直流电。将定子的三相绕组和 6 只整流二极管按图 4-51a）的电路连接，发电机的输出端 B、E 上就输出一个脉动直流电压，如图 4-51b）所示，这就是发电机的整流原理。

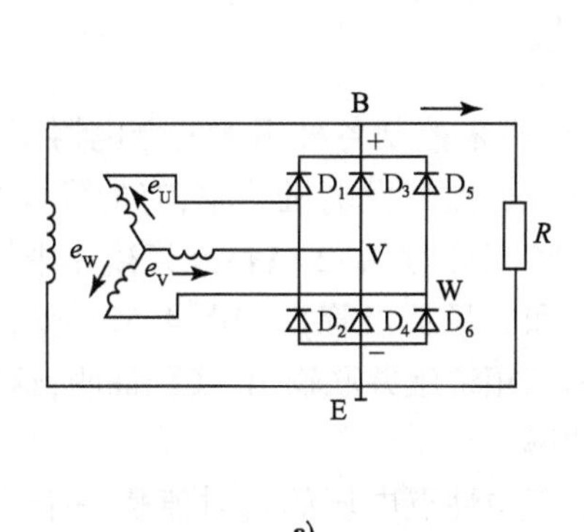

a)

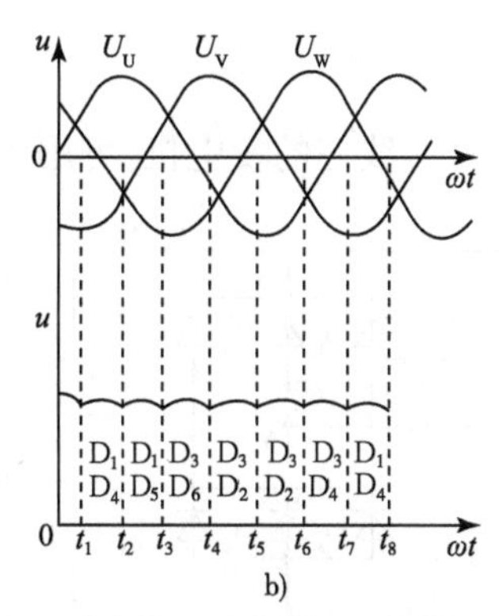

b)

图 4-51　交流发电机整流原理

a）整流电路；b）电压波形

(1)整流原理。

元件板上3只正二极管D_1、D_3、D_5的正极分别接在发电机三相绕组的首端U、V、W。D_1、D_3、D_5分别在三相交流电正半周期内导通,且哪相电压最高,则连接该相绕组的正极管子导通。

后端盖上3只负二极管D_2、D_4、D_6的负极分别接发电机三相绕组U、V、W。D_2、D_4、D_6分别在三相交流电负半周期内导通。且哪相电压最低,则接该相绕组的负极管子导通。

同时导通的管子有2个,即正、负管子各1个。同时导通的两个管子总是将发电机的线电压加在负载R两端。

根据以上原则,其整流过程如下:

在$t=0$时,U_w最高,U_v最低,则D_5、D_4导通,R两端电压为U_{wv}。

在$t_1 \sim t_2$时间内,U_u最高,U_v最低,则D_1、D_4导通,R两端电压为U_{uv}。

在$t_2 \sim t_3$时间内,U_u最高,U_w最低,则D_1、D_6导通,R两端电压为U_{uw}。

在$t_3 \sim t_4$时间内,U_v最高,U_w最低,则D_3、D_6导通,R两端电压为U_{vw}。

依次下去,周而复始,就在负载两端得到一个比较平稳的脉动直流电压U,一个周期内有6个稳波。

综上所述,可以得出如下结论。

①二极管的导通原则。当3只正二极管负极端连接在一起时,正极端电位最高者导通;当3只负二极管正极端连接在一起时,负极端电位最低者导通。

②整流过程的分析。同时导通的二极管总是2个,正、负管子各1个。三相桥式整流电路中二极管的依次循环导通,使得负载R两端得到一个比较平稳的脉动直流电压,整流效率高、质量好。

③每个二极管在一个周期内只导通1/3的时间,所以流过每只二极管的平均电流只为负载电流的1/3。

(2)中性点电压。

在定子绕组为星形连接时,三相绕组的公共节点称为中性点。从三相绕组的中性点引一根导线到发电机外,标记为"N",该点电压称为中性点电压。

中性点电压的瞬时值是一个三次谐波电压,平均值为发电机输出电压(平均值)的一半,即

$$U_N = \frac{U_{BE}}{2}$$

带有中性点接线柱的发电机,可用中性点电压来控制各种用途的继电器工作。利用中性点电压可提高发电机功率,有的发电机的整流器有8只整流管,其中2只整流管接在中性点处(1只正极管和1只负极管),如图4-52所示。把中性点电压和三相绕组并联输出,实践证明,这样可提高发电机功率。

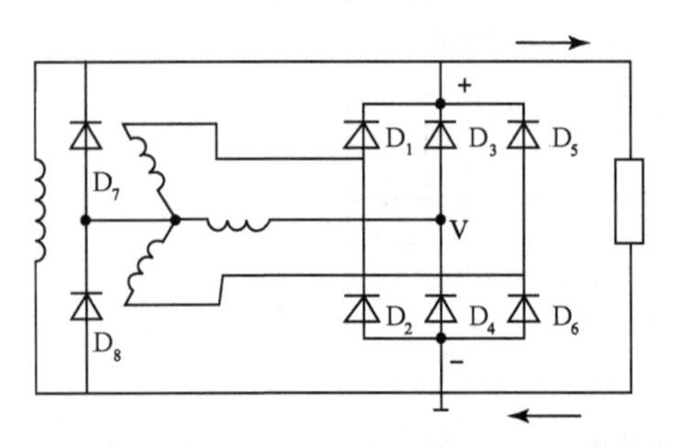

图4-52 具有中性点二极管的整流电路

由于中性点电压的瞬时值是一个三次谐波,其波峰在有些时候可大于三相绕组的最高值,此时,中性点正极管D_7导通,其他3个正极管截止,由D_7供给外电路高电压。同理,波谷也可小于三相绕组

的最低值，此时，中性点负极管 D_8 导通，参与对外输出，这样，就提高了发电机的对外输出能力，提高了发电机的输出功率。

4）交流发电机的工作特性

交流发电机的工作特点是传动比大、转速变化范围大，对于一般汽油发动机来说，其转速变化约为1:8，柴油机约为1:5。因此，分析汽车用交流发电机的特性时，必须以转速的变化为基础。

交流发电机的特性有输出特性、空载特性和外特性，其中以输出特性最为重要。

（1）交流发电机的输出特性。

交流发电机的输出特性又称负载特性或输出电流特性，是指发电机向负载供电时，保持发电机输出电压恒定（12V 的发电机规定为 14V，24V 的发电机规定为 28V），即输出电压为常数的情况下，发电机的输出电流与转速之间的关系，用函数关系表示为 $I = f(n)$。

交流发电机的输出特性，可用图 4-53 所示的试验电路求得。首先闭合开关 S_1 和 S_3，再起动动力装置。在发电机电压达到充电电压时断开 S_2，发电机开始自励。

调节转速使发电机电压达到额定值，记录此时的转速值记为 n_1，通常 n_1 为空载转速。接着把负载 R 调节到最大值，闭合开关 S_2，使发电机向负载供电，逐渐减小负载电阻 R 的阻值，并增大电流，同时不断提高转速使发电机电压保持在额定值。就这样，将各测试点的电流 I 与所对应的转速记录下来，然后划出一条平滑的曲线，如图 4-54 所示，即为交流发电机的输出特性曲线。

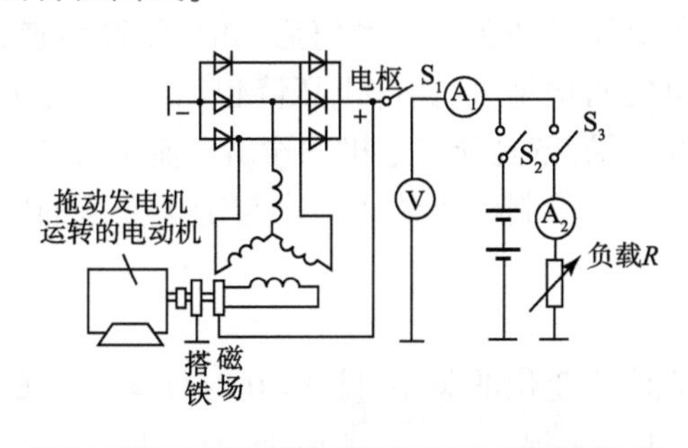

图 4-53　交流发电机试验接线图

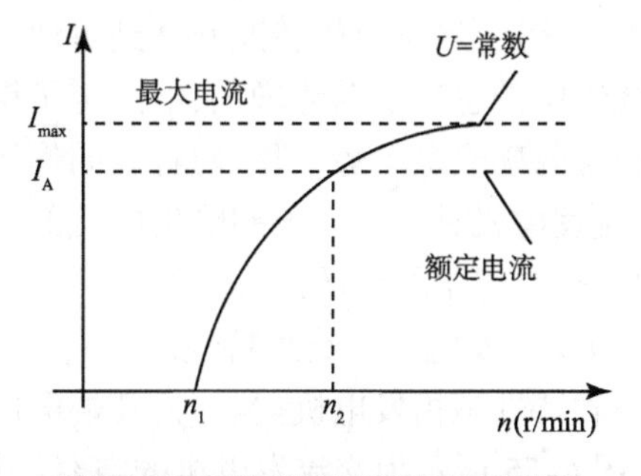

图 4-54　交流发电机的输出特性曲线

由交流发电机的输出特性曲线可知：

①发电机的转速较低时，其端电压低于额定电压，此时发电机不能向外供电。当转速达到空载转速 n_1 时，电压达到额定值。当转速高于空载转速时，发电机才有能力在额定电压下向外供电。所以空载转速值 n_1 常用作选择发电机与发动机转速比的主要依据。

②当转速超过 n_1 时，发电机输出电流将随着转速 n 的升高和电阻 R 的减小而增大。当转速达到 n_2 时，发电机输出额定功率（即额定电流与额定电压之积），故将转速 n_2 称为满载转速。

空载转速和满载转速是交流发电机的主要性能指标，在产品说明书中均有规定。在使用过程中，应定期测得这两个数据，与规定值进行比较，就可判断发电机性能的好坏。

③当发电机转速达到一定值时，发电机的输出电流就不再随转速的升高和负载电阻 R 的减小而增大。这时的电流值称为发电机的最大输出电流或限流值，该性能表明：交流发电机具有自动限制电流的自我保护能力。交流发电机的最大输出电流一般为额定电流的 1.5倍。

交流发电机之所以能自我限制电流,可作如下定性分析。

定子绕组具有一定的阻抗 Z,它对通过定子绕组的电流起着阻碍作用。阻抗 Z 是由绕组的电阻 R 和感抗 X_L 合成的,即

$$Z=\sqrt{R^2+X_L^2}\quad (X_L=\omega L)$$

式中:ω——角速度($\omega=2\pi f$);

L——一相定子绕组的电感强度。

$$X_L=2\pi fL=2\pi\frac{pn}{60}L=\frac{\pi}{30}pnL$$

式中:p——磁极对数;

n——转子的转速。

由上式可知,感抗 X_L 与转速 n 成正比。高速时,由于绕组电阻 R 与感抗 X_L 相比可忽略不计,因此可以认为定子绕组的阻抗 Z 与转速成正比。

于是,转速越高,感抗越大,即阻抗 Z 越大,阻碍交流电流的能力也就越强,此时可产生较大的内部电压降。

定子电流增加时,电枢反应增强,感应电动势也会下降。

所谓电枢反应是指在发电机内部除磁极磁场外,还有电枢电流产生的磁场,即存在磁极磁场和电枢磁场。在交流发电机内,爪极转子是旋转的磁场,定子是电枢可产生电枢磁场,电枢磁场正好与磁极磁场方向相反。电枢磁场对磁极磁场的影响称为电枢反应。

综上所述,当发电机转速升高到可使负载电流增加到一定数值后,如再提高转速,尽管定子绕组中的感应电动势增加,但因定子绕组的阻抗增大,内部电压降也增大,再加上电枢反应引起的感应电动势下降,两者共同作用的结果,就是使发电机的输出电流不再增加。因此,交流发电机具有自身限制输出电流的作用。其限制电流值的大小与定子绕组的电感有关,也就是与定子绕组的匝数等有关。

(2)交流发电机的空载特性。

空载特性是指发电机空载时,其端电压随转速变化的关系,即 $I=0$ 时,$u=f(n)$ 的函数关系,图4-55所示为交流发电机的空载特性曲线。

由曲线可知,随着转速的升高,端电压上升较快,由他励转为自励发电时,就能向蓄电池进行补充充电。因此,空载特性是判定硅整流发电机充电性能是否良好的重要依据。

(3)交流发电机的外特性。

外特性是指转速一定时,发电机的端电压与输出电流的关系。即 $n=$ 常数时,$u=f(n)$ 的函数关系。经不同恒定转速的试验后,可输出一组相似外特性曲线,如图4-56所示。

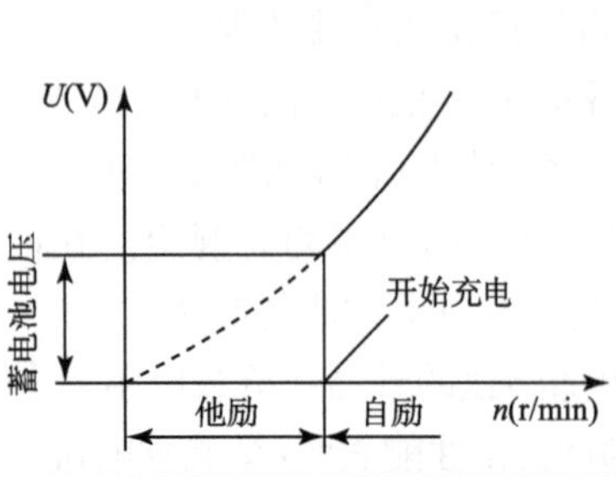

图4-55 交流发电机的空载特性曲线

发电机的转速越高,端电压也越高,输出电流也越大。转速对电压的影响较大,当保持在任一转速时,端电压均随输出电流的增大而相应下降。由于端电压受转速和负载变化的影响,交流发电机必须配用电压调节器才能保持电压的恒定。否则,当发电机在高速运转时,若突然失去负载,其电压会突然升高,这时发电机中的二极管以及调

节器内的电子元件将有被击穿的危险。

另外，当输出电流增大到一定值时，如负载再增加，其输出电流不仅不会增加，反而会同端电压一起下降，即在外特性曲线上存在一个转折点。因此，当发电机短路时，其短路电流是很小的，这也说明交流发电机具有自身限制电流的功能。但需要注意的是，一般交流发电机是工作在转折点以前的。

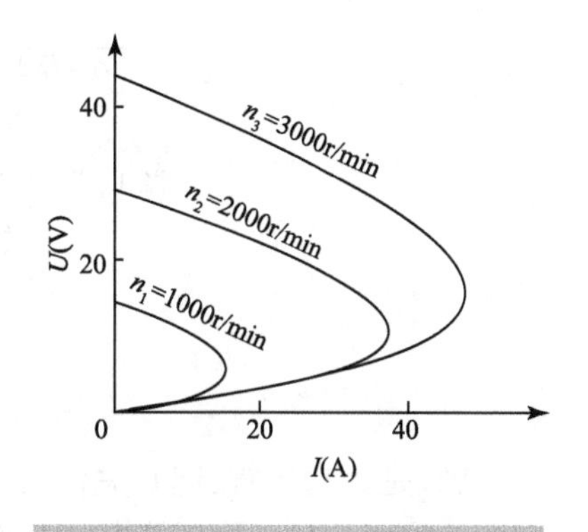

图 4-56　交流发电机的外特性曲线

5)交流发电机调节器

(1)电压调节器的工作原理。

交流发电机的三相绕组产生的三相电动势的有效值 $E_{\Phi}=4.44KfN\Phi$，则交流发电机每相绕组电动势有效值可写成

$$E_{\Phi} = Cn\Phi$$

式中：C——发电机的结构常数；

n——转子转速；

Φ——转子的磁极磁通。

也就是说交流发电机所产生的感应电动势与转子转速和磁极磁通成正比。当转速升高时，要想使发电机的输出电压保持恒定，只能通过减小磁通 Φ 来实现。而磁极磁通 Φ 与励磁电流 I_j成正比，减小磁通 Φ 也就是减小励磁电流 I_j。所以，交流发电机电压调节器的工作原理是：当交流发电机的转速升高时，电压调节器通过减小发电机的励磁电流来减小磁通 Φ，使发电机的输出电压保持不变。

(2)电压调节器的分类。

交流发电机电压调节器可分为：触点式电压调节器、晶体管调节器和集成电路调节器。3种调节器的基本原理都是以转速为基础，通过改变励磁电流使发电机的输出电压保持恒定。

触点式电压调节器应用较早，这种调节器触点振动频率慢、存在机械惯性和电磁惯性、电压调节精度低、触点易产生火花、对无线电干扰大、可靠性差、寿命短，现已被淘汰。

随着半导体技术的发展，交流发电机采用了晶体管调节器。其优点是：晶体管的开关频率高且不产生火花，调节精度高，还具有质量轻、体积小、寿命长、可靠性高、电波干扰小等优点，现广泛应用于东风、解放等中低档车型。

集成电路调节器除具有晶体管调节器的优点外，还具有超小型的特点。它安装于发电机的内部(又称内装式调节器)，减少了外接线，并且冷却效果得到了改善，现广泛应用于桑塔纳、奥迪等中高档轿车上。

由于交流发电机具有内搭铁、外搭铁之分、所以调节器也有内搭铁、外搭铁之分。在使用过程中，对于晶体管调节器，最好使用汽车说明书中指定型号的调节器，如果采用其他型号的调节器替代，除标称电压等规定参数应与原调节器的相同外，代用调节器必须与原调节器的搭铁形式相同，否则，发电机可能由于励磁电路不通而不能正常工作。对于集成电路调节器，必须是专用的，是不能替代的。

(3)晶体管调节器。

①晶体管调节器的基本原理。图 4-57 所示为晶体管调节器的基本电路。

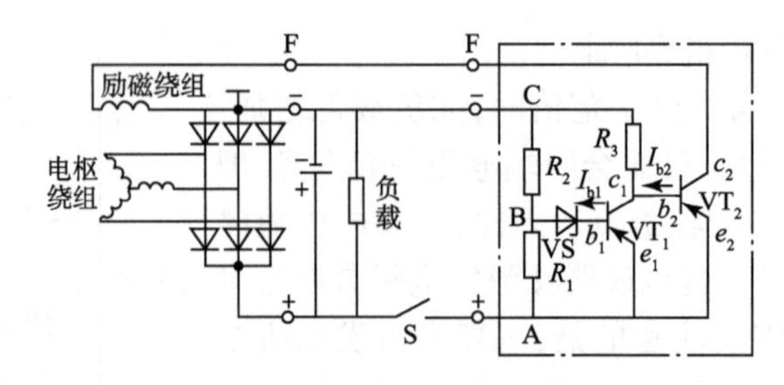

图4-57　晶体管调节器的基本电路

VT_2是大功率管,起开关作用,用来接通与切断发电机的励磁电路,VT_1是小功率管,用来放大控制信号。稳压管VS是感受元件,串联在VT_1的基极电路中,并通过VT_1的发射结并联于分压电阻R_1的两端,以感受发电机的输出电压。

电阻R_1和R_2组成一个分压器,分压器两端的电压U_{AC}为发电机的输出电压,则

$$U_{AB}=\frac{R_1}{R_1+R_2}U_{AC}$$

U_{AB}反向加在稳压管VS上,通常把B点称为检测点。当发电机输出电压U_{AC}达到规定的调整值时(如桑塔纳为13.5~14.5V),U_{AB}正好等于稳压管VS的反向击穿电压。R_3为VT_1的集电极负载电阻。

晶体管调节器的工作原理如下。

a.点火开关S闭合后,蓄电池的电压就加到分压器的A、C两端,由于蓄电池电压小于发电机输出电压的调整值,故U_{AB}也小于稳压管VS的反向击穿电压,稳压管VS处于截止状态,VT_1的基极电流I_{b1}等于零,VT_1截止。而VT_2由于发射结处于较高的正向电压下而导通饱和,产生励磁电流(他励)。励磁电路为:蓄电池正极→点火开关S→调节器"+"接线柱→VT_2→调节器"F"接线柱→发电机"F"接线柱→励磁绕组—蓄电池负极(搭铁)。

b.发动机起动后,发电机的输出电压将高于蓄电池的电压,发电机的励磁电流由他励转变为自励。励磁电路为:发电机正极→点火开关S→调节器"+"接线柱→VT_2→调节器"F"接线柱→发电机"F"接线柱→励磁绕组→蓄电池负极(搭铁)。

c.随着转速的升高,当发电机输出电压稍高于调整值时,U_{AB}电压达到了稳压管VS的反向击穿电压,稳压管VS导通,使VT_1产生基极电流而导通,同时把VT_2的发射结短路,使其由导通状态转化为截止状态,切断发电机的励磁电路,使发电机的输出电压急剧下降。当发电机的输出电压下降到稍低于调整值时,稳压管VS又由击穿状态恢复到截止状态,VT_1也由导通状态化为截止状态,使VT_2导通。如此反复,就使发电机的端电压维持在规定的调整值上。

以上分析的基本电路与实际应用的晶体管调节器工作电路相比有很大缺点,如在VT_2导通变为截止的瞬间,会由于励磁电流的突变,在励磁绕组中产生很大的自感电动势,这个瞬间高压电动势将会损坏调节器的其他电子元件。所以在实际应用的调节器电路中,会对上面的基本电路作必要的补充和完善。

②JFT106型调节器。JFT106型调节器属于外搭铁式晶体管调节器,调节电压为13.8~14.6V,可与14V、750W的外搭铁式九管交流发电机配套使用,也可与14V、功率小于

1000W 的外搭铁式六管交流发电机配套使用。图4-58 所示为 JFT106 型晶体管调节器的工作原理图。该调节器有“+”“F”和“-”3 个接线柱,其中“+”接线柱接从点火开关来的相线,“F"接线柱与发电机的“F2”接线柱相接,“-”接线柱搭铁。JFT106 型晶体管调节器的工作过程如下。

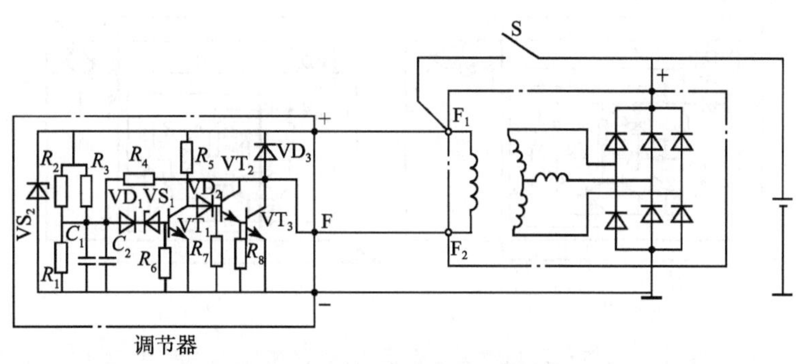

图4-58　JFT106 型晶体管调节器的工作原理图

a. 闭合电源开关 S,蓄电池经点火开关 S 给晶体管调节器提供电流。

b. 经 R_5、VD_2 和 R_7 向晶体管 VT_2、晶体管 VT_3 提供电偏流,使 VT_3 导通。励磁电路为(他励):蓄电池正极→点火开关 S→发电机励磁绕组→VT_3→蓄电池负极(搭铁)。

c. 发动机起动后,励磁方法由他励变为自励。励磁电路为:发电机正极→点火开关 S→发电机励磁绕组→VT_3→蓄电池负极(搭铁)。

d. 当发电机的输出电压达到调整值时,R_1 的端电压将反向击穿 VS_1,使 VT_1 导通,VT_2 和 VT_3 截止,励磁电流迅速下降,发电机的输出电压也随之下降。

e. 当发电机的输出电压下降,R_1 的端电压小于 VS1 的反向击穿电压时,VS_1 截止,VT_1 截止,VT_2 和 VT_3 导通,发电机的输出电压又上升。当发电机的输出电压达到调整值时,VS_1 又被反向击穿,VT_1 导通,VT_2 和 VT_3 截止,发电机的输出电压又下降。如此反复,控制发电机的输出电压保持在规定调整值上。

其他元件的作用如下。

R_3为调整电阻,其阻值在 1.3 ~ 13kΩ 之间。R_3的合理选择可以提高调节器的稳定性。

C_1、C_2为滤波电容器,可以使 VS_1两端的电压平滑过渡,减小对发电机输出电压的脉动影响,降低晶体管的工作频率、减小损耗。

VD_1、VD_2为温度补偿二极管,可以减少温度对晶体管工作特性的影响。

VD_3为续流二极管,可以将 VT_3 由导通进入截止时在励磁绕组中产生的瞬时过电压短路,以保护 VT_3。

R_6限制 VS_1的击穿电流,保护 VS_1,同时又是 VT_1的偏压电阻。

R_4为正反馈电阻,用以提高晶体管的转换速度,减少损耗。

(4)集成电路调节器。

集成电路调节器又称 IC 调节器,是根据使用要求,将电路中的若干元件集成在同一基片上,制成一个独立的电子芯片。集成电路调节器装于发电机内部,构成整体式交流发电机。

集成电路调节器的工作原理与晶体管调节器的工作原理完全一样,也是根据发电机的输出电压信号,利用晶体管的开关特性控制发电机的励磁电流,使发电机的输出电压保持恒定。

集成电路调节器的基本电路根据电压检测方法的不同可分为发电机电压检测法电路和蓄电池电压检测法电路两种,如图4-59所示。

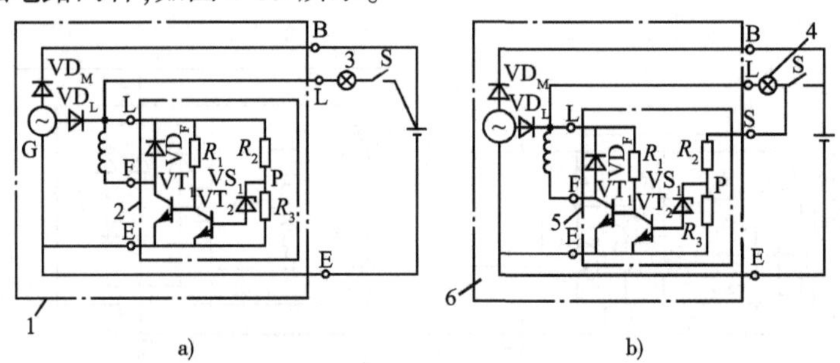

图4-59 集成电路调节器的基本电路

a)发电机电压检测法电路;b)蓄电池电压检测法电路

1、6-发电机;2、5-集成电路调节器;3、4-充电指示灯

①发电机电压检测法电路。

如图4-59a)所示,分压器R_2和R_3的端电压U_{LE}等于发电机的端电压U_{BE}。由检测点P加到稳压管VS_1端的反向电压U_{PE}(经VT_2的发射结)正比于发电机的输出电压U_{BE},因此,这种基本电路称为发电机电压检测法电路。其工作原理如下。

a.点火开关S闭合后,蓄电池电压加到充电指示灯和分压器R_2、R_3上。这时,由于U_{PE}小于稳压管VS_1的击穿电压,晶体管VT_2截止;而VT_1则由于发射结(经R_1)承受正向电压而导通。励磁电路为(他励):蓄电池正极→点火开关→充电指示灯→励磁绕组→VT_1→蓄电池负极(搭铁)。这时由蓄电池提供励磁电流,充电指示灯亮。

b.发动机起动后,随着发动机转速升高,当发电机的输出电压超过蓄电池电动势时,发电机开始向蓄电池充电。同时,励磁方法由他励变为自励。励磁电路为:发电机VD_L→励磁绕组→VT_1→蓄电池负极(搭铁)。同时,充电指示灯由于两端的电位相等而熄灭,表示发电机正常发电。

c.当发电机的输出电压达到调整值时,U_{PE}大于稳压管VS_1的击穿电压,使稳压管VS_2导通,VT_2导通,VT_2导通的同时将VT_1的发射结短路,使VT_1截止,励磁电流迅速减小,发电机输出电压U_{BE}(即U_{LE})也随之下降,然后稳压管VS_1和VT_2又重新截止,VT_1又导通,产生励磁电流。如此循环,VT_1反复导通与截止,控制励磁电流,使发电机的输出电压保持恒定。

VT_1截止的瞬间,在励磁绕组中产生的自感电动势,经续流二极管VD_F自成回路,迅速消失,从而保护了VT_1管,防止被反向击穿。

②蓄电池电压检测法电路。

如图4-59b)所示,蓄电池电压检测法电路的原理与发电机电压检测法电路的原理基本相同,所不同的是:发电机电压检测法电路的控制信号直接来自于发电机的输出电压,而蓄电池电压检测法电路的控制信号来自于蓄电池的正极。

相比而言,采用发电机电压检测法电路可省去信号输入线,其缺点是当发电机至蓄电池电路上的电压降较大时，可导致蓄电池充电不足。因此，大功率发电机多采用蓄电池电压检测法电路，使蓄电池的端电压得以保证。若采用蓄电池电压检测法电路，当发电机的电压输出线或信号输入线断路时，由于无法检测发电机的工作情况，可造成发电机失控现象。故在多数车型的应用中，都对具体电路作了相应改进。

二、实践操作

（一）实践准备

电工电子实验台，连接线。

（二）技术要求及注意事项

（1）熟知电工电子实训室管理规章制度。

（2）在指导教师的指导下完成实践操作。

（三）操作步骤

1. 实验名称

交流发电机的结构认知与检修。

2. 实验目的

学会正确拆装交流发电机，认识交流发电机的结构；学习使用汽车专用万用表，会进行简单的元件性能测量。

3. 实验设备

交流发电机、汽车专用数字式万用表、绝缘电阻表、百分表。

4. 实验方法与步骤

（1）交流发电机的解体。依次拆下发电机的电刷、带轮、风扇、前后端盖、转子、定子等部件。认识其中的结构。如图4-60所示。

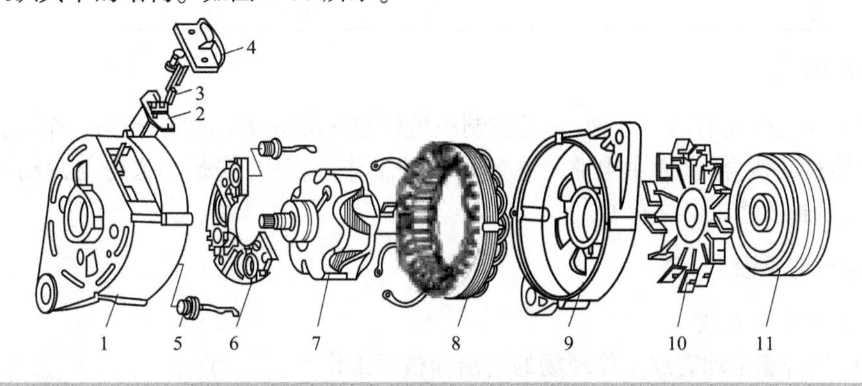

图4-60　交流发电机分解图

1-后端盖；2-电刷架；3-电刷；4-电刷架外盖；5-硅二极管；6-散热板；7-转子；8-定子；9-前端盖；10-风扇；11-V形带轮

（2）交流发电机的组装。

（3）交流发电机的装配步骤与解体相反。注意不要遗漏零件。装配之后，再用万用表检查发电机“F”和“－”接线柱之间的阻值。

（4）使用汽车专用万用表，对发电机的各元件进行简单的测试，完成交流发电机各部件测试结果表，见表4-6～表4-8。

转子检测表 表4-6

性能检测			
检测结果			
结论			
径向圆跳动			
测试结果			
允许误差			
结论			
滑环的表面粗糙度			
良好		差	
滑环的绝缘性			
良好		不良	

定子检测表 表4-7

性能检测								
A相	测试结果		B相	测试结果		C相	测试结果	
	结论			结论			结论	
绝缘性检测								
A相	测试结果		B相	测试结果		C相	测试结果	
	结论			结论			结论	

二极管检测表 表4-8

正极管		负极管	
正向电阻		正向电阻	
反向电阻		反向电阻	
结论		结论	

三、学习拓展

电磁开关的作用有两个方面:一是控制小齿轮与发动机飞轮的啮合;另一个是控制接触盘与主接线柱的接合,接通主电路。在起动机的工作过程中,先是小齿轮与发动机飞轮啮合,然后是接触盘将主电路接通。

四、评价与反馈

1. 自我评价与反馈

(1)你是否能主动完成工作现场的清洁和整理工作?(　　)

A. 主动完成　　B. 被动完成　　C. 未完成

(2)交流发电机的中性点电压等于发电机直流输出电压的(　　)。

A. 1 倍　　B. 1/2　　C. 1/3

(3)交流发电机在正常工作时属(　　)。

A. 他励串励式发电机　　B. 自励串励式发电机

C. 自励并励式发电机

(4)整流器的作用是把三相同步交流发电机产生的(　　)电转换成(　　)电输出,它一般用六个硅二极管接成三相桥式全波整流电路。

A. 交流　　B. 直流　　C. 低压　　D. 高压

签名:____________　______年______月______日

2. 小组评价与反馈

(1)工作页填写情况(　　)。

A. 填写完整　　B. 缺失0% ~20%

C. 缺失20% ~40%　　D. 缺失40%以上

(2)实施过程中是否注意操作质量和有责任心?(　　)

A. 注意质量,有责任心　　B. 不注意质量,有责任心

C. 注意质量,无责任心　　D. 全无

(3)实验前有无进行安全检查并警示其他同学?(　　)

A. 有安全检查和警示　　B. 有安全检查无警示

C. 无安全检查、无警示

(4)总体印象评价。(　　)

A. 非常优秀　　B. 比较优秀　　C. 有待改进　　D. 急需改进

参与评价的同学签名:____________　______年______月______日

3. 教师评价

____

____

____

教师签名:____________　______年______月______日

子任务3　其他电气元件认知

任务描述

汽车的某些电器元件包括继电器、电磁阀、开关和电路保护装置。电路保护装置又有熔断器、断路器、易熔线。

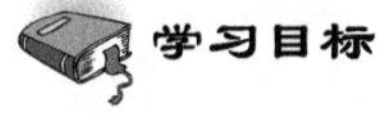

1. 了解继电器的结构及工作原理、分类,掌握继电器的测试;
2. 了解电磁阀的结构及应用,能对电磁阀进行检测;
3. 了解开关结构和识别方法、理解它们的特点及用途、会识别它们在电路中的图形符号;
4. 了解熔断器、断路器、易熔线的作用。

建议学时:4学时。

一、理论知识准备

(一)继电器

1. 继电器的作用与类型

继电器在汽车电路中起保护和自动控制等作用。汽车电气系统中所使用继电器等种类

较多,按继电器触点的工作状态的不同,可将其分为常开型、常闭型和混合型 3 种。汽车电气系统中使用的继电器主要形式如图 4-61 所示。

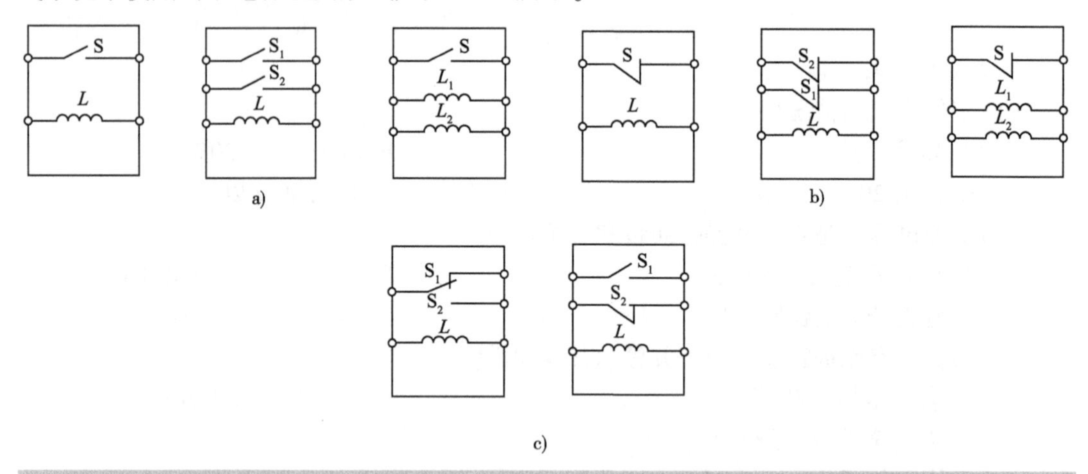

图 4-61 汽车电路中所用继电器的类型

1)常开继电器

继电器线圈通电时,继电器触点在弹簧力作用下保持张开,继电器线圈通电后触点团合,接通相应的电路。

2)常闭继电器

继电器线圈通电时,继电器触点在弹簧力作用下保持闭合,继电器线圈通电后触点张开,断开相应的电路。

3)混合式继电器

继电器有常开和常闭触点,继电器线圈通电后常开触点闭合,常闭触点张开,以通断相应的电路。

双线圈继电器大致有两种,一种是两线圈同时通电时触点才动作,另一种是只要有一个线圈通电触点就动作。

2. 继电器的工作原理

1)继电器的保护作用原理

继电器起保护作用的电路原理如图 4-62 所示。

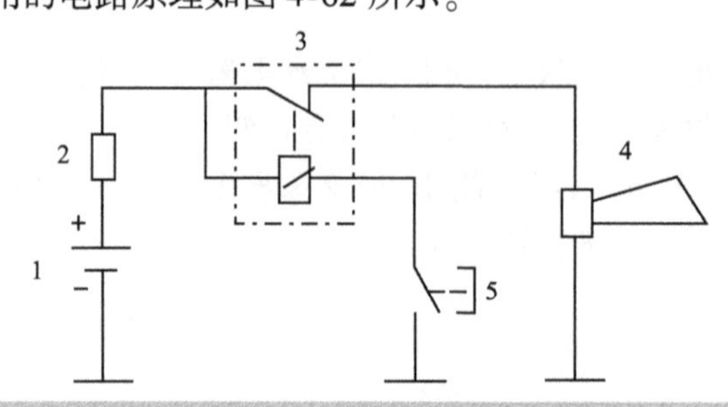

图 4-62 继电器起保护作用的电路原理

1-蓄电池;2-熔断器;3-喇叭断电器;4-电喇叭;5-喇叭按钮

该继电器保护电路用于保护喇叭按钮触点。喇叭的工作电流较大,直接由喇叭按钮控制,其触点很容易烧坏。图 4-62 中的喇叭电路加了喇叭继电器后,喇叭按钮开关只控制继电器线圈电路的通断,由继电器线圈通电产生的电磁力使继电器触点闭合,接通喇叭电路,喇叭按钮只通过继电器线圈较小的电流,使喇叭按钮触点不容易烧坏,使用寿命得以延长。

2)继电器的自动控制原理

继电器用做自动控制的电路原理如图 4-63 所示。

该继电器控制电路用于自动控制充电指示灯的亮起和熄火,以提示充电系统工作是否正常。继电器线圈连接发电机的中点接线柱 N(该接线柱电压是发电机输出端子 B 电压的 1/2),继电器的常闭触点串联在充电指示灯电路中。当发电机正常发电时,其中点电压使继电器线圈通电而打开触点,充电指示灯自动熄火,指示充电系统正常工作。当接通点火开关而发动机未工作或发电机出现了故障时,发电机中点电压低或无,使继电器线圈电流小或断流,继电器触点在弹簧力作用下闭合,充电指示灯亮,指示充电系统未工作或有故障。

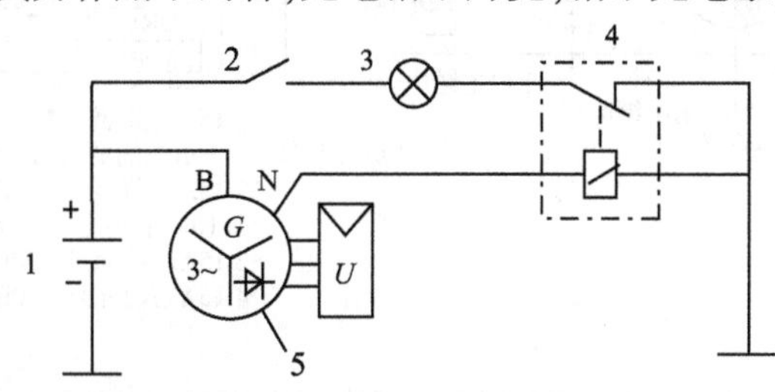

图 4-63　继电器的自动控制电路原理图

1-蓄电池;2-点火开关;3-充电指示灯;4-充电指示灯继电器;5-发电机;B-发电机电枢(输出)接线柱;N-发电机中点接线柱

3. 继电器的安装

现代汽车电气系统各继电器通常集中安装在专门的继电器盒(接线盒)中,一些汽车电路图提供了继电器位置图,从图中可得到各继电器的具体位置和继电器各端子的排列情况,以方便故障查寻。继电器的安装示例如图 4-64 所示。

4. 继电器的测试

1)测触点电阻

用万用表的电阻挡,测量常闭触点与动点电阻,其阻值应为零,(用更加精确方式可测得触点阻值在 100mΩ 以内),而常开触点与动点的阻值就为无穷大。由此可以区别出哪个是常闭触点,哪个是常开触点。

2)测线圈电阻

用万用表 R×10Ω 挡测量继电器线圈的阻值。从而判断该线圈是否存在着开路现象。

3)测量吸合电压和吸合电流

用可调稳压电源和电流表,给继电器输入一组电压,且在供电回路中串入电流表进行监测。慢慢调高电源电压,听到继电器吸合声时,记下该吸合电压和吸合电流。为求准确,可以多试几次而求平均值。

4)测量释放电压和释放电流

也是像上述那样连接测试,当继电器发生吸合后,再逐渐降低供电电压,当听到继电器再次发生释放声音时,记下此时的电压和电流,也可多尝试几次而取得平均的释放电压和释

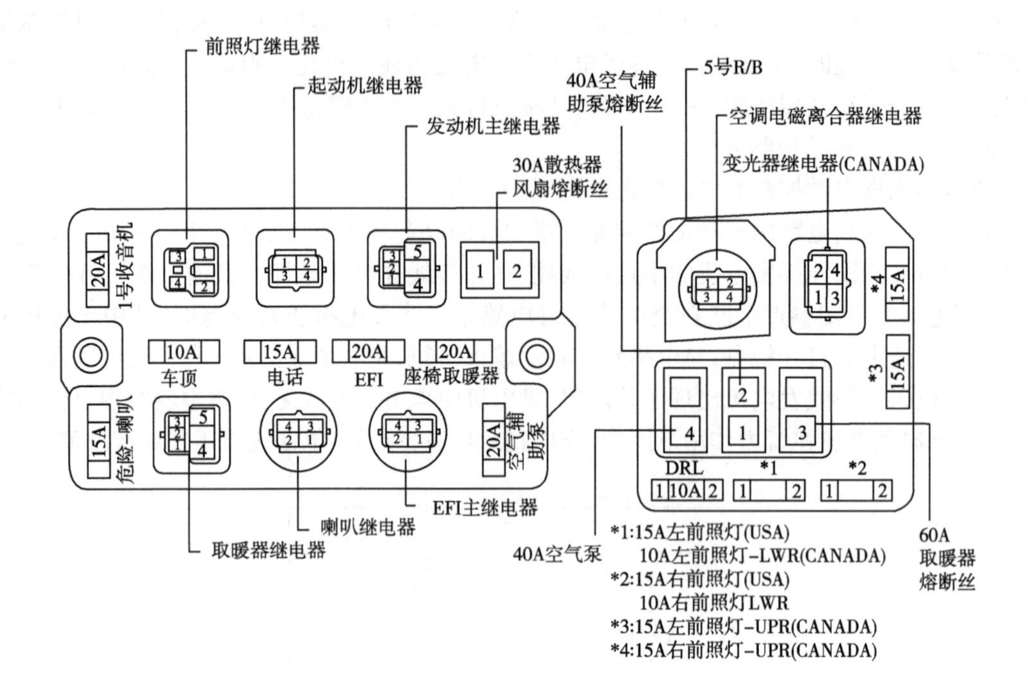

图4-64 继电器的安装示例

放电流。一般情况下,继电器的释放电压在吸合电压的10% ~50%,如果释放电压太小(小于1/10的吸合电压),则不能正常使用了,这样会对电路的稳定性造成威胁,工作不可靠。

(二)电磁阀

1.电磁阀类型

在装有自动变速器的汽车中,常用电磁阀来作为液压控制元件。电液控制型自动变速器中的电磁阀(图4-65),按控制方式可分为开关式电磁阀和脉冲式电磁阀两类。

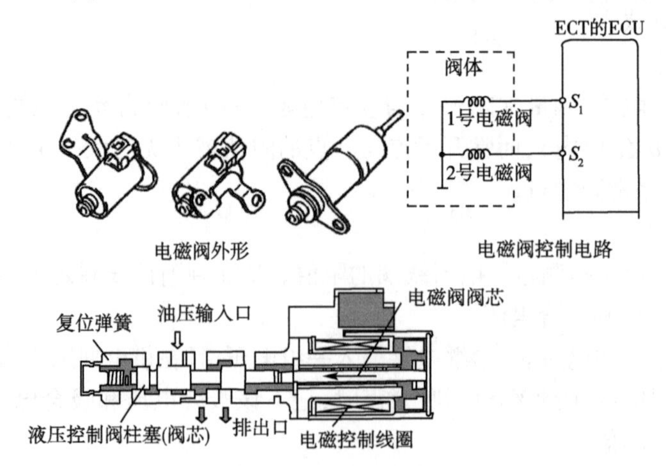

图4-65 电磁阀

按控制对象可分为换挡控制电磁阀、油压调节电磁阀(主油路、车速、节气门等)、离合器锁止控制电磁阀、强制降挡控制电磁阀等。

按阀针的开关可分为球阀式、锥形阀式、轴针式等类型；按照阀针在电磁阀不通电状态下，阀针所处位置，又可分为常开型和常闭型两种。

2. 开关式电磁阀

开关式电磁阀安装在阀体控制油路的顶端，由自动变速器 ECU 控制其接通或关断(图 4-66)，按控制形式，分为泄压控制和增压控制两类。

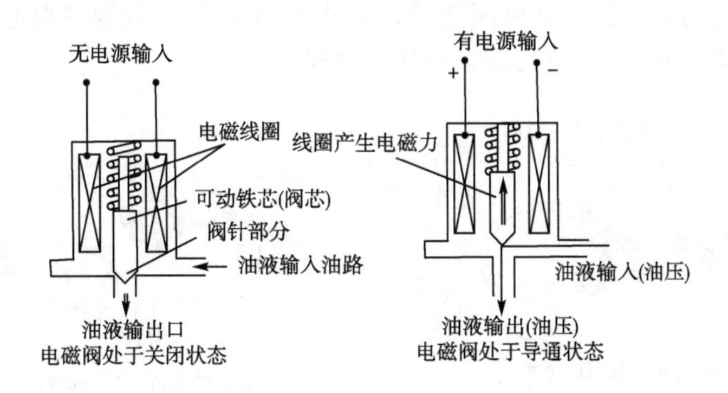

图 4-66　电磁阀的结构与开关式控制原理

在控制电路接通时，电磁线圈因通电而产生电磁力，阀芯被磁力吸动后，使阀口打开或关闭。控制电路断电后，电磁线圈的电磁力消失，阀芯迅速复位或离开阀口，使阀口关或打开，由此接通或截断油液的流通路径，使串联的液压滑阀动作，各控制油路按工作所需进行通断切换。

3. 脉冲式电磁阀

脉冲式电磁阀由电控单元发出的脉冲信号(占空比)控制其工作频率，可用来调节控制油路的油液流量，以此来调控油路中油压的高低，如图 4-67 所示。

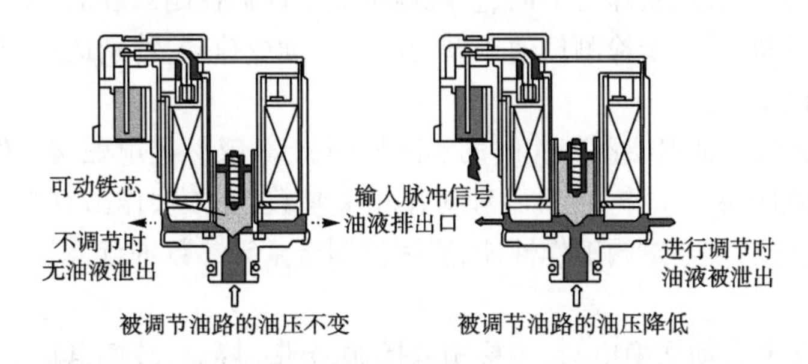

图 4-67　脉冲控制式电磁阀的工作原理

电磁阀在脉冲电信号作用下，可持续不断地开启和关闭泄油孔。当占空比越大时，经电磁阀泄出的油液越多，被调节油路的液压就越低；当占空比越小时，压力的下降势必也就越小。脉冲信号中断时，则阀针关闭阀口，电磁阀停止泄压。

电磁阀泄油量的大小除与阀针行程、油路截面积、输入压力、输入与输出油路的压力差等因素有关外，主要与阀针的开闭频率(运动速度)，也就是电磁线圈中电流通断时间长短(占空比大小)有关，也会受电流强弱的影响。

4. 电磁阀的检测

1)直接供电测试方式

电子控制自动变速器常采用脉动式油压电磁阀,控制液压滑阀或缓冲器的背压,用开关式电磁阀和油路控制滑阀,联动控制工作油路的切换,这样在自动变速器油压试验中,若人为地向电磁阀施加电信号,同时测量油路与油压的变化,既可以检查电磁阀的工作是否正常,也可以检测不同液压控制系统有无泄漏。

采用直接供电方式可测试电磁阀是否响应时(图4-68),必须要注意电磁阀的驱动电压是12V还是5V,若接错供电电压,将会损坏电磁阀。

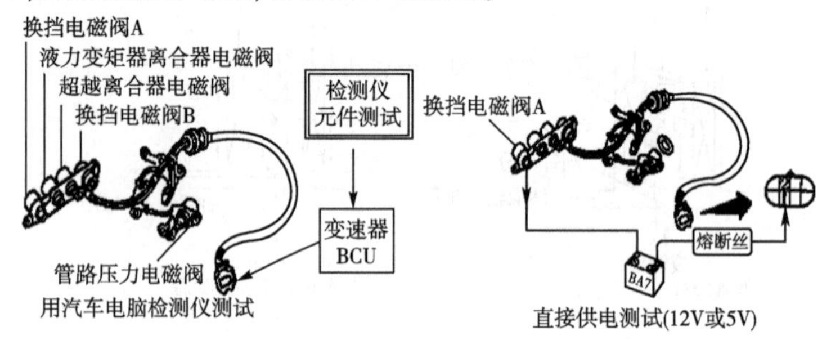

图4-68 电磁阀的测试

自动变速器中的电磁阀的控制信号,通常是12V的直流电压或5V脉冲电压,因此,也可以用LED灯来检测ECU输出到电磁阀的控制信号。采用这种方法检测控制系统工作情况时,应先根据检修车型的电路图找出各个电磁阀的控制线路,通过观察发光二极管发亮情况和听诊电磁阀的工作声响,判断电磁阀是否工作。

若用不同颜色的发光二极管制成信号显示灯组,分别与自动变速器的各个电磁阀控制线路连接,在汽车运行中通过观察显示灯组的闪亮规律,并与电磁阀工作规律状态比较,结合自动变速器的换挡规律图,即可全面、直观地掌握变速器控制系统的工作状态。这种方法不受任何条件的限制,适用于检测任何车型的电控自动变速器,特别适用于检测换挡信号。

2)元件替代测试方式

上述测试因无法验证电磁阀工作时的实际控制流量,又怀疑电磁阀工作性能不良时,可用其他完好的电磁阀替代工作,再检验和对比相关参数,并依次作出判断。有条件时,应使用电磁阀检测清洗仪,对电磁阀工作性能、实际控制流量等参数进行检测分析。

(三)开关

低压开关属于非自动切换电器,主要用来接通、分断、隔离、转换电路。

1. 刀开关

刀开关通过上、下扳动操作手柄,控制电路接通与分断,是一种结构简单、应用广泛的低压电器。

1)型号

刀开关型号的构成如图4-69所示。

2)结构

HK系列开启式负荷开关又称瓷底胶盖刀开关,简称刀开关,是由闸刀和熔断器两部分组成。开关兼有短路保护作用,其结构如图4-70a)所示。开关外罩胶盖是防止分断电路时电弧飞出灼伤人手。开启式负荷开关在电路中的电气图形符号及文字符号如图4-70b)所示。

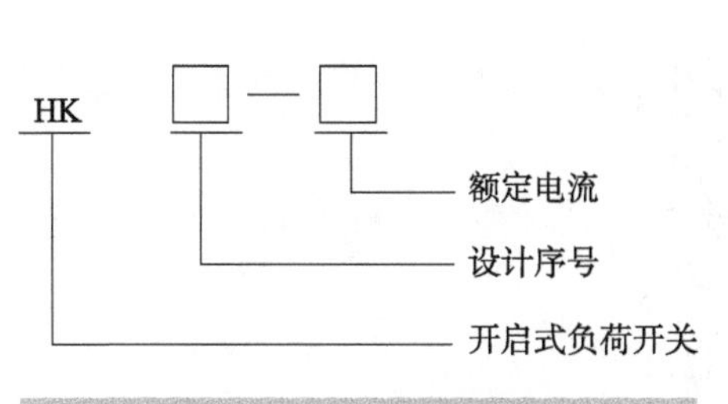

图4-69　刀开关型号的构成

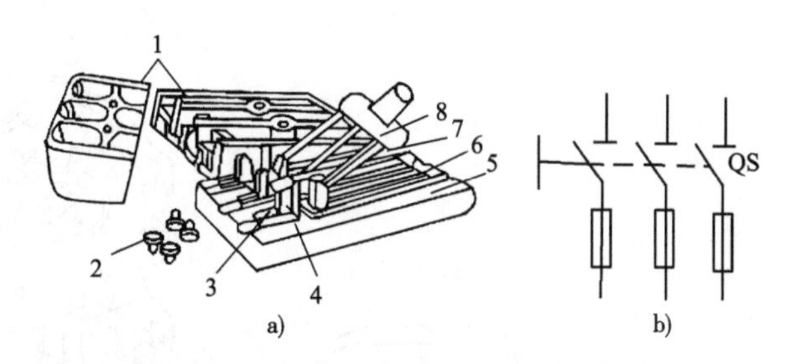

图4-70　HK系列开启式负荷开关
a)结构;b)符号
1-胶盖;2-胶盖紧固螺钉;3-进线座;4-静触头;5-瓷底座;6-出线座;7-动触头;8-瓷质手柄

3)应用

开启式负荷开关可用于低压380V以下一般照明电路控制和小功率电动机不频繁起停,适用于空载操作。

4)安装及使用要求

(1)必须垂直安装在控制板上,保持合闸状态操作手柄朝上,分闸状态操作手柄朝下。

(2)不允许倒装或平装,以免闸刀落下误合闸,引起触电事故。

(3)电源进线在上端、出线在下端,确保开关断开后,更换熔断器的操作安全。

(4)安装高度一般在1.5m左右,不能小于1.2m,在人容易触及的地方,应加保护外罩。

(5)操作时应动作迅速,尽快消灭电弧。

2.组合开关

组合开关又称转换开关,其特点是体积小、触头对数多、安装灵活方便,开关操纵是通过水平转动操作手柄实现。

1)型号

组合开关型号的构成如图4-71所示。

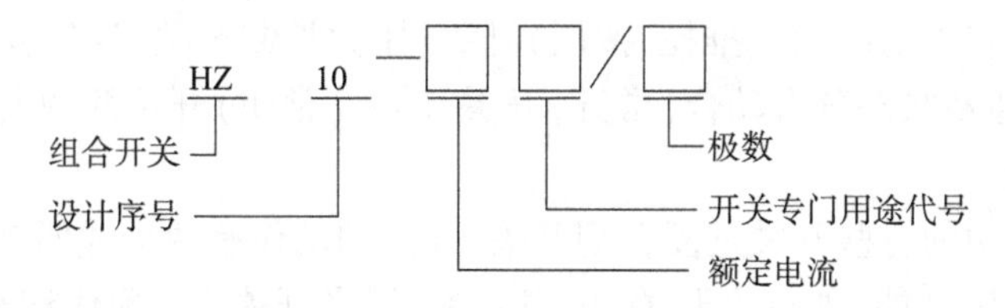

图4-71　组合开关型号的构成

2)结构

HZ10-10/3型组合开关外形图、内部结构如图4-72所示,开关的3对静触头分别安装在3层绝缘垫板上,并通过外部接线柱与电源和用电设备相连。3对动触头套在方形转轴上,手柄联动转轴,在安装平面内沿顺时针(或逆时针)方向每次转动90°,带动3对动触头与3对静触头接触或分离,实现通断电路的目的。该机构由于采用了扭簧储能,可以加速触头的闭合或分断,提高了开关的通断能力。

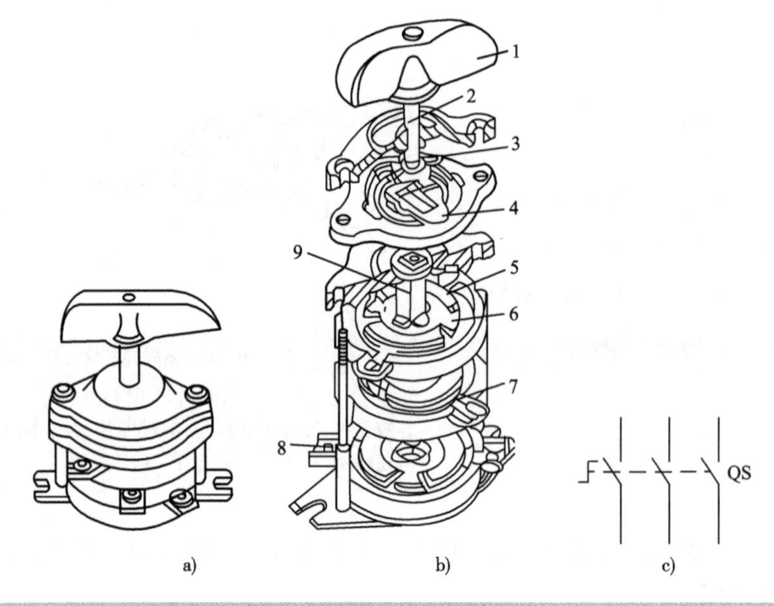

图4-72 HZ10-10/3型组合开关
a)外形;b)结构;c)符号
1-手柄;2-转轴;3-弹簧;4-凸轮;5-绝缘垫板;6-动触头;7-静触头;8-接线柱;9-绝缘杆

3)安装及使用场合

(1)应安装在控制箱内,操作手柄应置于控制箱的前面或侧面。开关为断开状态时,应使手柄在水平旋转位置。

(2)开关外壳搭铁,螺钉应可靠搭铁。

(3)组合开关通断能力较低,常用于机床控制电路作电源引入开关,5kW以下小容量电动机的起动和正、反转控制开关。

3.汽车常用开关的作用与类型

1)开关的作用

开关在汽车电路中起接通、关断电路的控制作用。汽车电路中的开关很多,种类也多。按操纵方式不同分有手动(旋转、推拉、按压)开关、压力控制开关、温度控制开关、机械控制开关等;按开关的通断状态分有动合(常开)开关、动断(常闭)开关两种类型。

2)开关的类型

汽车电气系统中的有些开关是复合型开关,开关的动作有两挡或两挡以上,具有两个或两个以上的电路通断功能,如点火开关、风扇开关、灯光开关等。现代汽车上还使用了组合开关,组合开关是将两种或两种以上的开关集装在一起,可使操纵更加方便。

3)开关功能的识别

对于复合型开关和组合开关,控制的电路比较多,认清开关在各状态下其线路连接端子和电路通断关系,对理解电路原理及故障诊断是很有必要的。可通过开关原理图和开关挡位图了解开关的功能和内部触点的通断情况。

(1)开关原理图。

在一些汽车电路原理图中,用开关原理图来表示负荷开关各挡位电路通断情况。如图4-73所示的是用开关原理图表示的点火开关控制电路。

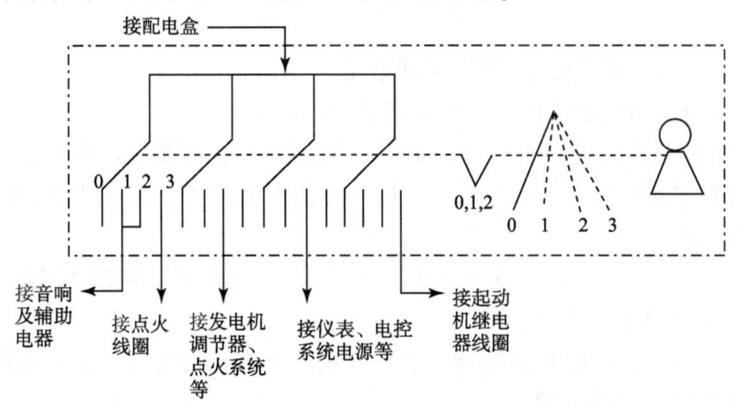

图4-73　点火开关原理图

图4-73中右侧表示此开关为旋转式3挡钥匙开关。虚线中间下三角及数字表示开关在0、1、2位可以定位,3位不能定位,即将开关旋转至3位松开时,能自动回到2位。

图4-73左侧表示开关的通断功能:0位为OFF位,点火开关不接通任何控制电路;1位为辅助挡,点火开关旋转至1位时,辅助电器(如音响、电动车窗等)电源电路接通;2位为点火挡,点火开关接通点火系统、仪表系统、汽车电子控制系统等电源电路。3位为起动挡,点火开关接通起动电路、点火系统电路等。

(2)开关挡位图。

在许多汽车电路图中,用开关挡位图来直观地表示复合式开关和组合式的通断功能。图4-74所示为用开关挡位图表示点火开关控制电路。

接线柱 开关挡位	1 (BAT)	2 (IG)	3 (ACC)	4 (ST)
LOCK(-1)				
OFF(0)	○			
ACC(Ⅰ)	○	—	○	
ON(Ⅱ)	○	○	○	
ST(Ⅲ)	○	○	—	○

图4-74　点火开关挡位图

①点火开关挡位图表示了该点火开关有4个接线端子:

a.1号(BAT)端子为电源端子,连接蓄电池与发电机的正极。

b.2 号(IG)为点火接线端子,连接点火电路、仪表电路、发电机励磁电路及电子控制装置电源电路等。

c.3 号(ACC)端子为辅助电器接线端子,连接收放机、电动车窗等辅助电器的控制开关。

d.4 号(ST)为起动接线端子,连接起动电路。

②点火开关挡位图表示了该点火开关有 5 个挡位;

a.“LOCK”位,是转向盘锁止挡,从 OFF 位逆转至该位,可锁止转向盘。

b.“OFF”位,是点火开关的断开位,点火开关在该位时,2、3、4 号接线端子与 1 号接线端子均为断开状态。

c.“ACC”位,是辅助电器挡(从 OFF 位顺转 1 位),点火开关在该挡位时 1、3 号端子相连接,使辅助电器电路接通电源。

d.“ON”是点火挡(从 OFF 位顺转 2 位),点火开关在该挡位时 1、2、3 号端子相连接,使点火电路、仪表电路等接通电源。

e.“ST”是起动挡(从 OFF 位顺转 3 位),点火开关在该挡位时 1、2、4 号端子相连接,使点火电路,起动电路连通电源。

(四)电路保护装置

大多数汽车电路都需要防止导线或负载部件过载,电器部件过载或短路等电路故障都会引起电流过大,为了避免损坏部件和导线,这些电路使用了某种方式来保护,一旦发生过载或短路故障,保护装置就会切断电源,阻止电流流过。

1. 熔断丝(熔断器)

熔断丝是最普通的电路保护装置,集中在熔断丝盒内,熔断丝盒的位置、数量随车型的不同而不同(部分继电器与熔断丝集中在熔断丝盒上,但继电器的分布更为复杂)。

熔断丝盒的位置通常在:驾驶室踏板附近、发动机舱风窗玻璃下、蓄电池附近、仪表台中间(客车)。

常用的熔断丝一般有 3 种:玻璃管式、陶瓷式、片式(或微型)。

同一种类也有不同的型号,熔断丝的型号经常用额定电流来表示,如 5A、10A、15A、20A 等,为了便于分清各型号,通常不同型号的熔断器用不同的颜色。

汽车上用电设备通常为并联连接(图 4-75),对于并联电路,可以在分支之前用 1 个熔断丝或每一支路各用 1 个。

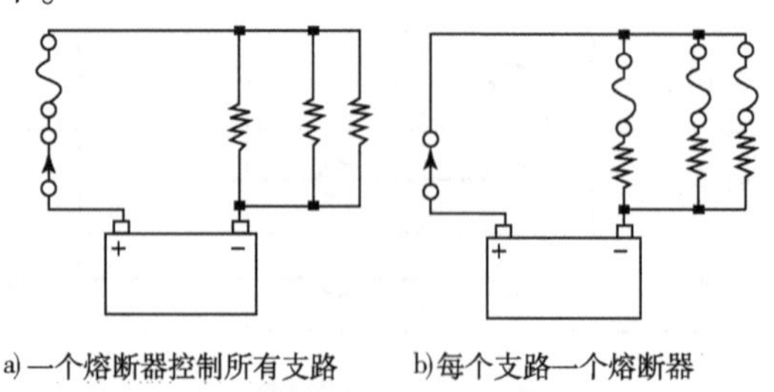

a)一个熔断器控制所有支路　b)每个支路一个熔断器

图 4-75　熔断丝的连接

当增加或更换熔断器时,必须选用额定电流值正确的熔断丝,用瓦特定理算出所需熔断丝的额定电流($P/U=I$)。选熔断丝时要考虑浪涌电流(5% ~20%)或80%原则,额定电流要稍大于实际负载电流。

(1)熔断丝引起电路断路主要有两种原因:

①熔断,如图4-76所示。

②接触不良。

(2)正确判断熔断丝通断好坏的方法:

①通过视觉观察是否熔断。

②通过万用表检测通断,如图4-77所示。

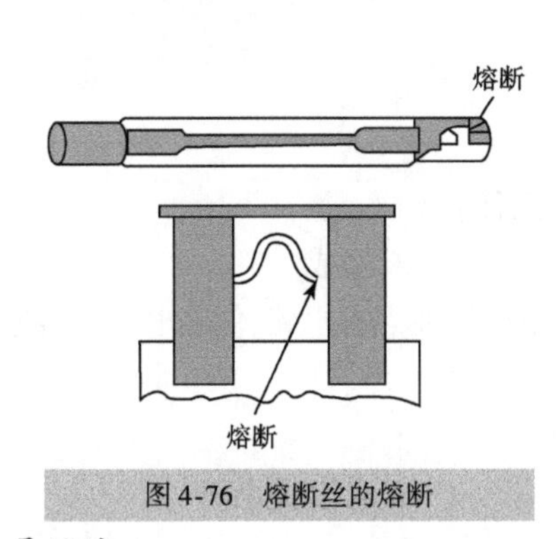

图4-76　熔断丝的熔断

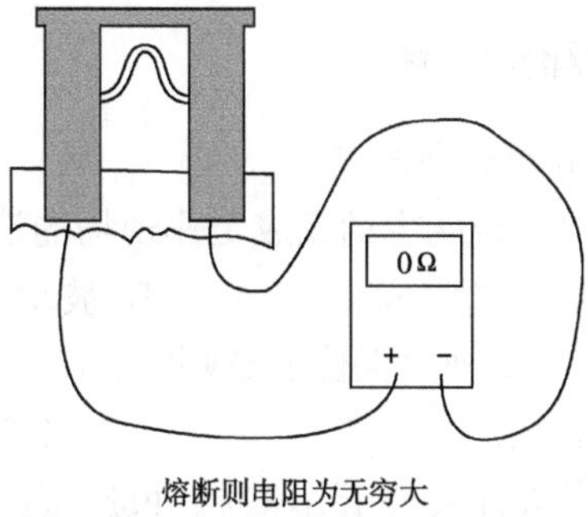

0Ω

\+ −

熔断则电阻为无穷大

图4-77　熔断丝的检测

2. 易熔线

易熔线,又称熔断线,是用来保护汽车电路和用电设备的、容量较大的线状熔断器。一般熔断器的容量有限,当线路的电流较大时,一般的熔断器没有那么大的容量,所以只能采用易熔线来保护线路。它是线路的一部分,不过其截流面积比被它保护的线路要小得多。它的作用和熔断器相似,当线路出现过大的电流时,易熔线首先烧断,就保护了线路和线束。

一部汽车或许有一根或几根易熔线,在主电源线到达熔断器盒被分为较细的电路导线前,易熔线对主电源线提供保护,易熔线一般位于蓄电池附近的主连接处,易熔线的电流容量由它的线号决定,易熔线一般比它保护的线号大四个线号,(导线越细号越大),比如:14号线需要18号易熔线保护。

3. 电路断电器

对于在正常工作时容易过载的电路,一般用电路断电器保护,有些电路断电器用手按钮就能复原,如图4-78a)所示;有些则必须断了电源才能复原,如图4-78b)所示。

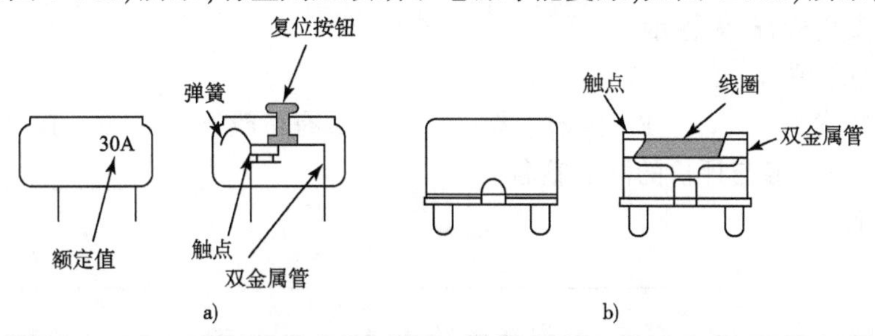

图4-78　电路断电器

a)手工复位断电器;b)断电源后自动复位断电器

使用断电器的例子:在电动门升降电路中,由于窗缝易结冰,升降受阻,有可能引起电路过载而出现过电流,电路断电器便因受热而切断电动机,从而保护电动机。如果还想自动升降门窗,电路断电器便循环地打开或闭合。只有把车窗咬住的故障排除后,电动升降门窗才能正常工作。

二、学习拓展

熔断丝是普通的电路保护装置,集中在熔断丝盒内。常用的熔断丝一般有3种:玻璃管式、陶瓷式、片式。切勿使用超过汽车厂规定值的熔断器,否则会损坏或破坏电路。

三、评价与反馈

1. 自我评价与反馈

(1)你是否能主动完成工作现场的清洁和整理工作?(　　)

A. 主动完成　　B. 被动完成　　C. 未完成

(2)汽车点火开关位于ON挡时,(　　)号端子相连接,使点火电路、仪表电路等接通电源。

A. 1、2、4　　B. 1、2、3　　C. 2、3、4

(3)点火开关位于ACC挡,可连接(　　)电路。

A. 起动　　B. 辅助电器　　C. 点火开关断开

(4)熔断丝的型号通常用额定(　　)来表示。

A. 电压　　B. 电流　　C. 电阻

签名:____________ ______年______月______日

2. 小组评价与反馈

(1)工作页填写情况。(　　)

A. 填写完整　　B. 缺失0%~20%

C. 缺失20%~40%　　D. 缺失40%以上

(2)实施过程中是否注意操作质量和有责任心?(　　)

A. 注意质量,有责任心　　B. 不注意质量,有责任心

C. 注意质量,无责任心　　D. 全无

(3)实验前有无进行安全检查并警示其他同学?(　　)

A. 有安全检查和警示　　B. 有安全检查无警示

C. 无安全检查、无警示

(4)总体印象评价。(　　)

A. 非常优秀　　B. 比较优秀　　C. 有待改进　　D. 急需改进

参与评价的同学签名:____________ ______年______月______日

3. 教师评价

____

____

____

教师签名:____________ ______年______月______日

学习任务五　常用半导体元件认知

任务要求

完成本学习任务后,你应能:

1. 正确描述半导体的概念,理解PN节的单向导电性能;
2. 掌握二极管与三极管的结构、符号、特性及主要参数;
3. 正确使用万用表检测判断二极管与三极管的好坏;
4. 了解二极管和三极管在汽车上的应用;
5. 掌握整流电路的组成、工作原理及其在汽车上应用;
6. 叙述放大电路的基本组成、各元件作用及工作条件,分析简单的放大电路;
7. 阐述集成运算放大器的基本组成和用途。

建议学时:14学时。

任务概述

电子技术中的常用元件一般都是由半导体材料制作的,因此称为半导体元件。半导体元件是在20世纪50年代初发展起来的,因其具有体积小、质量轻、耗电低、使用寿命长、工作可靠等优点获得了迅速发展,并且在计算机、交通、通信、航天、工业自动检测等各个领域都获得了广泛的应用。本学习任务主要学习常用半导体元件及其应用。

主要学习任务

1. 半导体二极管的认知;
2. 半导体三极管的认知;
3. 整流电路的组成及工作原理认知;
4. 基本放大电路及集成运算放大器的认知。

子任务1　半导体二极管认知

任务描述

半导体元件是数字电路的基础元件,二极管是最常用的半导体元件。本任务主要学习二极管结构、符号、特性、主要参数及应用。

学习目标

1. 掌握半导体基础知识；
2. 掌握二极管的结构、符号、特性、主要参数及其在汽车上的应用；
3. 熟悉整流二极管的简单检测方法。

建议学时:4 学时。

一、理论知识准备

(一)半导体基础知识

半导体是导电性能介于导体和绝缘体之间的物质,如硅(Si)、锗(Ge)。

纯净的半导体又称本征半导体,其原子都按一定规律整齐排列,因此都是晶体结构。半导体材料如果受热或光照后,导电性能变好,即半导体的热敏特性和光敏特性。另外,在本征半导体材料中掺入微量杂质元素(如磷、硼等)后,导电性能大大提高,即半导体的掺杂特性。但是,在本征半导体中掺入不同的微量元素,就会得到导电性质不同的半导体材料:空穴型半导体(又称 P 型半导体)、电子型半导体(又称 N 型半导体)。

通过一定的工艺把 P 型半导体和 N 型半导体结合在一起,在它们的交界处就会形成 PN 结。如果在 PN 结上加正向电压,即 P 节接电源的正极,N 节接电源的负极,N 节的电子可以向 P 节的空穴移动,此时 PN 结呈低阻状态,称为正向导通状态;反之,在 PN 结上加反向电压,则 PN 结呈高阻状态,称为反向截止状态。这表明 PN 结具有单向导电性能(即正向电阻小、反向电阻大)。PN 结是构成各种半导体元件的基础。

将 PN 结经特殊封装并加上相应的电极引线,就制成了半导体二极管(又称为晶体二极管,简称二极管)。在一块半导体基片上用一定的工艺方法形成两个 PN 结,经特殊封装并加上相应的电极引线,则制成了半导体三极管(又称为晶体三极管,简称三极管)。二极管和三极管是最常用的半导体元件。

(二)半导体二极管

1. 二极管的结构外形、符号及类型

一般半导体二极管的文字符号用 VD 表示。按制造材料不同,半导体二极管分为硅二极管和锗二极管;按用途不同,又可分为普通整流二极管、稳压二极管、发光二极管和光电二极管等。常用半导体二极管的外形及图形符号如图 5-1 所示。

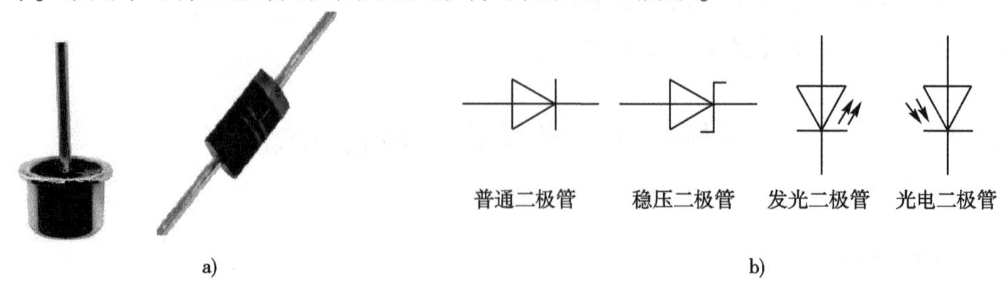

图 5-1　二极管的外形及图形符号
a)外形；b)图形符号

2. 普通二极管的工作特性

如图5-2a)所示,将二极管正极与电源正极相接,二极管负极与电源负极相接(这种接法称为二极管外加正偏电压),二极管呈导通状态(灯泡亮);相反,如图5-2b)所示,将二极管正极与电源负极相接,二极管负极与电源正极相接(这种接法称为二极管外加反偏电压),二极管呈截止状态(灯泡不亮)。这就是二极管的单向导电性能。如果把加在二极管两端的电压与流过二极管的电流绘制在坐标系中,如图5-2c)所示,则得到二极管的伏安特性曲线。

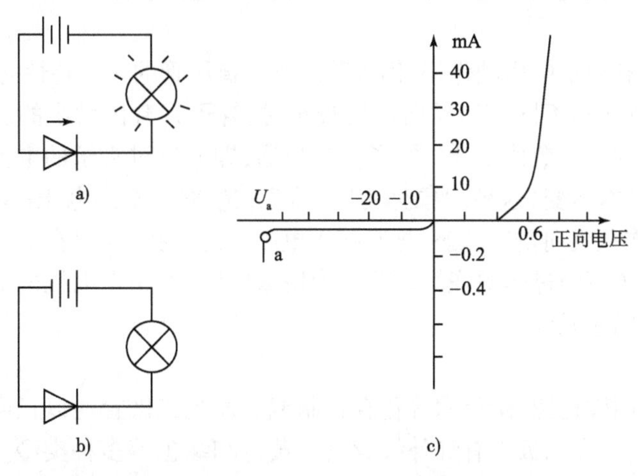

图5-2　二极管的工作特性

a)正向导通;b)反向截止;c)特性曲线

二极管具有以下工作特性:

(1)二极管具有正向导通特性。当二极管两端所加正向电压较小时,二极管还不能导通,这一段称为死区(硅管死区电压小于0.5V,锗管死区电压小于0.1V)。超过死区后,流过二极管的正向电流将随正向电压的升高而明显增大,二极管导通(硅管的导通电压约为0.7V,锗管的导通电压约为0.3V)。

(2)二极管具有反向截止特性。当二极管加反偏电压时,二极管有很小的反向电流,而且反向电压增大时反向电流也基本保持不变,二极管处于基本截止状态。

(3)二极管具有反向击穿特性。当加在二极管两端的反向电压大于某一值(图5-2特性曲线中的U_a)后,反向电流突然急剧增大,这种现象称为二极管反向击穿。此时,有可能把二极管烧坏。

3. 普通二极管的主要参数

(1)最大正向电流。指二极管允许长期通过的最大正向平均电流值。超过这一数值二极管将过热而烧坏。因此工作电流较大的二极管必须按规定加装散热片。

(2)最高反向工作电压。指保证二极管不被反向击穿而给出的最高反向电压值。选用时应保证反向电压在任何时候都不超过这一数值,并且应留有一定余量,避免二极管被反向击穿。

(3)正向管压降。指二极管导通后两端的电压值。一般二极管的正向管压降略大于二极管导通时的电压。

4. 不同用途的半导体二极管及其在汽车上的应用

1)整流二极管

整流二极管主要用来整流。汽车硅整流发电机的整流器是典型整流二极管的实际应用。汽车硅整流发电机的整流二极管分为正极二极管和负极二极管两种。正极二极管的中心引线为二极管的正极,外壳为负极,管壳底部一般有红色标记;负极二极管的中心引线为二极管的负极,外壳为正极,管壳底部一般有黑色(或绿色)标记。

2)稳压二极管

稳压二极管具有稳定电压的作用,简称稳压管。稳压管的正向特性与普通二极管相同,呈导通状态,反向特性却不同。当反向电压较小时,管子只有极微小的反向电流呈截止状态。当反向电压达到某一数值 U_z 时,管子突然导通,即使流过管子的电流增大很多而管子两端的电压 U_z 却基本不变,这种现象称为"击穿", U_z 称为击穿电压(即稳压管的稳定电压)。稳压管是工作在反向击穿状态,把它接入电路时应反接,而且在电路中要采取适当的限流措施以保证管子不因过热被烧坏。稳压管用途广泛,汽车发电机的晶体管电压调节器就采用稳压管作为感应元件。

3)发光二极管

发光二极管常用砷化镓、磷化镓等化合物制成。发光二极管通以正向电流时会发出光来。由于材料不同,发光二极管有红外线、红色、黄色和绿色等多种类型。发光二极管常用作显示元件,比如轿车后窗内加装的高位制动灯就由成排的发光二极管(红色)来进行显示。

4)光电二极管

光电二极管的反向电流随光照强度的增加而上升(因它的反向电阻随光照强度的增加而减小)。光电二极管工作在反向状态,反向电流与光照度成正比。制成大面积的光电二极管,可当作一种电源(即光电池)。有些汽车点火系统的光电式点火信号传感器就采用光电二极管作为光接收器。

其他用途二极管还有检波二极管、开关二极管、变容二极管等。

二、实践操作

(一)实践内容

普通整流二极管性能与极性的简易判断。

(二)实践准备

电工电子实验台、汽车用整流二极管、数字式万用表等。

(三)技术要求及注意事项

(1)熟知电工电子实验室管理规章制度。

(2)在指导教师的指导下完成实践操作。

(四)实践方法与步骤

1. 二极管性能(好坏)的判断

打开万用表电源开关,将数字式万用表的旋钮拨到测二极管位置,短接黑红两只表笔,听见轻微的蜂鸣声，万用表显示读数为零，完成万用表校正。

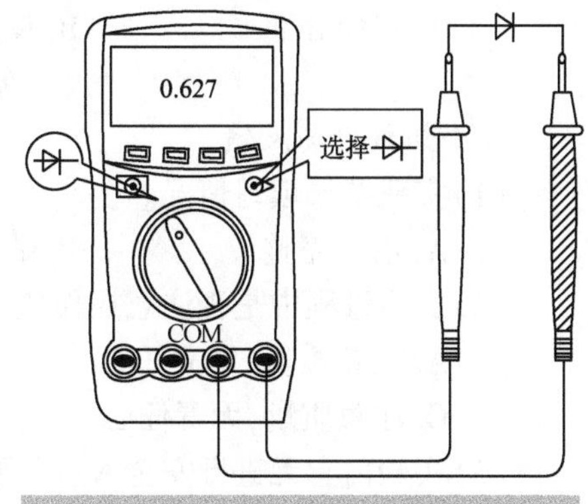

图 5-3　二极管的简易判断

如图 5-3 所示，将万用表的两只表笔分别接二极管的两极测量一次，然后交换万用表的两只表笔再测量一次，如果显示数值为一个方向 0.5 ~ 0.7V，另一方向电压较高（一般显示数字“1”表示超过显示范围）时，表明二极管是好的。若两次电压都低，说明二极管已经被击穿，若两次电压都高，则说明二极管已经断线。

2. 二极管极性的判断

在二极管的性能（好坏）测量过程中，当测得电压值较小时，红表笔与之相接的电极为二极管的正极，黑表笔与之相接的电极为二极管的负极；相反，当测得电压值较高时，红表笔与之相接的电极为二极管的负极，黑表笔与之相接的电极为二极管的正极。

（五）填写实践操作结果

（1）你是否按要求完成万用表的校正？________（是，否）

（2）你对二极管进行测量的结果为：第一次测量电压________，第二次测量电压________。

（3）根据你的测量结果，你所测量的二极管是好的还是坏的？________（好的，坏的）

（4）你对二极管极性的判断是否正确？________（正确，错误）

三、学习拓展

半导体元件种类很多，常用的一种大功率半导体元件称为晶闸管（原名可控硅），晶闸管具有容量大、效率高、控制灵活和使用寿命长等优点，它是大功率电能变换与控制的理想元件。晶闸管变流技术主要应用于可控整流、有源逆变、无源逆变、交流调压、直流载波和无触点功率静态开关等方面。汽车上的某些元件就采用晶闸管来进行工作，比如：永磁式无刷交流发电机利用晶闸管和二极管组成整流电路，并与电压调节器一起来稳定发电机输出电压；柴油车 24V 电源系统中采用晶闸管过电压保护电路来保护某些元件避免在过电压时被损坏。

四、评价与反馈

1. 自我评价与反馈

（1）你是否能主动完成实践操作现场的清洁和整理工作？（　　）

A. 主动完成　　B. 被动完成　　C. 未完成

（2）如果测量显示电压结果读数为 500 ~ 700，则说明万用表显示电压的单位是（　　）。

A. 伏特（V）　　B. 毫伏（mV）　　C. 微伏（μV）

（3）在测量二极管性能判断操作中，如果两次测量结果显示数值均为 0.5 ~ 0.7V，二极管是否还具有单向导电性能（　　）。

A. 具有　　B. 不具有　　C. 不知道

(4)稳压二极管起稳压作用时,它是工作在(　　)状态。

A.正向导通　　B.反向截止　　C.反向击穿

签名:__________　______年______月______日

2.小组评价与反馈

(1)实践结果填写情况。(　　)

A.填写完整　　B.缺失0~40%　　C.缺失40%以上

(2)实施过程中是否注意操作质量和有责任心?(　　)

A.注意质量,有责任心　　B.不注意质量,有责任心

C.注意质量,无责任心　　D.全无

(3)实验前有无进行安全检查并警示其他同学?(　　)

A.有安全检查和警示　　B.有安全检查无警示

C.无安全检查、无警示

(4)总体印象评价。(　　)

A.非常优秀　　B.比较优秀　　C.有待改进

参与评价的同学签名:__________　______年______月______日

3.教师评价

____

____

____

教师签名:__________　______年______月______日

子任务2　半导体三极管认知

半导体元件是数字电路的基础元件,半导体三级管是最常用的半导体元件。本任务主要学习三极管结构、符号、特性、主要参数及其应用。

学习目标

1.掌握三极管的结构、类型、符号、特性、主要参数及其在汽车上的应用;

2.熟悉整流三极管的简单检测方法。

建议学时:4学时。

一、理论知识准备

(一)半导体三极管的基本结构

1.半导体三极管的结构符号及外形

半导体三极管的文字符号一般用VT表示。因半导体三极管是由两个PN结构成的,所以它有NPN型和PNP型两种类型。其图形符号及外形如图5-4 b)、c)所示。

2. 半导体三极管的结构

半导体三极管有三个区和三个电极，如图 5-4a)所示。两个 PN 结的公共部分称为基区，由基区引出的电极称为基极(以字母 b 表示)。基区两侧的部分分别是发射区和集电区，由发射区和集电区分别引出的电极是发射极(以字母 e 表示)和集电极(以字母 c 表示)。基区和发射区之间 PN 结的称为发射结，基区与集电区之间的 PN 结称为集电结。发射极的箭头方向表示发射结正向偏置时电流的方向(由此即能判断管子是 NPN 型还是 PNP 型)。

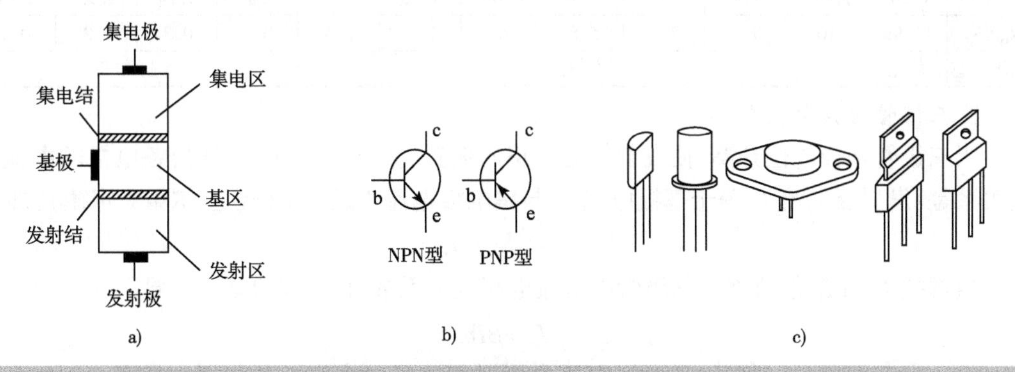

图 5-4　半导体三极管的结构、符号和外形

a)结构；b)符号；c)外形

(二)半导体三极管的工作特性

图 5-5 所示是测试三极管特性的测试电路。当调节电位器 W 改变基极电流 I_b 的大小时，就可以相应测得一组集电极电流 I_c、发射极电流 I_e 以及集电极与发射极间电压 U_{ce} 的数据。表 5-1 是对某三极管的实验测试数据。

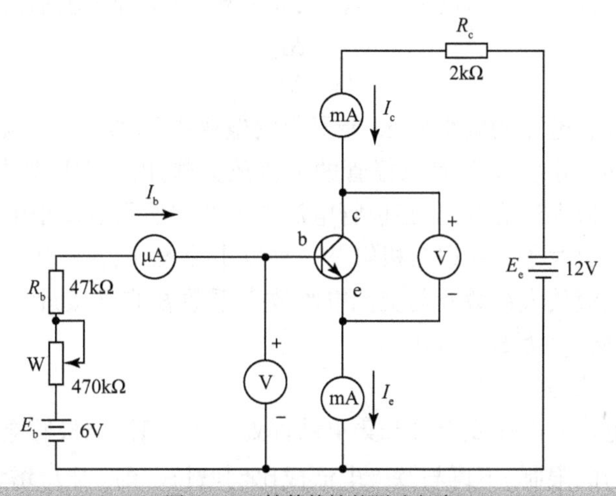

图 5-5　三棱管特性的测试电路

从表 5-1 的实测数据可以看出：三极管有三种工作状态。三种工作状态分别称为：截止状态、放大状态、饱和状态。

1. 三极管的截止状态

当三极管基极电流 $I_b=0$，发射结处于反向偏置或零偏置时，基极相当于开路，I_c 约为零

(I_c 实际上为某一微小的数值,通常把它称为穿透电流,以 I_{ceo} 表示)。这时三极管 c、e 极之间相当于开关的"断开"状态。通常把这种 $I_b=0$ 、$I_c=0$ 的工作状态称为三极管的截止状态。

三极管各电极的电流分配　　表 5-1

I_b(μA)	0	15	20	30	40	50	60	70	80	90	100	120
I_c(mA)	0.01	1	1.4	2.3	3.2	4	4.7	5.3	5.8	5.85	5.85	5.85
I_e(mA)	0.01	1.015	1.4	2.33	3.24	4.05	4.76	5.37	5.88	5.94	5.95	5.97
U_{ce}(V)	11.98	10	9.2	7.4	5.6	4	2.6	1.4	0.4	0.3	0.3	0.3
工作状态	截止	放大							饱和			

2. 三极管的放大状态

当三极管基极电位升高,使发射结处于正向偏置、集电结反向偏置时,各电极的电流分配关系是:发射极电流 I_e 等于基极电流 I_b 与集电极电流 I_c 之和(符合基尔霍夫定律),即

$$I_e = I_b + I_c$$

通常把 I_c 与 I_b 倍数称为三级管的直流电流放大系数,以字母 $\bar{\beta}$ 表示。即

$$I_c = \bar{\beta}Ib$$

在一定范围内(U_{ce}大于 1V 时),基极电流对集电极电流有控制作用。在表 5-1 所列数据中,当 I_b 在 0 ~ 80μA 范围内变化时,较小的 I_b 变化就能引起较大的 I_c 变化。如 I_b 从 40μA 增加到 50μA 时,集电极电流 I_c 就相应从 3.2 mA 增加到 4.0 mA。这样,集电极电流的变化量 ΔI_c 比基极电流的变化量 ΔI_b 要大。

$$\frac{\Delta I_c}{\Delta I_b} = \frac{(4.0-3.2)\times 10^{-3}}{(50-40)\times 10^{-6}} = 80\text{ 倍}$$

通常把上述比值称为三极管的交流电流放大系数,以字母 β 表示,即

$$\beta = \frac{\Delta I_c}{\Delta I_b}$$

由于三极管的基极电流的微小变化,能引起集电极电流的较大变化,且比值基本恒定,因此,可以通过 I_b 来控制 I_c,这就是三极管的电流放大作用。三极管的这种工作状态称为三极管的放大状态。值得注意的是,三极管电流放大的实质是以微小电流控制较大电流,并不是真正把微小电流放大了。所以三极管是一种以小控大、以弱控强的元件。

三极管的直流电流放大系数 $\bar{\beta}$ 与交流电流放大系数 β 非常接近,一般不加以区分。常用三极管电流放大系数 β 为 60 ~ 100。

3. 三极管的饱和状态

当三极管基极电位升高使发射结和集电结都处于正偏时,三极管集电极电流 I_c 受集电结回路最大供电能力的限制,不再与基极电流成比例增长。即:当 I_b 增大使 I_c 增大到 E_c/R_c 时,I_c 的数值不再与 I_b 成 β 比例增长而保持一定值。此时 U_{ce} 约等于零,三极管的 c、e 极之间相当于开关的"闭合"状态。三极管这种工作状态称为三极管的饱和状态。

三极管的三种工作状态都是三极管的正常工作状态。

(三)半导体三极管的主要参数

半导体三极管的主要参数有特性参数和极限参数两种,用来表明管子的性能优劣和应

用范围。

1. 特性参数

(1)电流放大系数β。电流放大系数表示三极管的电流放大能力。

(2)穿透电流I_{ceo}　穿透电流是当$I_b=0$时,极电极与发射极之间的反向电流。I_{ceo}越小,管子的温度稳定性越好。

2. 极限参数

(1)集电极最大允许电流。集电极电流如果超过最大允许电流,三极管β值将明显下降,特性变差。

(2)集—射极反向击穿电压。三极管工作时,集—射极电压应低于此反向击穿电压。否则,三极管将被击穿损坏。

(3)集电极最大耗散功率。集电极在工作时会发热升温,为避免管子因过热而烧坏,而规定的集电极功耗的最大值。大功率三极管必须按要求加装散热片才能确保它安全工作。

(四)半导体三极管的应用

半导体三极管在三种不同工作状态时有不同的性能。半导体三极管在实际使用时通常有两种类型。一种是模拟电子技术的应用,三极管工作在放大状态,利用I_b对I_c的控制作用制作放大器。另一种是数字电子技术的应用,三极管截止时c、e极相当于开关的“断开”,三极管饱和时c、e极之间相当于开关的“闭合”,三极管的这种特性称为开关特性(三极管在截止状态与饱和状态之间的转换过程称为“翻转”,开关三极管每秒能翻转一亿次以上),所以三极管工作在开关状态时相当于一个受控开关。

半导体三极管在汽车上应用广泛。比如:汽车发电机晶体管电压调节器就采用三极管来接通和断开发电机的励磁电路,从而调节(稳定)发电机对外输出电压;汽车电子点火系统也是采用三极管来接通和断开点火线圈初级电路,以达到让点火线圈次级绕组产生高压电使火花塞跳火的目的。

二、实践操作

(一)实践内容

三极管类型、性能(好坏)的简易判断及放大系数的估计。

(二)实践准备

电工电子实验台、NPN型和PNP型两种三极管、万用表、100kΩ左右的电阻等。

(三)技术要求及注意事项

(1)熟知电工电子实验室管理规章制度。

(2)在指导教师的指导下完成操作。

(四)方法与步骤

1. 半导体三极管的类型判别

三极管有NPN型和PNP型两种。由于三极管有两个PN结,因此可根据PN结正向电阻小、反向电阻大的特点,利用万用表的欧姆挡来判别三极管是NPN型还是PNP型。

如图5-6 a)所示,先将指针式万用表的旋钮拨到电阻挡$R\times100$或$R\times1\mathrm{k}$处,然后将黑表笔接假定的基极,用红表笔依次接另外两个极。若两次测得的电阻都较小;且当对调黑红表笔重复上述测量时,两次测得的电阻都较大,则原假定基极成立,而且该二极管为 NPN 型,反之为 PNP 型。

2. 半导体三极管性能(好坏)的判别

如图 5-6b)所示,将万用表的旋钮拨到电阻挡 $R\times1\mathrm{k}$ 位置,如果是 NPN 型管子,使黑表笔与集电极 c 相接红表笔与发射极 e 相接(对于 PNP 型应将两表笔对调)进行测量。对于质量较好的三极管,此时测得阻值应较大。若阻值太小就表明三极管的热稳定性能差,已基本不能使用;若阻值接近或等于零,则三极管内部已被击穿不能使用;若阻值慢慢减小,则三极管的热稳定性能极差,也不能使用。

3. 放大系数 β 的估计

如图 5-6c)所示,先按图 5-6b)测得三极管 c、e 间的电阻,然后在 c、b 间接入一个 100kΩ 左右的电阻(或用手指捏住 c、b 两极但不能使它们相碰)。此时 c、e 间的电阻越小,即指针偏转角度越大,就表明 β 越大。若此时指针偏转角度甚微或根本不变,则三极管的放大性能极弱或已失去放大能力,不能使用。

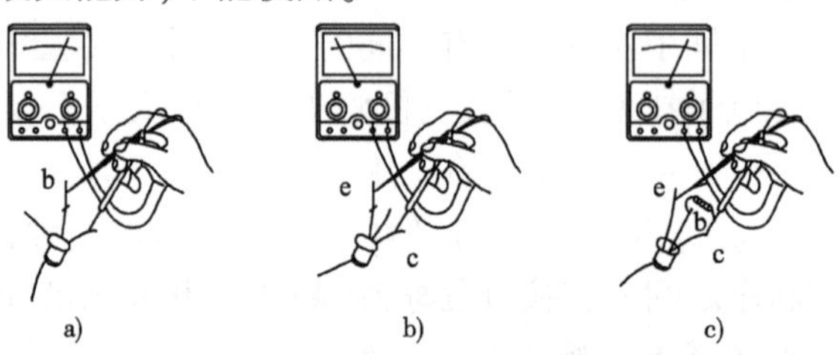

图 5-6 三极管的简易测试

a)型号判断;b)好坏判断;c)放大系数的估算

(五)填写实践操作结果

(1)你是否能通过测量对三极管类型进行判断________(是、否);你所测量的三极管是属于哪种类型?________(NPN 型、PNP 型)

(2)如果是 NPN 型三极管,将万用表黑表笔与集电极 c 相接,红表笔与发射极 e 相接(对于 PNP 型应将两表笔对调),测量的电阻值为:________。

(3)根据你的测量结果,你所测量的三极管是________(质量较好、质量较差、已经击穿)。

(4)根据你的测量结果对放大系数进行估计,你所测量的三极管放大系数________(大、小)。

三、学习拓展

随着电子技术在汽车上的应用越来越广泛,三极管作为开关使用时,具有响应速度快、无机械磨损、无电弧干扰等优点,因此三极管在汽车电控技术中的应用也越来越多。

四、评价与反馈

1. 自我评价与反馈

(1)你是否能主动完成实践操作现场的清洁和整理工作?(　　)

A. 主动完成　　B. 被动完成　　C. 未完成

(2)如果性能测量过程中,显示电阻结果读数接近或等于零,则三极管(　　)。

A.被击穿不能使用　　B.可以正常使用　　C.不知道

(3)半导体三极管是由(　　)个PN结构成的半导体元件。

A.1　　B.2　　C.3

(4)半导体三极管在(　　)工作时,大电流 I_c 受小电流 I_b 的控制(即 I_c 随 I_b 的变化而变化)。

A.截止状态　　B.放大状态　　C.饱和状态

签名:__________ ______年______月______日

2.小组评价与反馈

(1)实践结果填写情况。(　　)

A.填写完整　　B.缺失0%~40%　　C.缺失40%以上

(2)实施过程中是否注意操作质量和有责任心?(　　)

A.注意质量,有责任心　　B.不注意质量,有责任心

C.注意质量,无责任心　　D.全无

(3)实验前有无进行安全检查并警示其他同学?(　　)

A.有安全检查和警示　　B.有安全检查无警示

C.无安全检查、无警示

(4)总体印象评价。(　　)

A.非常优秀　　B.比较优秀　　C.有待改进

参加评价的同学签名:__________ ______年______月______日

3.教师评价

____

____

____

教师签名:__________ ______年______月______日

子任务3　整流电路的组成及工作原理认知

将交流电转变为直流电的过程称为整流,担任整流任务的电路就称为整流电路。整流电路是利用整流二极管的单向导电性能将交流电转变为直流电的,汽车交流发电机整流器是整流电路的实际应用元件。本任务主要学习整流电路的组成、工作原理及其应用。

1.掌握整流电路的类型及组成;

2.熟悉整流电路的工作原理;

3.熟悉交流发电机整流器的检测。

建议学时:4学时。

一、理论知识准备

通常整流电路可分为半波整流电路与全波整流电路两种类型。如果按被整流的交流电的相数不同,又可分为单相整流电路和三相整流电路。

(一)单相半波整流电路

1. 单相半波整流电路组成

图5-7是带电阻负载的单相半波整流电路。电路由交流电源 U_{ab}(电源电压应在适当范围内)、整流二极管VD及负载电阻 R 组成。

2. 单相半波整流电路工作原理

电源电压 U_{ab}(正弦交流电)波形如图5-8a)所示,在正半周内,a端为正、b端为负,二极管VD在正向电压作用下导通,若忽略二极管导通时的管压降,负载两端的电压就等于 U_{ab}。在负半周内,a端为负、b端为正,二极管在反向电压作用下截止,负载两端的电压为零。随着 U_{ab} 周而复始的变化,负载电阻 R 上就得到如图5-8b)所示的电压和电流波形。因为这种整流电路在输入正弦电压的一个周期内,输出的电压只有半个正弦波形,所以称为半波整流电路。

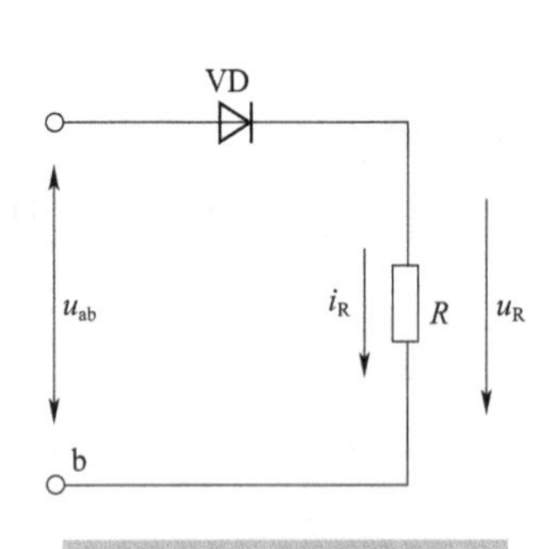

图5-7 单相半波整流电路

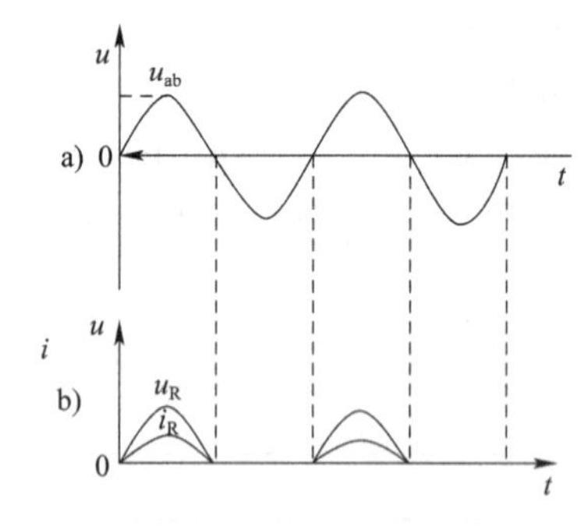

图5-8 单相半波整流电路的电压和电流波形

(二)单相全波整流电路

1. 单相全波整流电路组成

单相全波整流电路又称单相桥式全波整流电路。图5-9a)为常见的桥式整流电路。电路由交流电源 u_{ab}、整流二极管 VD_1、VD_2、VD_3、VD_4 及负载电阻 R 组成。图5-9b)是桥式整流电路的简化画法。

2. 单相全波整流电路工作原理

电源电压 u_{ab}(正弦交流电)波形如图5-9c)所示,在正半周内,a端为正、b端为负,二极管 VD_1、VD_3 在正向电压作用下导通,VD_2、VD_4 在反向电压作用下截止,电流从a端经 VD_1、R、VD_3 流向b端(图中实线箭头),此时负载 R 两端的电压就等于 u_{ab}。在负半周内,a端为负、b端为正,二极管 VD_2、VD_4 在正向电压作用下导通,VD_1、VD_3 在反向电压作用下截止,电流从b端经 VD_2、R、VD_4 流向a端(图中虚线箭头)。由图可知,尽管 u_{ab} 的方向发生了变化,但流过负载 R 的电流方向却不变。负载 R 的电压和电流波形如图5-9c)所示。由于这种整流电路在整个周期内都有输出,所以称为全波整流电路。

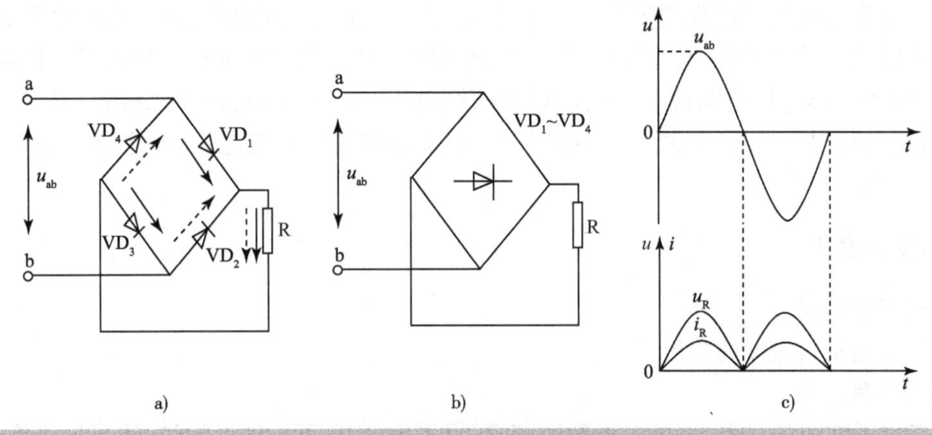

图5-9　单相桥式全波整流电路及电压和电流波形

a)整流电路;b)整流电路的简化画法;c)整流电路的电压及电流波形

由以上分析可知,全波整流时,负载 R 的电压和电流都比半波整流时大一倍。

(三)汽车交流发电机整流电路

1. 交流发电机整流电路组成

汽车交流发电机定子绕组产生的三相交流电,经过整流器整流电路整流后转变为直流电对外输出。发电机的整流电路一般用六只硅二极管接成三相桥式全波整流电路,如图5-10a)所示。

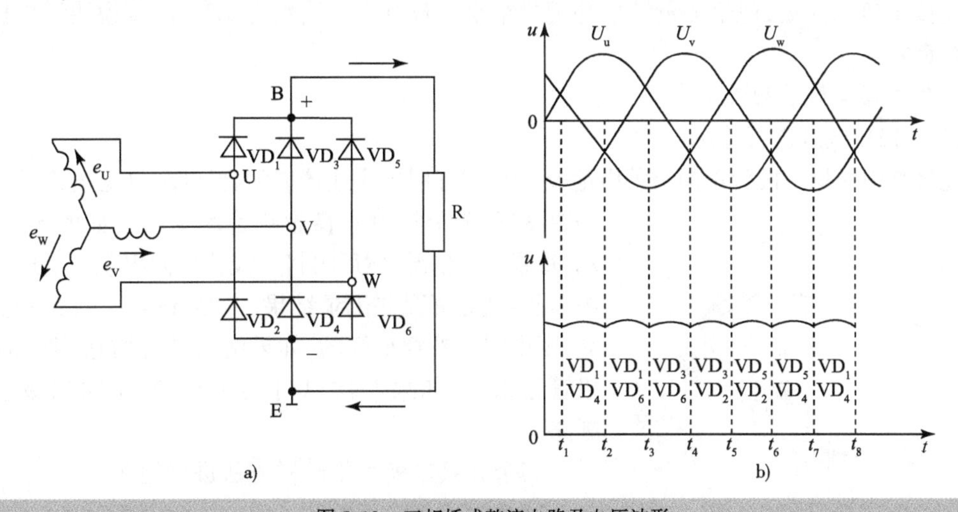

图5-10　三相桥式整流电路及电压波形

a)整流电路;b)电压波形

2. 交流发电机整流电路工作原理

三相桥式全波整流电路中,三只正极二极管 VD_1、VD_3、VD_5 的负极连接在一起,它们的正极分别与三相绕组的首端相连。这三只管子的导通条件为:某一瞬间,三相绕组哪一相的电压最高,则该相的二极管导通。三只负极二极管 VD_2、VD_4、VD_6 的正极连接在一起,它们的负极分别与三相绕组的首端相连。这三只管子的导通条件为:某一瞬间,三相绕组哪一相的电压最低,则该相的二极管导通。

在交流发电机工作过程的每个时间区间,总是某一相的电压最高,某一相的电压最低,整流电路的六只硅二极管中,始终保持一对二极管(一只正极二极管和一只负极二极管)导通,用电设备(负载)R 两端得到的是两相间的线电压。依此类推,六只二极管一对一对的轮流导通,则在用电设备(负载)R 上得到一个较平稳的脉动直流电压,每个周期有六个波形,如图 5-10 b)所示。

二、实践操作

(一)实践内容

交流发电机整流器的检测。

(二)实践准备

电工电子实验工作台、交流发电机整流器、万用表、12V 蓄电池及试灯、连接导线等。

(三)技术要求及注意事项

(1)熟知电工电子实验室管理规章制度。

(2)在指导教师的指导下完成实践操作。

(四)实践方法与步骤

1. 整流器元件板(散热器)的检测

(1)目测元件板是否脏污、烧蚀、破损。

(2)检测两块正负元件板之间是否绝缘:将万用表选至欧姆挡,将万用表黑红两只表笔分别连接正负元件板,观察测量结果并记录结果。若万用表读数为无穷大,则说明元件板之间绝缘良好。

2. 整流器二极管的检测

1)用 12V 试灯进行检测

先将其中一只二极管正向与蓄电池及 12V 试灯用导线连接成闭合回路(注意各部分连接是否良好,避免接触不良影响检测结果),如图 5-11 所示,观察试灯情况;然后再将二极管反向串联于上述电路中,观察试灯情况并记录结果。如果试灯一次亮一次不亮,则说明二极管是好的;如果两次试灯均亮,则说明二极管已击穿;如果两次试灯均不亮,则说明二极管已断路。

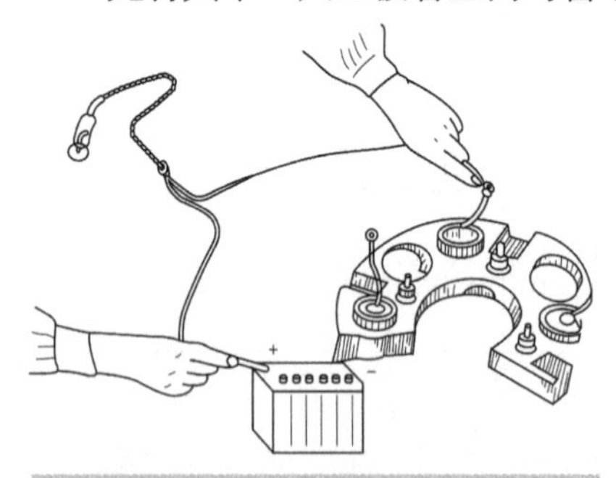

图 5-11　二极管检测简易电路

其余五只二极管用同样方法进行检测。

2)用万用表进行检测

将万用表选择至测二极管挡位(带蜂鸣器),短接黑红表笔至读数为零。

用万用表的黑红两只表笔分别连接到其中一只正二极管的两极(注意:正二极管的引线为二极管正极,管壳为二极管负极),观察并记录测量结果,然后交换两只表笔再测量一次,观察并记录测量结果。

然后把整流器翻转方向,将万用表的黑红两只表笔分别连接到其中一只负二极管的两极(注意:负二极管的引线为二极管负极,管壳为二极管正极),观察并记录测量结果,然后交换两只表笔再测量一次,观察并记录测量结果。

如果一次测量电压为0.5~0.7V,而另一次电压较高(显示结果为无穷大,即超过万用表量程),则说明二极管是好的;如果两次测量结果都小则二极管已击穿;如果两次测量结果都大则说明二极管已断线。

其余二极管用同样方法检测。

(五)填写实践操作结果

整流器检测实践操作结果见表5-2。

整流器检测实践操作结果 表5-2

序号	内 容	检 测 结 果	自 评
1	准备工作	发电机整流器( )万用表( )12V试灯( )蓄电池( )导线( )毛巾( )记录单( )笔( )	好( ) 中( ) 差( )
2	元件板的检测	①目测元件板是否脏污、烧蚀、破损 有( ) 无( )	好( ) 中( ) 差( )
		②检测两块正负元件板之间是否绝缘 绝缘良好( ) 绝缘不好( )	好( ) 中( ) 差( )
3	二极管的检测	①用12V试灯进行检测 VD_1:好( )坏( )VD_4:好( )坏( ) VD_2:好( )坏( ) VD_5:好( )坏( ) VD_3:好( )坏( ) VD_6:好( )坏( )	好( ) 中( ) 差( )
		②用万用表进行检测 VD_1:正向电压:________ 反向电压:________ 结果判断:好( )坏( ) VD_2:正向电压:________ 反向电压:________ 结果判断:好( )坏( ) VD_3:正向电压:________ 反向电压:________ 结果判断:好( )坏( ) VD_4:正向电压:________ 反向电压:________ 结果判断:好( )坏( ) VD_5:正向电压:________ 反向电压:________ 结果判断:好( )坏( ) VD_6:正向电压:________ 反向电压:________ 结果判断:好( )坏( )	好( ) 中( ) 差( )

三、学习拓展

在三相桥式全波整流电路中,由于每只二极管在交流电的每个周期内只有1/3的时间导通,所以,流过每只二极管的平均电流也只是负载电流的1/3。

四、评价与反馈

1. 自我评价与反馈

(1)你是否能主动完成实践操作现场的清洁和整理工作?(　　)

A. 主动完成　　B. 被动完成　　C. 未完成

(2)使用试灯测量和使用万用表测量二极管性能结果是否一致。(　　)

A. 一致　　B. 不一致　　C. 不知道

(3)汽车发电机的整流电路一般至少用(　　)硅二极管接成三相桥式全波整流电路。

A. 4 只　　B. 5 只　　C. 6 只

(4)汽车发电机整流电路工作时,三只正二极管的导通条件为:某一瞬间,三相绕组哪一相的电压(　　),则该相的二极管导通。

A. 最低　　B. 最高　　C. 为零

签名:____________　______年______月______日

2. 小组评价与反馈

(1)实践结果填写情况。(　　)

A. 填写完整　　B. 缺失 0 ~ 40%　　C. 缺失 40% 以上

(2)实施过程中是否注意操作质量和有责任心?(　　)

A. 注意质量,有责任心　　B. 不注意质量,有责任心

C. 注意质量,无责任心　　D. 全无

(3)实验前有无进行安全检查并警示其他同学?(　　)

A. 有安全检查和警示　　B. 有安全检查无警示　　C. 无安全检查、无警示

(4)总体印象评价。(　　)

A. 非常优秀　　B. 比较优秀　　C. 有待改进

参与评价的同学签名:____________　______年______月______日

3. 教师评价

____

____

____

教师签名:____________　______年______月______日

子任务 4　基本放大电路及集成运算放大器认知

任务描述

放大电路的应用非常广泛,它能用晶体管的电流控制功能将微弱的电信号增强到一定的数值,以便人们测量和使用。集成运算放大器(简称集成运放)是一种高放大倍数的直接耦合放大器,是用途极为广泛的模拟电子集成电路产品。本学习任务主要学习基本放大电路组成及工作、集成运算放大器的组成与用途。

1. 基本放大电路组成及工作；

2. 集成运算放大器的组成与用途。

建议学时：2 学时。

一、理论知识准备

（一）基本放大电路

在我们的日常生活中，放大电路的应用非常广泛，例如我们常用的收音机、扩音器及汽车上的电子控制系统中，都含有晶体管构成的放大电路，它能用晶体管的电流控制功能将微弱的电信号增强到一定的数值，以便人们测量和使用。

放大电路的形式和种类很多，主要可分为交流放大电路和直流放大电路两种。按放大的对象可分为电压、电流和功率放大电路；按放大电路的工作频率可分为低频、中频和高频放大电路；按放大电路中三极管的连接方式可分为共发射极、共集电极和共基极放大电路等，在日常生活中，用的较多的是前两种电路。图 5-12 所示为放大电路的三种基本连接方式。

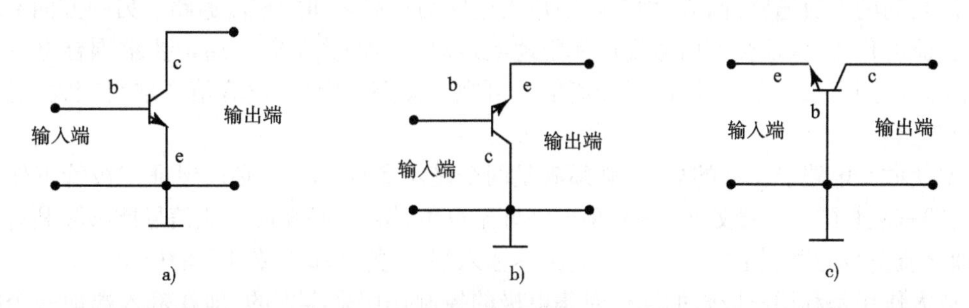

图 5-12　放大电路的三种基本连接方式

a）共发射极接法；b）共集电极接法；c）共基极接法

1. 共发射极放大电路

1）电路的组成及其放大作用

如图 5-13 所示，共发射极电路以三极管的发射极作为信号的公共端，以基极作为信号的输入端，集电极作为信号的输出端。信号从基极和发射极输入，经放大后从集电极和发射极输出。

电路中各组成元件的作用如下：

（1）三极管 VT。三极管是放大电路中的放大元件，具有电流放大作用。直流电源 E 供给能量，微弱的输入信号通过三极管的控制作用，在输出端获得一个能量较大的信号。

（2）直流电源 E。E 除为放大器提供能量外，还保证集电结为反向偏置，发射结为正向偏置，以使三极管起到放大作用。一般为几伏至几十伏。

（3）集电极电阻 R_c。其作用是将集电极电流的变化转变为集电极电压的变化，以实现电压放大。电阻 R_c 的阻值一般在几千欧至几十千欧范围内。

（4）基极偏置电阻 R_b。其作用是与 E 一起保证发射结处于正向偏置，并提供合适的基

极电流 I_B,以使放大电路获得合适的工作点。其值一般在几十千欧至几百千欧范围。

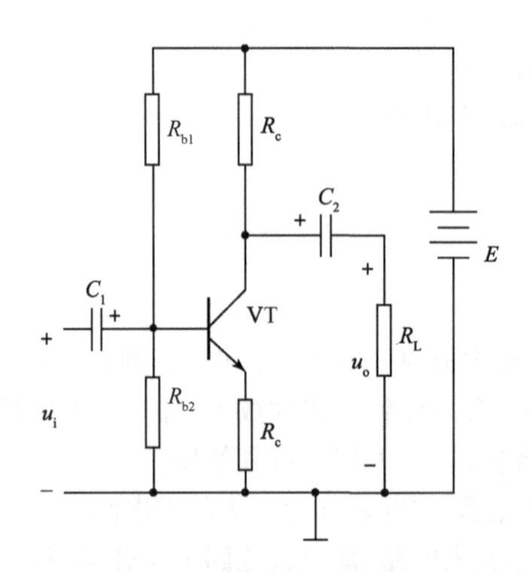

图 5-13　共发射极放大电路

(5)耦合电容 C_1、C_2。又称隔直电容,它们一方面起隔直作用,C_1 用来隔断放大电路与信号源之间的直流通路,而 C_2 用来隔断放大电路与负载之间的直流通路。另一方面又起到耦合交流的作用,保证交流信号畅通无阻地经过放大电路到负载。通常要求耦合电容上的交流压降小到可以忽略不计,即对交流信号可视为短路。因此,电容值要取得较大,通常采用电解电容。

要使放大电路能正常的放大,必须满足两个基本条件:第一,必须保证三极管工作在放大区,即三极管的发射结处于正偏,集电结处于反偏;第二,必须使交流信号能够顺利进行传输,即交流信号能顺利地加入到放大电路的输入端,又能从输出端顺利的取出。

放大作用是利用三极管的基极对集电极的控制作用来实现的,即在输入端加一个能量较小的信号,通过三极管的基极电流去控制集电极电流,从而将直流电源的能量转化为我们所需要的形式提供给负载。因此放大作用实质上是放大器件的控制作用。放大器实质上是一种能量控制器件。

在汽车上,用到放大电路的地方很多,例如,放大电路能够把传感器采集的微弱信号进行放大,然后传输到汽车电控单元(ECU)。对于控制电路,三极管放大电路可以将功率较小的控制信号放大成为功率较大的信号以驱动执行元件,如继电器、电磁阀等。

2)放大电路的静态

当放大电路没有输入信号时,电路中各处的电压电流都是不变的直流,称为直流工作状态或静态。静态时,三极管各电极的电流和各电极间的电压分别用 I_B、I_C、U_{BE}、U_{CE} 表示,它们的数值将在输出特性曲线上确定一点,称为静态工作点 Q,它由电源、电阻 R_B 和 R_C 共同决定。

3)放大电路的动态

当电路加上输入信号后,电路中各处的电压、电流均在静态值的基础上产生相应的变化,称为动态。动态分析是在静态值确定后分析信号的传输情况,考虑的只是电流和电压的交流分量。

4)放大电路的工作情况

未加输入信号时,三极管各电极间的电压和各电极电流为恒定的直流量(I_B、I_C、U_{CE});加输入信号后,i_B、i_C、u_{CE}都在原来静态的基础上,又叠加了一个交流量。虽然i_B、i_C、u_{CE}的瞬时值是变化的,但其方向始终不变。

输出电压u_o的值比输入电压u_i的值大许多,而且u_o与u_i为同频率的正弦波。

共发射极电路具有倒相作用,这是共发射极放大电路的一个重要特性。

从放大的角度出发,要求信号既能被放大,又要不失真或失真小,则必设置合适的静态工作点。对于小信号放在电路来说,静态工作点的位置必须保证在交流信号的整个周期内,三极管都处于放大区域内,不能进入特性曲线饱和区或截止区,否则将引起饱和失真(静态工作点过高)或截止失真(静态工作点过低)。另外,如果输入信号幅度过大,则可能同时出现截止失真和饱和失真。

2. 放大电路的工作点稳定问题

通过前面的讨论可知,静态工作点在放大电路中是很重要的,它不仅关系到波形失真,而且对电压增益也有重要影响,所以在放大电路中,为获得较好的性能,必须设置一个合适的静态工作点。在前面讨论的简单共发射极电路中,由于电路简单,当更换管子或是环境温度变化引起管子参数变化时,电路的工作点往往会移动,甚至移动到不合适的位置而使放大电路无法正常工作。

工作点不稳定的原因很多,例如电源电压的变化、电路参数变化、管子老化等,但主要是由于三极管的特性参数随温度变化造成的。一般通常采用分压偏置电路来解决工作点不稳定问题。

(二)集成运算放大器

集成运算放大器(简称集成运放)是一种高放大倍数的直接耦合放大器,是用途极为广泛的模拟电子集成电路产品。由于采用直接耦合,即把前级电路的输出端和后级电路的输入端直接连接起来,因此集成运算放大器既可以放大交流信号,也可以放大变化极为缓慢的信号。它常用于测量、计算、控制、信号波形的产生和变换等领域。

1. 集成运算放大器的组成

集成运放基本组成主要有输入级、中间放大级、输出级和偏置电路四部分,如图5-14所示。

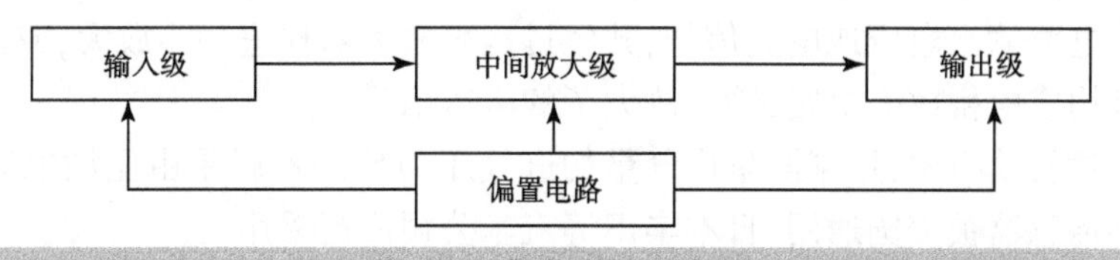

图5-14　集成运放组成框图

2. 集成运放的符号与基本特性

1)集成运放的符号

集成运放的图形符号如图5-15所示,它有两个输入端(反相输入端和同相输入端)和一个输出端,反相输入端标有“-”号,同相输入端标有“+”号,它们对地的电压分别用$u-$和$u+$表示。

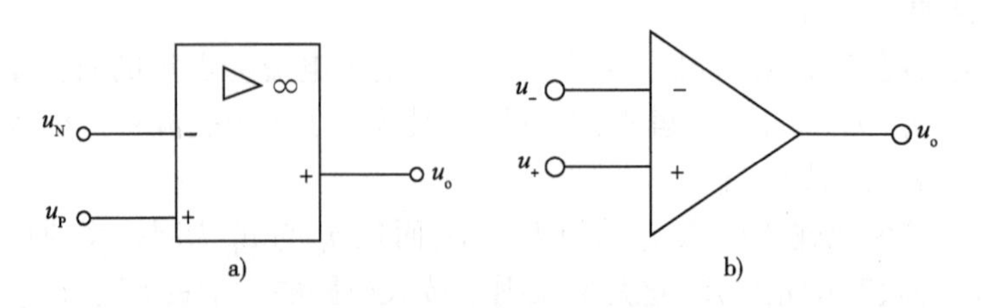

图5-15　集成运算放大器的图形符号
a)集成运放的图形符号；b)国际常用表示符号

2)理想运算放大器及其基本特性

集成运放的电压传输特性是表示开环时输出电压与输入电压之间的关系曲线，如图5-16所示。运放工作在线性放大区时，输出电压 u_o 和两个输入端之间的电压的函数关系是线性的。

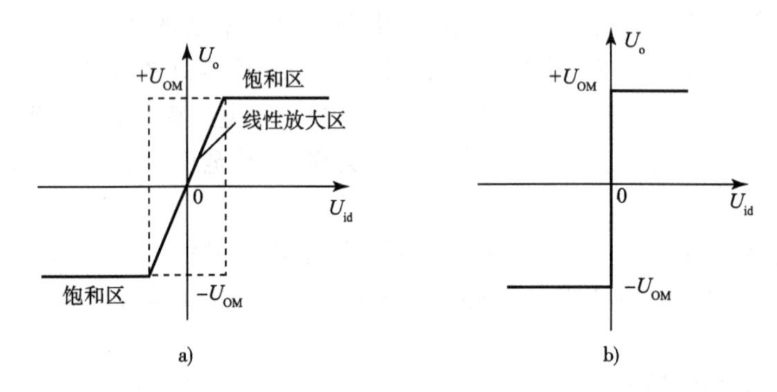

图5-16　集成运放的电压传输特性
a)集成运放的电压传输特性；b)理想集成运放的电压传输特性

3. 集成运放在汽车上的应用举例

集成运算放大器在汽车电子控制系统中主要用于信号的运算、处理、变换和测量。

1)电桥放大电路

由传感器电桥和运算放大器组成的放大电路或由传感器和运算放大器组成的电桥都称为电桥放大电路。它应用于电参量式传感器，如电感式、电阻应变式、电容式传感器等，经常通过电桥转换电路输出电压或电流信号，并经过运算放大器作进一步放大，或由传感器和运算放大器直接构成电桥放大电路，输出放大了的电压信号。

在汽车电喷发动机中，用来测量进气量的进气压力传感器就是由压敏电阻和集成运放制成的。该种传感器被美国通用、日本丰田等汽车公司广泛采用。

2)集成运放在幅值比较方面的应用

集成运放工作在非线性区时，可构成幅值比较器(电压比较器)。其功能是对送到集成运放输入端的两个信号进行比较，并在输出端以高、低电平的形式得到比较结果。值得注意的是，电压比较器是工作于非线性区的集成运放。它的两个输入电压中，一个是基准电压，另一个是被比较的输入电压，当两个电压不相等时，集成运放的输出电压不是等于正电源电压就是等于零(单电源供电时，若采用负电源供电，就等于负电源电压)。在汽车电路中用于信号测量、越限报警灯电路。比较器最常见的应用电路有三种形式:简单电压比较器、滞回电压比较器和窗口比较器。以下是简单电压比较器的应用。

(1)简单电压比较器。简单的电压比较器电路及传输特性如图 5-17 所示。

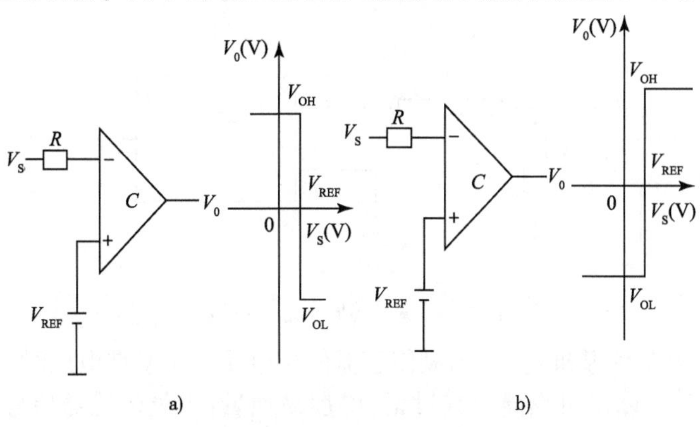

图 5-17　电压比较器电路及传输特性
a)反向单门限比较器;b)同向单门限比较器

(2)过零比较器。如果参考电压为零,那么当输入信号每经过一次零时,输出电压就会发生跳变,这种比较器称为过零比较器。其电路和传输特性如图 5-18 所示。

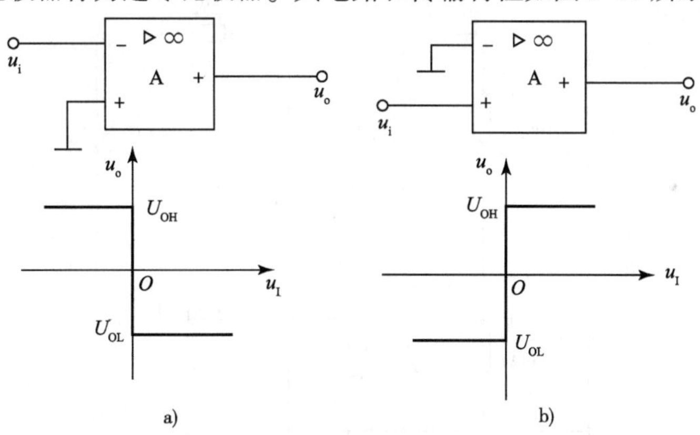

图 5-18　过零比较器
a)反相输入;b)同相输入

3)简单电压比较器在汽车电子电路中的应用

(1)氧传感器通过电压比较器与 ECU 之间进行信号传递。

发动机电子控制燃油喷射的主要目的就是控制发动机在理论空燃比附近工作,保证排放符合法规要求。在电喷发动机闭环控制系统中,氧传感器担着向 ECU 传递发动机是否工作在理论空燃比附近信息的任务。在浓可燃混合气燃烧时(小于理论空燃比),排气中的氧消耗殆尽,氧传感器几乎不产生电压;在稀可燃混合气燃烧时(大于理论空燃比),排气中还含有部分多余的氧气,氧传感器产生约为 1V 的电压。控制系统根据氧传感器的输出信号对喷油量进行修正。电子控制系统规定,当氧传感器输出电压大于 0.5V 时,认为可燃混合气过浓;小于 0.5V 时,认为可燃混合气过稀。氧传感器与 ECU 之间就是通过电压比较器进行信号传递的。

图 5-19 所示为氧传感器与电压比较器及 ECU 的连线原理图。

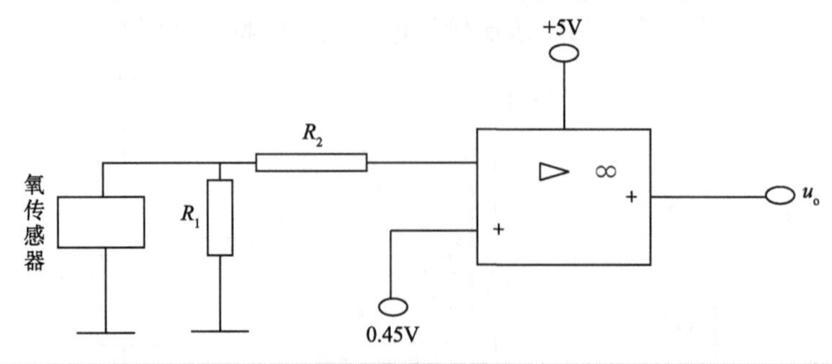

图 5-19　氧传感器与电压比较器

ECU 设定 0.45V 为基准电压,当氧传感器信号电压大于基准电压时,比较器输出 u_o 约为 0V,送给 ECU 可判断出可燃混合气过稀,增加喷油量;当氧传感器信号电压小于基准电压时,比较器输出电压约为 0.5V,送给 ECU 判断为可燃混合气过浓,减少喷油量。

(2)蓄电池电压过低报警电路。

如图 5-20 所示,电路由集成运放(LM741)、电阻、稳压管(VZ)及发光二极管(LED)组成。

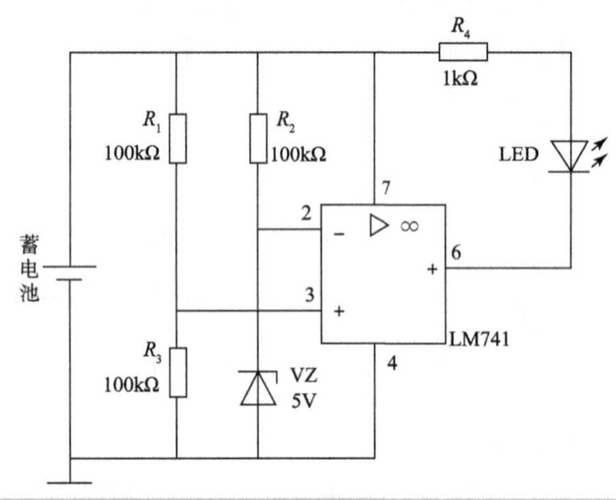

图 5-20　蓄电池电压过低报警电路

电阻 R_2 与稳压管 VZ 组成电压基准电路,向比较器提供 5V 的基准电压;基准电压接在反相输入端。R_1、R_3 组成分压电路,中间点作为电压检测点,即输入信号接在同相输入端。当蓄电池电压高于 10V 时,输入信号电压大于基准电压,则比较器输出电压为蓄电池电压(10 ~ 12V),发光二极管因承受反向电压不发光,表示蓄电池电压正常;当蓄电池电压低于 10V 时,输入信号电压小于基准电压,则比较器输出电压为零,发光二极管承受正向电压导通而发光,就可以表示蓄电池电压过低。

二、实践操作

(一)实践内容

蓄电池电压过低报警电路工作测试。

(二)实践准备

电工电子实验工作台、两个标称电压均为12V的蓄电池(一个实际电压为12V、另外一个实际电压为9V)、连接导线等。

(三)技术要求及注意事项

(1)熟知电工电子实验室管理规章制度。

(2)在指导教师的指导下完成实践操作。

(四)实践方法与步骤

如图5-20所示,用导线将用来实验的其中一个蓄电池连接至蓄电池电压过低报警电路中,观察发光二极管(LED)是否发光,并记录下测试结果。然后用导线将用来实验的另外一个蓄电池连接至蓄电池电压过低报警电路中,观察发光二极管(LED)是否发光,并记录下测试结果。

通过两次测试结果,判断测试电路是否能正常工作。

(五)填写实践操作结果

(1)你是否能够按要求完成蓄电池电压过低报警电路的工作测试? ________(是) ________(否)。

(2)你在第一次把一个蓄电池接入测试电路时,发光二极管________(发光、不发光)。

(3)你在第二次把另外一个蓄电池接入测试电路时,发光二极管________(发光、不发光)。

(4)通过你的测试操作进行判断,测试电路是否能正常工作________(能、不能)。

三、学习拓展

在实际使用中,应该根据电路的具体需要选择相应的集成运放,对于汽车电子产品中用到的大部分集成运放,因为受汽车供电系统的制约,多为单电源产品。

四、评价与反馈

1. 自我评价与反馈

(1)你是否能主动完成实践操作现场的清洁和整理工作?(　　)

A. 主动完成　　B. 被动完成　　C. 未完成

(2)测试过程中,发光二极管在两次连接不同蓄电池时都不发光或者都发光,说明是(　　)。

A. 蓄电池的问题　　B. 测试电路的问题　　C. 不知道

(3)放大电路有两种工作状态,当$u_i=0$时电路的状态称为(　　)。

A. 静态　　B. 动态

C. 不稳定态

(4)氧传感器与ECU之间通过电压比较器进行信号传递时,当氧传感器信号电压小于基准电压时,比较器输出电压约为(　　),送给ECU判断为可燃混合气过浓,则ECU控制喷油器减少喷油量。

A. 0V　　B. 0.5V　　C. 1V

签名:____________　______年______月______日

2. 小组评价与反馈

(1)实践结果填写情况。(　　)

A. 填写完整　　B. 缺失0% ~40%　　C. 缺失40%以上

(2)实施过程中是否注意操作质量和有责任心?(　　)

A. 注意质量,有责任心　　B. 不注意质量,有责任心

C. 注意质量,无责任心　　D. 全无

(3)实验前有无进行安全检查并警示其他同学?(　　)

A. 有安全检查和警示　　B. 有安全检查无警示

C. 无安全检查、无警示

(4)总体印象评价。(　　)

A. 非常优秀　　B. 比较优秀　　C. 有待改进

参与评价的同学签名:__________　______年______月______日

3. 教师评价

____

____

____

教师签名:__________　______年______月______日

学习任务六　数字电路基本知识认知

任务要求

完成本学习任务后,你应该能:

1. 理解数字电路基础知识;
2. 掌握基本门电路的结构与功能;
3. 掌握触发器逻辑功能及触发方式。

建议学时:12 学时。

任务概述

汽车自问世以来,都在不断地向信息化与智能化方向发展,而汽车的信息化与智能化离不开各种数字电路的应用,如汽车发动机电脑板和一些控制电路。本学习任务主要学习数字电路的基本知识。

主要学习任务

1. 逻辑门电路认知;
2. 集成门电路认知;
3. 集成触发器应用。

子任务 1　逻辑门电路认知

任务描述

数字电路的发展与模拟电路一样经历了由电子管、半导体分立器件到集成电路等几个时代。现代汽车的检测电路、音响电路等广泛采用了数字电路技术。本任务主要学习数字电路基本知识、简单的数制转换和基本的逻辑门电路。

学习目标

1. 了解数字信号的应用;
2. 理解数制的转换方法;
3. 掌握与门电路的应用。

建议学时:4 学时。

一、理论知识准备

(一)数字电路基础知识

1. 数字电路的特点

电子电路分成两大类:一类叫模拟电路;另一类叫数字电路。这两种类型的电子电路是以它们所处理的电信号的不同来区分的。所谓模拟信号就是信号数值在时间上连续变化的电信号。例如我们所熟悉的正弦波信号就是一种典型的模拟信号,如图6-1a)所示。数字信号是一种信号数值在时间上不连续变化的电信号,例如现代汽车上的曲轴位置传感器信号和用于故障自诊的故障码等,就是一种典型的数字信号,如图6-1b)所示。

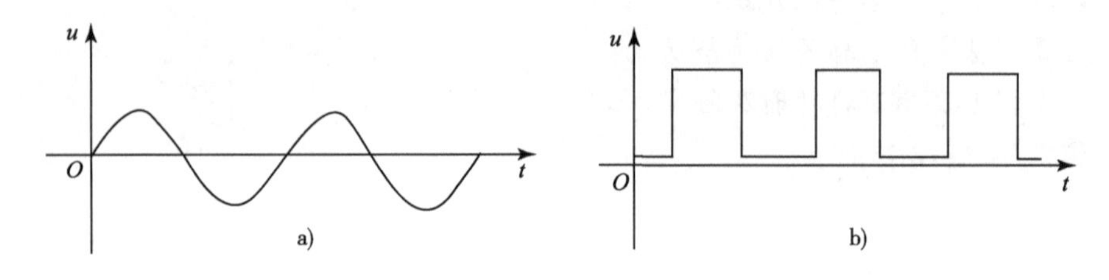

图6-1 模拟信号与数字信号
a)模拟信号;b)数字信号

数字信号的特点是不随时间连续变化,即信号的变化只发生在一系列离散的瞬间,信号的数值是阶跃变化的。数字信号只有两种状态:高电平、低电平,或者有信号、无信号。在数字电路中,通常把这两种状态用两个符号来表示,即“1”和“0”,也即逻辑1和逻辑0。高电平或有信号用“1”表示,低电平或无信号用“0”表示,这称为正逻辑;相反,低电平或无信号用“1”表示,高电平或有信号用“0”表示,这称为负逻辑。在数字电路的逻辑设计中,有时用正逻辑,有时用负逻辑,一般无特殊声明时,一律采用正逻辑。

数字电路也可以进行逻辑运算与判断,此时它大多处理“二值逻辑”问题。例如“真”和“假”,“是”和“非”,“有”和“无”等。因此,可用电路的两种截然不同的状态来表述:例如三极管的饱和导通(开)和截止(关),电平的“低”和“高”两种状态。这就使得数字电路的基本单元电路简单,对元件的精度要求也不太严格,很适合做成集成电路。

数字电路重点研究输入信号和输出信号之间的逻辑关系,它的数学分析工具是逻辑代数(又称为“布尔代数”“开关理论”),描述电路逻辑功能的主要方法是逻辑变量的真值表、逻辑函数式、卡诺图、特性方程、状态转换图、时序图、逻辑电路等。其输入与输出的数据以及控制与操作的变量都是数字信号。该电路中含有对数字信号进行传送、逻辑运算、控制、计数、寄存、显示,以及信号的产生、整形、变换等不同功能的数字电路部件。

数字电路结构简单,易于制造,便于集成化系列化生产,成本低廉,使用方便;由数字电路组成的数字系统,工作准确可靠,精度高,保密性好,抗干扰能力强;在电子数字计算机、自动控制、电视、雷达、通信、数字仪表、汽车电路,航空航天等各个领域中都得到了广泛的应用。

2. 数制和码制

1)数制

数制是指数的表示方法。常用的数制有十进制和二进制两种。

(1)十进制。在表示数值大小时,允许使用的数字符号的个数称为基数。十进制在表示数值大小时允许使用0~9十个数字符号,因此其基数是10。以10为基数,进位规则是"逢十进一"的数制就称为十进制。

十进制数可用各位数值之和的形式表示。例如:

$(2010)_{10}=2\times10^3+0\times10^2+1\times10^1+0\times10^0$

$(777)_{10}=7\times10^2+7\times10^1+7\times10^0$

十进制数字在不同的数位上表示的数值不同,其中乘数10^2、10^1、10^0是根据数字所在的位置得到的,称为该位的"权"。十进制数位权都是基数10的幂。

(2)二进制。二进制在表示数值大小时只能使用0和1两个数字符号,因此其基数是2。以2为基数,进位规则是"逢二进一"的数制就称为二进制。

与十进制数相同,二进制数也可用各位数值之和的形式表示。例如:

$(1001)_2=1\times2^3+0\times2^2+0\times2^1+1\times2^0$

(3)二进制数与十进制数的相互转换。

二进制数转换为十进制数。方法是将二进制数按位值展开后相加,就得到等值的十进制数。

如:$(1001)_2=1\times2^3+0\times2^2+0\times2^1+1\times2^0=(9)_{10}$

十进制数转换为二进制数。方法是除2取余法。

【例6-1】 将$(13)_{10}$转换为二进制数。

解:

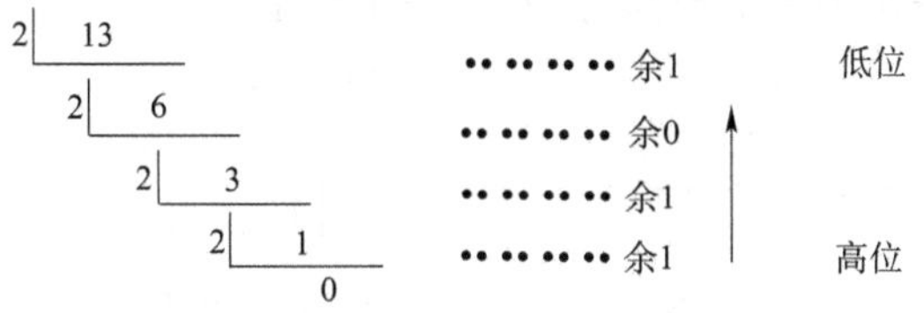

2 ⎣13	……………	余1	低位
2 ⎣6	……………	余0	↑
2 ⎣3	……………	余1	
2 ⎣1	……………	余1	高位
0			

所以　　　　$(13)_{10}=(1101)_2$

2)码制

数字电路只认识二进制数,不认识十进制数、字母、非数字符号、图形和文字等信息。为了用数字电路处理这些信息,需要用二进制数表示。这些有特定意义的二进制数就称为二进制代码,用二进制代码表示信息的方法称为码制。

在数字电路中最常用的码制是8421BCD码,简称8421码。它用4位二进制数的前10种组合来表示1位十进制数,对应关系见表6-1。这种对应关系与四位二进制数与十进制数的对应关系相同。

由表6-1可见,这种代码每一位的权都是固定不变的,属于恒权代码。它和四位二进制数一样,从高位到低位各位的权分别是8、4、2、1,故称为8421码。每个代码的各位数值之和就是它所表示的十进制数。所以,它便于记忆,应用也比较普遍。

8421码与十进制数的对应关系表 表6-1

十进制数	8421码			
	位权8	位权4	位权2	位权1
0	0	0	0	0
1	0	0	0	1
2	0	0	1	0
3	0	0	1	1
4	0	1	0	0
5	0	1	0	1
6	0	1	1	0
7	0	1	1	1
8	1	0	0	0

(二)基本逻辑门电路

数字电路的输出状态与各输入状态之间的关系称为逻辑关系,因此数字电路又称为逻辑电路。数字电路实现的逻辑关系可以很简单,也可以很复杂,但基本的逻辑关系仅有三种,即与、或、非。

1.“与”逻辑关系和“与”门电路

1)“与”逻辑关系

图6-2所示简单电路,灯泡要亮必须满足两个条件,即两个开关S_1和S_2必须都接通,否则灯亮的事件就不会发生,因此我们可以总结出这样一个规律:当决定一件事情的各个条件全部具备时,这件事情才会发生,这样的因果关系称为“与”逻辑关系。

2)“与”门电路

图6-3所示为二极管与门电路,我们把它的输入端作为条件,输出端作为结果。输入端和输出端能满足“与”逻辑关系的电路称为“与”门电路。

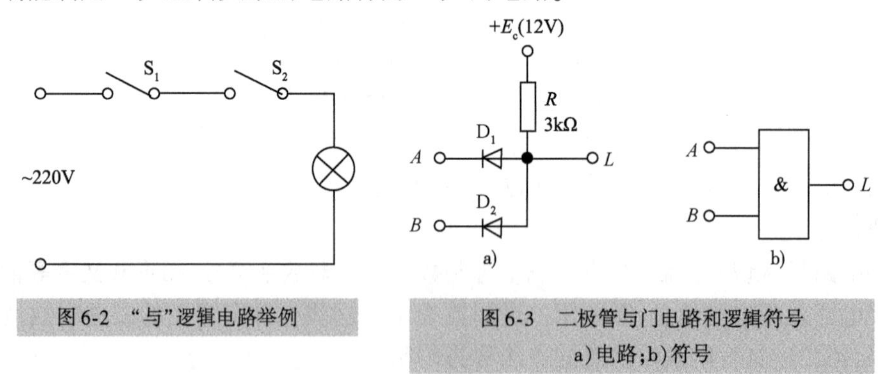

图6-2 “与”逻辑电路举例

图6-3 二极管与门电路和逻辑符号
a)电路;b)符号

它有两个输入端A、B,一个输出端L。假定输入信号的高电平为+5V,低电平为0V,则按输入信号的不同可分为以下情况:

(1)输入端A、B都处于低电平0V(即$A=B=0$),这时D_1、D_2都处于正向导通状态。如果忽略二极管的导通压降,则输出$L=0$。

(2)输入端A、B只有一个处于低电平0V,这时处于低电平的二极管D优先导通,输出

L 仍为低电平。

(3)输入端 A 和 B 全处于高电平,这时二极管 D_1、D_2 都截止,则输出端 L 的电位基本上与输入端相等,L 为高电平。

综合上述分析结果见表 6-2,表 6-3 为“与”门真值表,只有输入端都是高电位 1 时,输出才是高电位 1,否则为低电平 0。

“与”门分析结果表　　表 6-2

输　入		输　出
V_A	V_B	V_L
0	0	0
0	+5	0
+5	0	0
+5	+5	+5

“与”门真值表　　表 6-3

输　入		输　出
A	B	L
0	0	0
0	1	0
1	0	0
1	1	1

可见,上述电路是一个“与”门电路。逻辑函数表达式为

$$L = A \cdot B = AB$$

式中的“ · ”表示逻辑乘,逻辑乘的基本运算公式为

$$0 \times 0 = 0$$

$$0 \times 1 = 0$$

$$1 \times 0 = 0$$

$$1 \times 1 = 1$$

2.“或”逻辑关系和“或”门电路

1)“或”逻辑关系

图 6-4 所示电路特点是:只要电路中有一个或一个以上的开关接通,灯泡就会发亮。这个电路使我们总结出另一种逻辑关系:“在决定一件事情的诸条件中,只要具备一个或一个以上的条件,这件事就会发生”这种逻辑关系称为“或”逻辑关系。

2)“或”门电路

具有“或”逻辑关系的电路,称为“或”门电路,简称“或”门,如图 6-5a)所示。图 6-5b)是“或”门的符号。当一个或一个以上的输入端为高电平(+5V)时,相应的二极管导通,如果忽略二极管的导通压降,则输出端也为高电平(+5V);当两个输入端都为低电平(0V)时,所有二极管截止,输出端 L 才为低电平(0V)。上述分析结果可以用表 6-4 表示,表 6-5 为“或”门真值表。

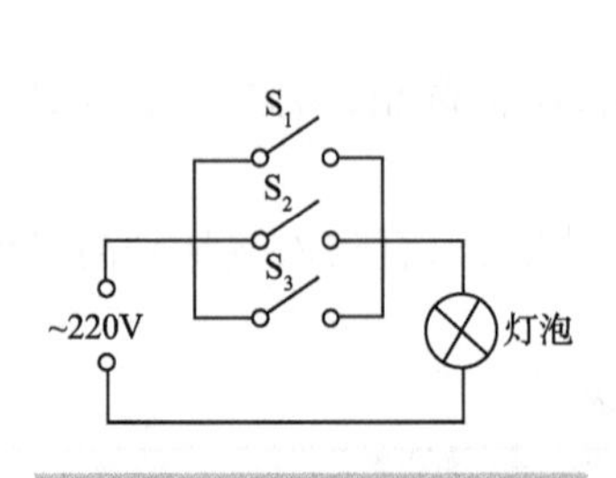

图6-4 “或”逻辑电路举例

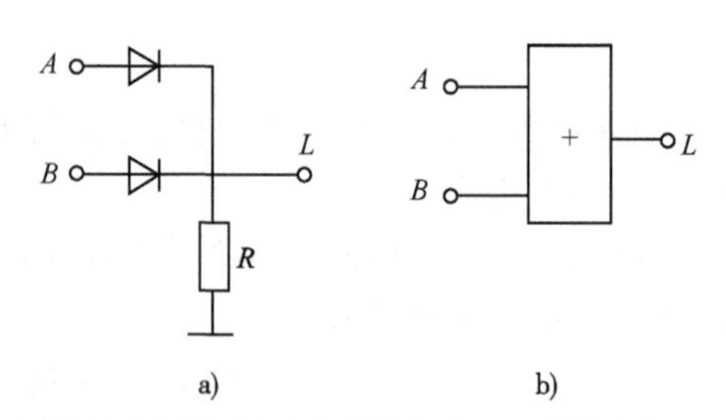

图6-5 “或”门电路和符号
a)电路;b)符号

“或”门分析结果表 表6-4

输　入		输　出
V_A	V_B	V_L
0	0	0
+5	0	+5
0	+5	+5
+5	+5	+5

“或”门真值表 表6-5

输　入		输　出
A	B	L
0	0	0
1	0	1
0	1	1
1	1	1

“或”逻辑函数表达式为

$$L = A + B$$

式中的“+”号叫“逻辑加”,逻辑加的基本运算公式为

$$0+0=0$$
$$0+1=1$$
$$1+0=1$$
$$1+1=1$$

3.“非”逻辑关系和“非”门电路

1)“非”逻辑关系

“非”逻辑关系就是输出的状态与输入的状态相反。“非”在逻辑上就是否定的意思。

2)“非”门电路

“非”门电路具有非逻辑功能的电路称为“非”门电路,简称“非”门。图6-6是三极管组成的“非”门电路和逻辑符号。从前一节分析可知,当输入为高电平时,三极管饱和导通,输出低电平“0”。反之,三极管VT截止,输出为高电平。输出输入相反,实现了“非”的逻辑功能。

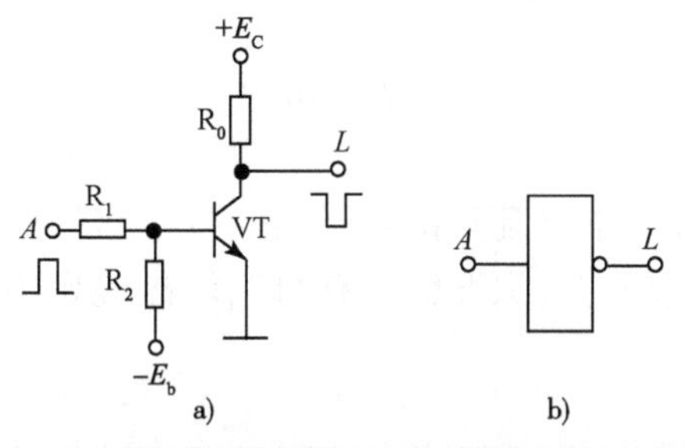

图6-6　非门电路和逻辑符号

a)电路;b)符号

“非”逻辑关系可用表6-6的真值表来表示,也可用下列逻辑函数表达式来表示:

$$L=\overline{A}$$

“非”门真值表　　表6-6

A	L
0	1
1	0

4.复合门电路

上述三种电路是最基本的逻辑门电路。利用它们可以组成与非门、或非门、与或非门等。这些复合门电路在带负载能力、工作速度和可靠性方面都得到了很大提高,因此成为逻辑电路中最常用的基本电路。

1)与非门

图6-7所示是典型的与非门电路及符号。它由二极管与门和三极管非门串接而成,故输入与输出之间的关系是与非关系,表6-7是与非门真值表。

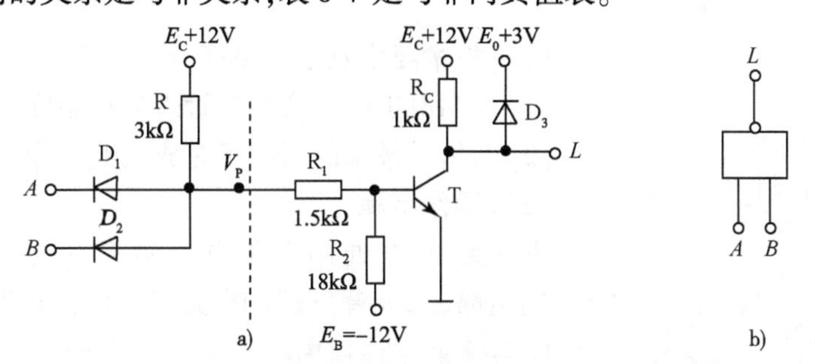

图6-7　与非门电路和符号

a)电路;b)符号

与非门真值表　　表6-7

A	B	L
0	0	1
0	1	1
1	0	1
1	1	0

其逻辑函数表达式为

$$L = \overline{AB}$$

2)或非门

图6-8所示是一个或非门电路及其符号,它由一个二极管或门和一个非门组成,因此输入输出之间是或非关系,其特点是:只要输入有"1",输出就为"0",只有输入全为"0"时,输出才为"1"。

其逻辑表达式为

$$L = \overline{A + B}$$

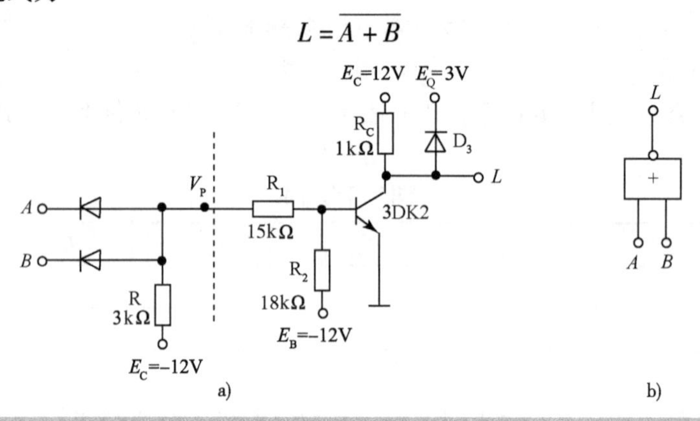

图6-8　或非门电路和符号
a)电路;b)符号

二、实践操作

(一)实践准备

电工电子实验台、连接线。

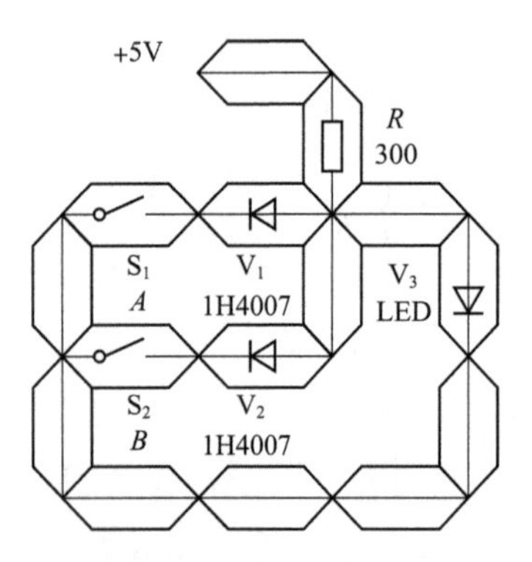

图6-9　二极管"与"门电路的测试图

(二)技术要求及注意事项

(1)熟知电工电子实训室管理规章制度。

(2)在指导教师的指导下完成实践操作。

(三)操作步骤

通过实训,在通用电工电子实验室设备上实现二极管"与"门电路、二极管"或"门电路、三极管"非"门电路的测试。

1.二极管"与"门电路

(1)二极管"与"门电路的连接如图6-9所示。

(2)填写真值表。按线路图接通电源,开关S_1、S_2的状态按表所列要求设置对照每次输出端Y的逻辑关系,验证$Y = AB$并填写表6-8。

与门真值表　　表6-8

$A(S_1)$	$B(S_2)$	$Y = AB$	$A(S_1)$	$B(S_2)$	$Y = AB$

2. 二极管“或”门电路

(1)二极管“或”门电路的连接如图6-10所示。

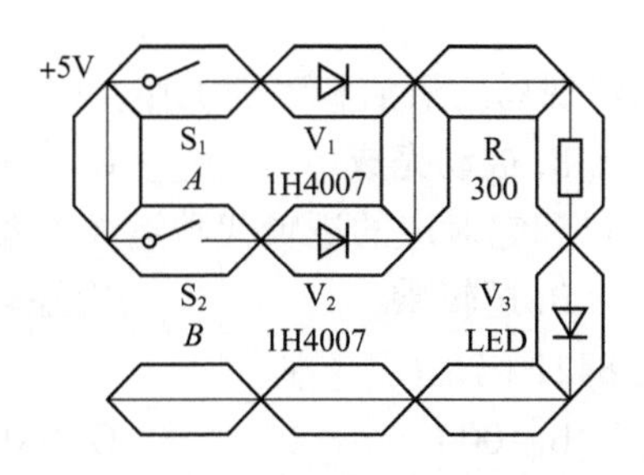

图6-10　二极管“或”门电路的测试图

(2)按线路图接通电源,开关S_1、S_2的状态按表所列要求设置对照每次输出端Y的逻辑关系,验证$Y=A+B$并填写表6-9。

或门真值表　　表6-9

$A(S_1)$	$B(S_2)$	$Y=A+B$	$A(S_1)$	$B(S_2)$	$Y=A+B$

3. 三极管“非”门电路

(1)三极管“非”门电路的连接如图6-11所示。

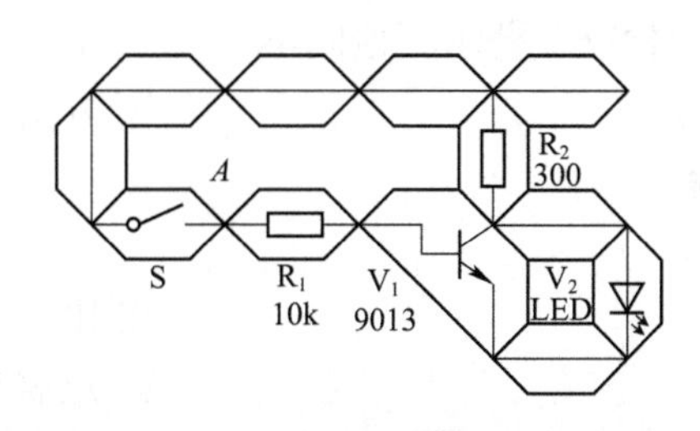

图6-11　三极管“非”门电路的测试图

(2)按线路图接通电源,开关S的状态按表所列要求设置对照每次输出端Y的逻辑关系,验证$Y=\overline{A}$并填写表6-10。

非门真值表　　表6-10

$A(S)$	$Y=\overline{A}$	$A(S)$	$Y=\overline{A}$

三、学习拓展

数字电路的两个基本工作信号用0和1表示,对应的电路有两种不同的工作状态,即低电平和高电平(或低电位和高电位)。为了简便地描述这种关系,规定用1表示高电平,用0表示低电平,称为正逻辑。若用0表示高电平,用1表示低电平,则称为负逻辑。

四、评价与反馈

1. 自我评价与反馈

(1)你是否能主动完成工作现场的清洁和整理工作?(　　)

A. 主动完成　　B. 被动完成　　C. 未完成

(2)逻辑函数中的逻辑“与”和它对应的逻辑代数运算关系为(　　)。

A. 逻辑加　　B. 逻辑乘　　C. 逻辑非

(3)十进制数 9 所对应的 8421 码是(　　)。

A. 1011　　B. 1000　　C. 1001　　D. 1100

(4)一个两输入端门电路,当输入为 0 和 1 时,输出不是 1 的门是(　　)。

A. 与非门　　B. 或门　　C. 或非门　　D. 异或门

签名:＿＿＿＿＿＿　＿＿＿年＿＿＿月＿＿＿日

2. 小组评价与反馈

(1)工作页填写情况。(　　)

A. 填写完整　　B. 缺失 0% ~20%

C. 缺失 20% ~40%　　D. 缺失 40% 以上

(2)实施过程中是否注意操作质量和有责任心?(　　)

A. 注意质量,有责任心　　B. 不注意质量,有责任心

C. 注意质量,无责任心　　D. 全无

(3)实验前有无进行安全检查并警示其他同学?(　　)

A. 有安全检查和警示　　B. 有安全检查无警示

C. 无安全检查、无警示

(4)总体印象评价。(　　)

A. 非常优秀　　B. 比较优秀

C. 有待改进　　D. 急需改进

参与评价的同学签名:＿＿＿＿＿＿　＿＿＿年＿＿＿月＿＿＿日

3. 教师评价

＿＿＿＿＿＿＿＿＿＿＿＿＿＿＿＿＿＿＿＿＿＿＿＿＿＿＿＿＿＿

＿＿＿＿＿＿＿＿＿＿＿＿＿＿＿＿＿＿＿＿＿＿＿＿＿＿＿＿＿＿

＿＿＿＿＿＿＿＿＿＿＿＿＿＿＿＿＿＿＿＿＿＿＿＿＿＿＿＿＿＿

教师签名:＿＿＿＿＿＿　＿＿＿年＿＿＿月＿＿＿日

子任务 2　集成门电路认知

任务描述

在通用电工电子实验室设备上实现 TTL 与非门电路。本任务主要学习 TTL 集成门电路。

1. 了解集成门电路的特点；

2. 理解逻辑符号和逻辑表达式的的含义；

3. 掌握集成门电路的应用。

建议学时：4 学时。

一、理论知识准备

（一）集成门电路

上面介绍的一些常见门电路，如果用分立元件构成时，不但连线和焊点太多，而且电路的体积很大，造成电路的可靠性很差。随着电子技术的飞速发展和集成工艺的规模生产，数字集成电路得到了广泛的应用。数字集成电路只有电源、输入、输出和控制等引线，因此与分立电路相比，数字集成电路成本低、可靠性高且便于安装调试。目前使用的门电路均是集成逻辑门电路。

数字集成门电路按开关元件的不同可分为双极型逻辑门和单极型逻辑门两大类。本节主要介绍双极型 TTL 集成逻辑门和单极型的 CMOS 集成逻辑门电路。

1. TTL 集成门电路

TTL 是“晶体管—晶体管逻辑电路”的简称。TTL 集成电路相继生产的产品有 74（标准），74S（肖特基）、74H（高速）和 74LS（低功耗肖特基）四个系列，其中 LS 系列综合性能最优，应用最广泛。常见的集成电路是将几个门封装在同一芯片上，如 74LS08 为四个 2 输入端与门，74LS20 为两个 4 输入端与非门。内部结构如图 6-12 所示。

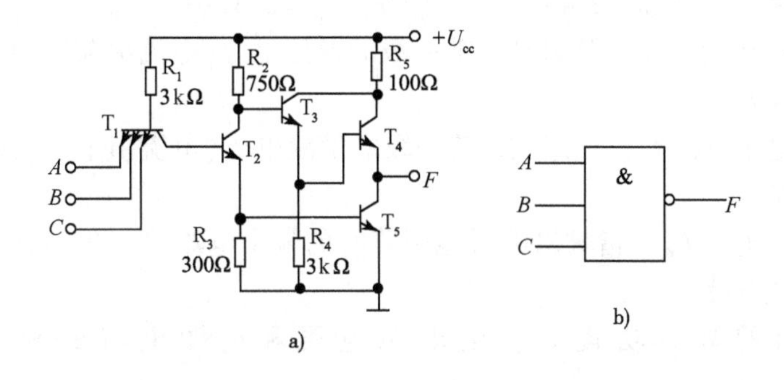

图 6-12　TTL 与非门电路和逻辑符号

a）电路图；b）逻辑符号

1）TTL 与非门的组成

TTL 与非门由以下三部分组成：

（1）输入级：由多发射极三极管 T_1 和电阻 R_1 组成。输入信号通过多发射极管 T_1 实现“与”的功能。

（2）中间级：三极管 T_2 和电阻 R_2 和 R_3 组成中间级，这一级又称倒相极，即在 T_2 的集电极和发射极同时输出两个相位相反的信号，能同时控制输出级的 T_4、T_5 管工作在截然相反的两个状态,以满足输出级互补工作的要求。

(3)输出级:三极管 T_3、T_4、T_5和电阻 R_4及 R_5组成推拉式输出级。其中三极管 T_3、T_4组成达林顿电路,以提高负载驱动的能力。

2)工作原理

(1)当输入信号 A、B、C 中至少有一个为低电平(0.3V)时,低电平所对应的 PN 结导通,T_1的基极电位被固定在 1V(0.3V+0.7V)上,由于 T_1的集电极经 T_2基极→发射结→R_3接地,所以 1V 的基极电位无法使集电结导通。T_1的基极电流远大于集电极电流,T_1处于深度饱和状态。T_2、T_5都截止,使 T_3、T_4处于导通状态。因 R_2和 I_{R3}都很小,均可忽略不计,所以输出为高电平:$F=3.6V$。

(2)当输入信号全部为高电平(3.6V)时,电源经 R_1、T_1集电结向 T_2、T_5基极提供电流,T_2、T_5发射结导通后,T_4处于截止状态。这时输出电位为三极管 T_5的饱和电压值,输出低电平,$F=0.3V$。

显然,TTL 电路满足与非门的输入、输出逻辑关系。

2. 集成门电路的主要参数

现以 TTL 与非门的主要参数为例加以介绍,其他门电路的主要参数基本相同。

(1)输入高电平电压 U_{IH}。指符合高电平的相应输入电压值,取下限。一般为 2V。

(2)输入低电平电压 U_{IL}。指符合低电平的相应输入电压值,取上限。一般为 0.8V。

(3)输出高电平电压 U_{OH}。指符合高电平的相应输出电压值,取下限。一般为 2.4V。

(4)输出低电平电压 U_{OL}。指符合低电平的相应输出电压值,取上限。一般为 0.4V。

(5)噪声容限 U_N指上级输出高电平和下级输入高电平之间的差别裕量,用 U_{NH}表示;上级输出低电平和下级输入低电平的差别裕量,用 U_{NL}表示。若裕量为零,则工作情况将不可靠。由前四个参数可知 $U_{NH}=2.4-2=0.4(V)$,$U_{NH}=0.3\sim0.4$ V。

(6)输入高电平电流 I_{IH}。用来估计前一级的带拉电源(电流由前级的输出端注向下级的输入端)负载能力。

(7)输入低电平电流 I_{IL}。用来估计前一级的带灌电流(电流由下级的输入端流向前级的输出端)负载能力。

(8)输出短路电流 I_{OS}。指输出端对地短路时的输出电流,为 20~120mA,如持续时间长,集成电路将被烧毁。

(9)每个门的静态功耗 P_S。由电源电压和电源电流的乘积决定。一般为10~20mW。

(10)扇出系数。指该门电路最多可以驱动多少个同样的门电路负载,74LS 系列的扇出系数为 $N=8\sim10$。

(11)传输延迟时间。通常以输入电压上升到 $0.5U_{IH}$时刻起,到其输出电压下降到 $0.5U$OH时刻止,将输出波形由高到低时的滞后时间记作 t_{pHL},由低到高时的滞后时间记作 t_{pLH},如图 6-13 所示。74LS00 的 t_{pHL}值最大为 15ms,t_{pLH}值最大为 22ms。

(12)工作温度范围 T_A和贮存温度范围 T_S。TTL 门电路的 T_A分成三个档次,Ⅰ类的 T_A为 -55 ~ +125℃;Ⅱ类的 T_A为 -40 ~ +85℃;Ⅲ类的 T_A为 0 ~ +70℃。T_S为 -65 ~ +150℃。

3. CMOS 集成逻辑门电路

CMOS 集成逻辑门电路是由 NMOS 管和 PMOS 管构成的，它静态功耗低，抗干扰能力强，稳定性好，开关速度较高，扇出系数大，由于优点突出，在中、大规模集成电路中得到了广泛的应用。

1) CMOS 反相器

(1) 电路的组成。

在图 6-14 中，工作管 T_1是增强型 NMOS 管，负载管 T_2是 PMOS 管，两管的漏极 D 接在一起作为电路输出端，两管的栅极 G 接在一起作为电路的输入端，T_1的源极 S_1与其衬底相连并搭铁，T_2的源极 S_2与其衬底相连并接电源 U_{DD}。

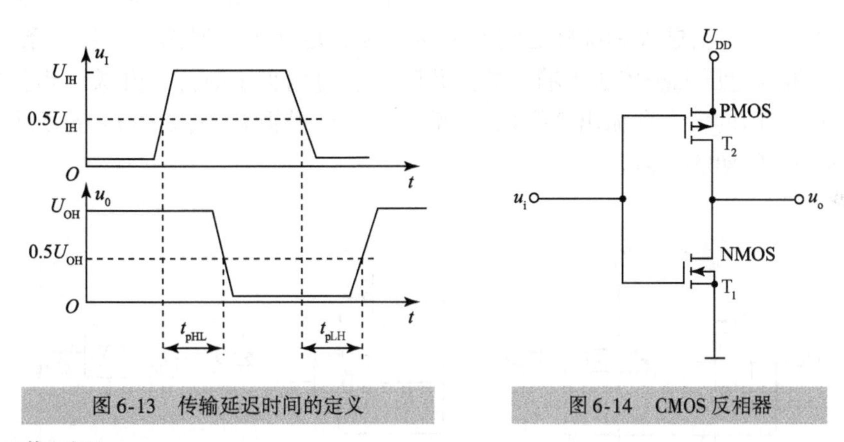

图 6-13　传输延迟时间的定义

图 6-14　CMOS 反相器

(2) 工作原理。

如果要使电路中的绝缘栅型场效应管形成导电沟道，T_1的栅源电压必须大于开启电压的值，T_2的栅源电压必须低于开启电压的值，所以，为使电路正常工作，电源电压 U_{DD}必须大于两管开启电压的绝对值之和。

当输入电压 u_i为低电平 0V 时，T_1管的栅源电压小于开启电压，不能形成导电沟道，T_1截止，S_1和 D_1之间呈现很大的电阻；T_2管的栅源电压大于开启电压，能够形成导电沟道，T_2导通，S_2和 D_2之间呈现较小的电阻。电路的输出为高电平 U_{DD}。

当输入电压 u_i为高电平 U_{DD}时，T_1管的栅源电压大于开启电压，形成导电沟道，T_1导通，S_1和 D_1之间呈现较小的电阻；T_2管的栅源电压为 0V，不满足形成导电沟道的条件，T_2截止，S_2和 D_2之间呈现很大的电阻。电路的输出为低电平 0V。

通过上述分析，电路的输出和输入之间满足“非”逻辑关系，所以该电路为非门电路。

由于在稳态时，T_1和 T_2中必然有一个管子是截止的，所以电源向电路提供的电流极小，电路的功率损耗很低。

2) CMOS 传输门和模拟开关

当一个 PMOS 管和一个 NMOS 管并联时就构成一个传输门，如图 6-15 所示，其中两管源极相接，作为输入端，两管漏极相连作为输出端，两管的栅极作为控制端，加互为相反的控制电压 CP 和$\overline{CP}$。PMOS 管的衬底接 U_{DD}，NMOS 管的衬底搭铁。由于 CMOS 管的结构对

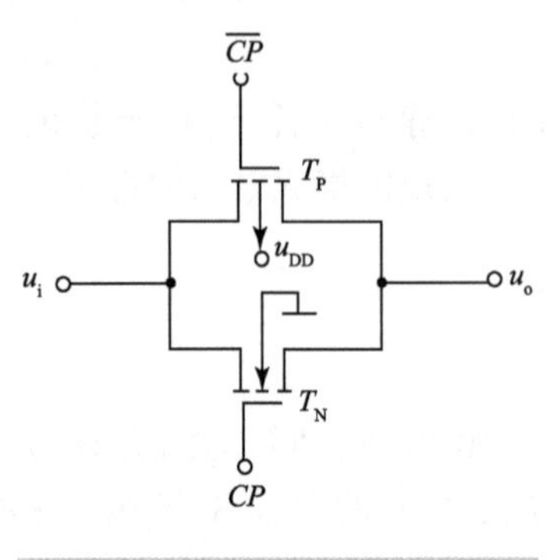

图 6-15　CMOS 传输门

称,源极和漏极可以互换,所以输入、输出端可以对换。传输门也称为双向开关。

传输门的工作原理如下。

设高电平为 10V,低电平为 0V,电源电压为 10V,开启电压为 3V。当控制电压 CP = "1", $\overline{CP}$ = "0"时,若输入电压为 0 ~ 7V,则 T_N 的栅源电压不低于 3V,因此 T_N 管导通;若输入电压为 3 ~ 10V,在 0 ~ 10V 的范围内,至少有一个管子是导通的,输入电压可以传送到输出端。此时传输门相当于接通的开关,双向导通。

当控制电压 CP = "0", $\overline{CP}$ = "1"时 ,无论输入电压在 0 ~ 10V 之间如何变化,栅极和源极之间的电压无法满足管子导通沟道产生的条件,所以两管子都截止,输入电压无法传送到输出端。此时传输门相当于断开的开关。当传输门的控制信号由一个非门的输入和输出来提供时,就构成一个模拟开关,如图 6-16 所示。常见的型号有 CD4066、CD4051 等。

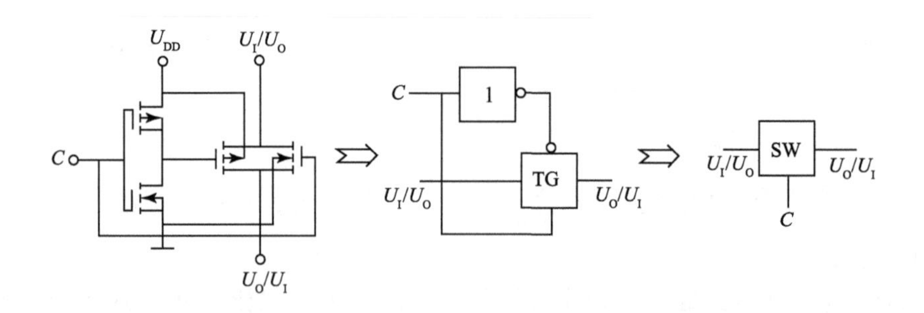

图 6-16　CMOS 双向模拟开关的电路图和逻辑符号

CD4066 是一块四双向模拟开关电路,其引脚和内部结构如图 6-17 所示。

3)门电路使用注意事项

(1)电源电压应根据门电路参数的要求选定。一般 TTL 门电路的电源电压为 5 V ±0.5 V。CMOS 门电路的电源电压为 3 ~ 15 V。电源电压的极性不能接反。为防止通过电源引入干扰信号,应根据具体情况对电源进行去耦合滤波。

(2)输入信号电压的选择,TTL 门应在 0 ~ 5 V 之间,CMOS 门应在 0 ~ U_{CC}之间。

(3)具有图腾柱结构(集成电路输出级具有有源负载)的 TTL 门输出端,不允许并联使用。同一芯片上的 CMOS 门,在输入相同时,输出端可以并联使用(目的是增大驱动能力),否则,输出端不许并联使用。

(4)焊接时应选用 45W 以下的电烙铁,最好用中性焊剂,所用设备应搭铁良好。CMOS 电路应在静电屏蔽下运输和存放。严禁带电从插座上拔插器件。

(5)电路的输出端接容性负载时,应在电容之前接限流电阻,避免出现在开机的瞬间,较大的冲击电流烧坏电路。

(6)TTL 门输入端口为"与"逻辑关系时,多余的输入端可以悬空(但不能带开路长线)、接高电平或并联接到一个已被使用的输入端上。TTL 门输入端口为"或"逻辑关系时,多余

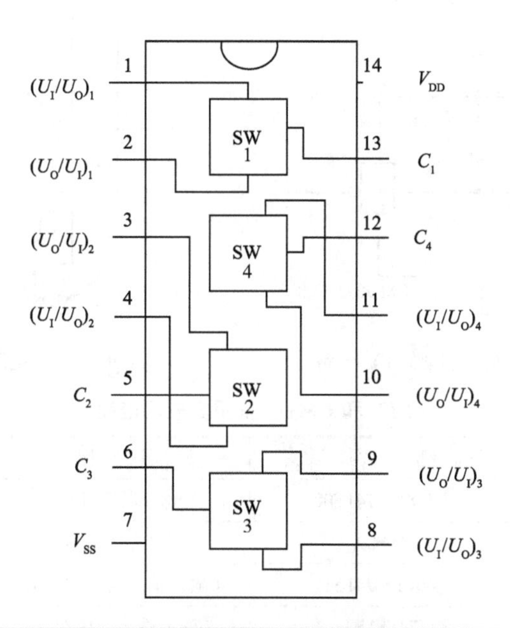

图 6-17　CD4066 引脚和内部结构图

的输入端可以接电平、搭铁或并联到一个已被使用的输入端上。

(7)具有“与”逻辑端口的 CMOS 门多余的输入端应接 U_{DD} 或高电平，具有“或”逻辑端口的 CMOS 门多余的输入端应接 U_{DD} 或低电平。CMOS 门的输入端不允许悬空。

4)TTL 门与 CMOS 门之间的互连

在实际的数字电路系统中，总是将一定数量的集成逻辑电路按需要前后连接起来。由于前级电路的输出将与后级电路的输入端相连，并驱动后级电路工作。这时就存在着电平的配合和负载能力这两个需要妥善解决的问题。

(1)TTL 电路驱动 CMOS 电路。

TTL 电路驱动 CMOS 电路时，由于 CMOS 电路的输入阻抗高，所以驱动电流一般不会受到限制，但在电平配合上，低电平是可以的，高电平有时有困难。因为 TTL 电路在满载时，输出高电平通常低于 CMOS 电路对输入高电平的要求。因此，为保证 TTL 电路在输出高电平时，后级的 CMOS 电路能可靠工作，通常要外接一个提拉电阻 R，使输出高电平达到 3.5V 以上(R 的取值为 2 ~ 6.2kΩ)，如图 6-18 所示。若 TTL 门和 CMOS 门的电源不同时，两种门之间可以插入 OC 门，实现逻辑电平上的过渡。

(2)CMOS 电路驱动 TTL 电路。

CMOS 的输出电平能满足 TTL 电路对输入电平的要求，而驱动电流将受到限制，主要是低电平时的负载能力。可以采用以下两种方法来解决。

①采用 CMOS 驱动器，如 CC4049、CC4050 是专门为给出较大驱动能力而设计的 CMOS 电路。

②同一芯片上几个同功能的 CMOS 电路并联使用，即将其输入端并联，输出端也并联，如图 6-19 所示。表 6-11 为 TTL 和 CMOS 常用集成门电路。

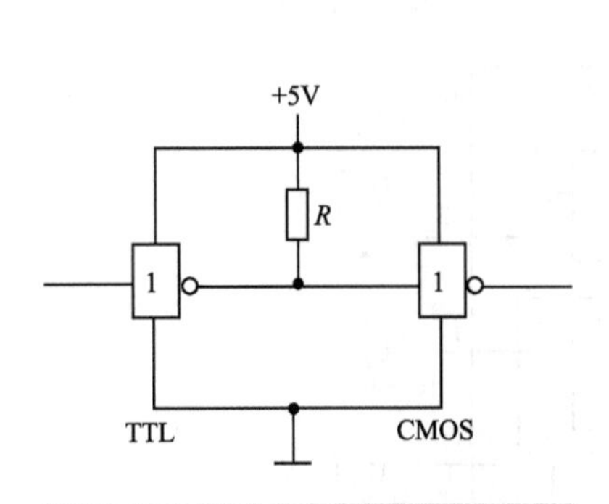

图 6-18　TTL 电路驱动 CMOS 电路

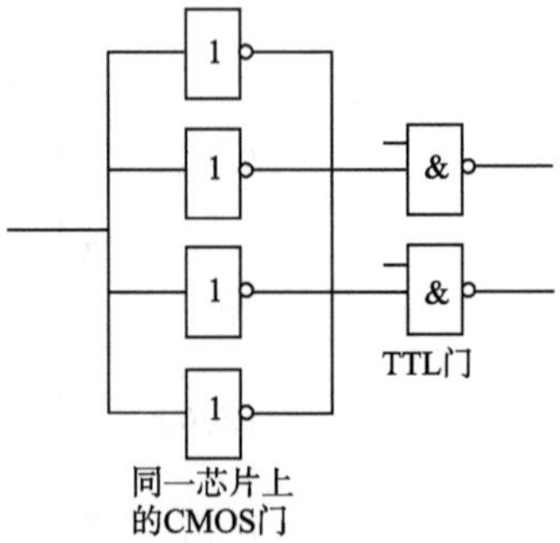

图 6-19　CMOS 电路驱动 TTL 电路

TTL 和 CMOS 常用集成门电路　　表 6-11

名　称	型　号	名　称	型　号
2 输入端四与门	CC4081　74LS08	3 输入端三与非门	CC4023　74LS10
2 输入端四与门(OC)	74LS09	4 输入端双与非门	CC4012　74LS20
3 输入端三与门	CC4073　74LS11	4 输入端双与非门(OC)	74LS22
3 输入端三与门(OC)	74LS15	8 输入端与非门/与门	CC4068　74LS30
4 输入端双与门	CC4082　74LS21	2 输入端四或非门	CC4001　74LS02
2 输入端四或门	CC4071　74LS32	3 输入端三或非门	CC4025
4 输入端双或门	CC4072	4 输入端双或非门	CC4002
2 输入端四与非门(OC)	CC74HC03　74LS01	5 输入端双或非门	74LS60

(二)应用举例

数字集成电路在各行各业都得到广泛的应用,从工业、科研、军事、国防、民用领域到处可见,特别是在现代汽车上的作用更是发挥得淋漓尽致。由数字电路构成的微处理技术(ECU)在汽车上的应用,将汽车工业推向了一个新的高度。

1. 制动灯故障监测器

该电路用一块 CMOS 与非门数字集成电路 CD4011 接成非门的形式,用来自动监测汽车制动灯泡的工作状况,如图 6-20 所示中 X_{D1}、X_{D2} 为尾部制动信号灯泡,LED_1 和 LED_2 为驾驶室内的工作指示灯,其工作状况和尾部信号灯相对应,K 为制动开关。

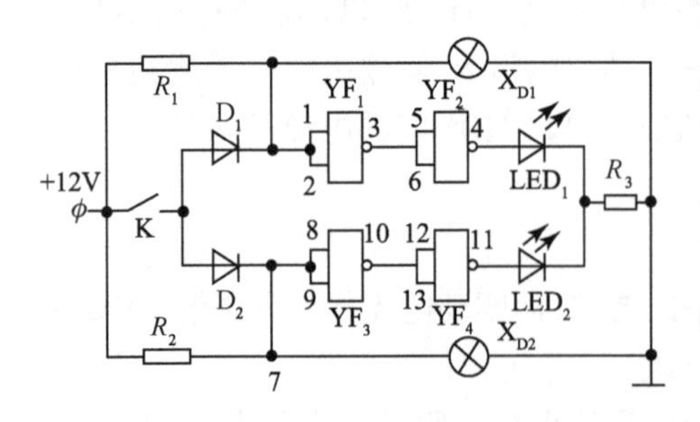

图 6-20　制动灯故障检测器

当信号灯 X_{D1}、X_{D2} 完好时,由于灯丝阻值较小,故二极管与 YF_1 和 YF_3 的输入端全为低电平,YF_2 和 YF_4 的输出端也为低电平,发光二极管 LED_1 和 LED_2 均不亮。当 X_{D1} 或 X_{D2} 断路时,YF_1 或 YF_3 的输入端由于 R_1、R_2 接入变高电平,故 YF_2、YF_4 输出端为高电平,发光二极管亮。LED_1 和 XD_1 对应,LED_2 和 X_{D2} 相对应。

2. 汽车前照灯电子变光器

图 6-21 所示是由一块 CMOS 双 D 触发器 CD4013 构成的汽车前照灯变光电子开关。

在图6-21中，触发器D_1构成单稳态电路，用来消除开关抖动，保证开关动作时，只输出一个等宽的高电平。输出脉冲宽度由时间常数R_2、C_1的数值决定。开关K选用不带锁按键开关，当开关按动一下时，S为高电位，使Q输出高电位，经R_2对C_1充电，R上的电位慢慢升高，当升高到R的阈值电平时，D_1触发器复位，Q_1变为低电平“0”，这样开关按下一次，保证输出只有一个等宽的脉冲去触发D_2。

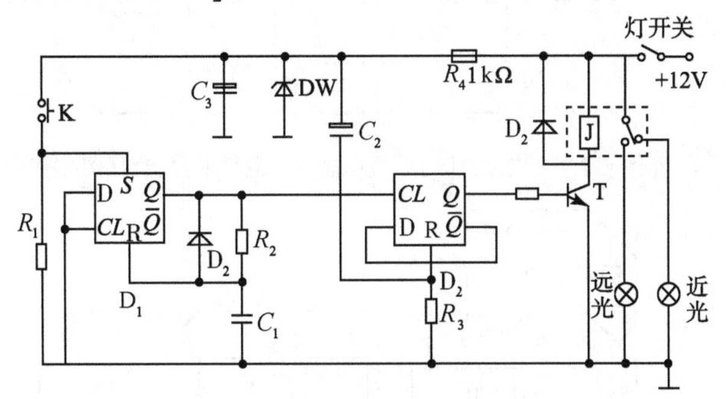

图6-21 汽车前照灯变光电子开关

D_2构成T触发器，C_2、R_3为上电复位电路，使开机时D_2输出为低电平，继电器不吸合，处在近光位置，每按一次开关，D_2在脉冲作用下，翻转一次，继电器改变一次状态，由吸合变放开或由释放变吸合，起到远近光切换的作用。图中R_4、DW、C_3是稳压电路，为CD4013提供一个稳定的电压。

二、实践操作

（一）实践准备

电工电子实验台、连接线。

（二）技术要求及注意事项

（1）熟知电工电子实训室管理规章制度。

（2）在指导教师的指导下完成实践操作。

（三）操作步骤

通过实训，在通用电工电子实验室设备上测试TTL与非门的最小输入高电平V_{on}和测试TTL与非门的最大输入低电平V_{off}。

1. 线路的连接与检验

（1）测试TTL与非门的最小输入高电平V_{on}的连接如图6-22所示。

（2）测试TTL与非门的最大输入低电平V_{off}的连接如图6-23所示。

2. 测试

（1）将输入端可调直流电源U进行调节，使电压表的读数为2.7V时，用万用表测出U电压值，即为最小输入高电平，又称开门电平V_{on}。

记录：____

（2）将输入端可调直流电源U进行调节，使电压表的读数为0.35V时，用万用表测出U电压值，即为最大输入低电平，又称关门电平V_{off}。

记录：______________________________

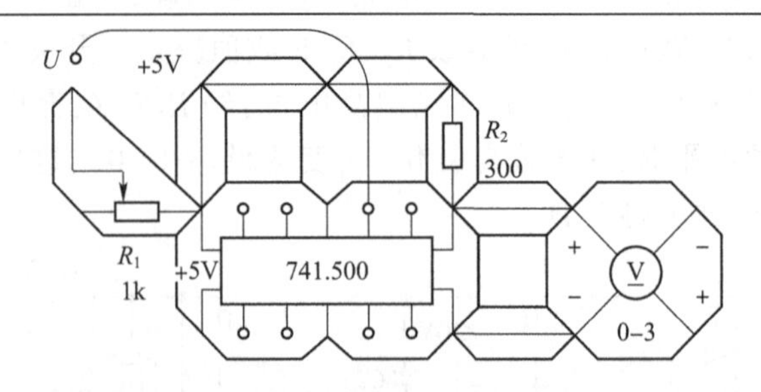

图6-22 TTL与非门的最小输入高电平 V_{on} 的测试图

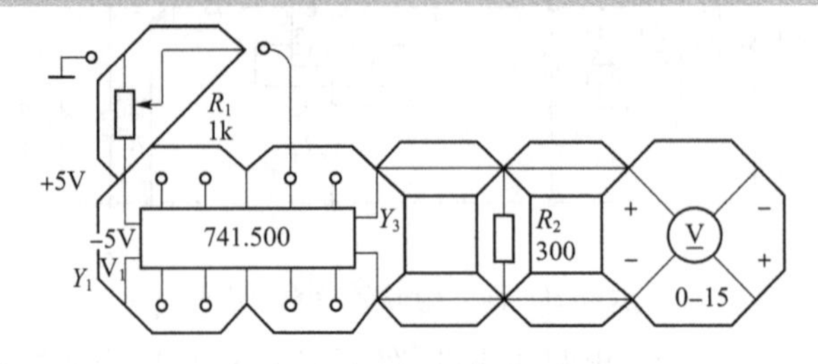

图6-23 TTL与非门的最大输入低电平 V_{off} 的测试图

三、学习拓展

集成门电路在安装、调试时还应注意如下几点。

(1)安装时要注意集成电路外引脚的排列顺序,不要从外引脚根部弯曲,以防折断。

(2)焊按时用25W烙铁较合适,焊接时间不要超过3s,焊后用酒精擦干净,以防焊剂腐蚀引线。

(3)在调试及使用时,要注意电源电压的大小和极性,以保证 $+V_{cc}$ 在4.75~5.25V之间,尽量稳定在+5V,不要超过7V,以免损坏集成电路。

(4)输入电压不要高于6V,否则输入管易发生击穿损坏。输入电压也不要低于-0.7V,否则输入管易发生过热损坏。

(5)输出为高电平时,输出端绝对不允许碰地,否则输出管会过热损坏,输出为低电平时,输出端绝对不允许碰 $+V_{cc}$,否则输出管会过热损坏。几个普通TTL与非门的输出端不能接在一起。

(6)要注意防止外界电磁干扰的影响,引线要尽量短。若引线不能缩短,要考虑加屏蔽措施或用绞合线。

四、评价与反馈

1. 自我评价与反馈

(1)你是否能主动完成工作现场的清洁和整理工作?(　　)

A. 主动完成　　B. 被动完成　　C. 未完成

(2)一个输入端可以悬空使用的门是(　　)。

A. 与非门　　B. 或门　　C. 或非门　　D. 异或门

(3)多余输入端可以悬空的门是(　　)。

A. 与门　　B. 与非门　　C. 或非门　　D. 或门

(4)由与非门组成的 RS 触发器不输入的变量组合$\overline{S}\cdot\overline{R}$为(　　)。

A. 00　　B. 01　　C. 10　　D. 11

签名:__________　____年____月____日

2. 小组评价与反馈

(1)工作页填写情况。(　　)

A. 填写完整　　B. 缺失 0% ~20%

C. 缺失 20% ~40%　　D. 缺失 40% 以上

(2)实施过程中是否注意操作质量和有责任心?(　　)

A. 注意质量,有责任心　　B. 不注意质量,有责任心

C. 注意质量,无责任心　　D. 全无

(3)实验前有无进行安全检查并警示其他同学?(　　)

A. 有安全检查和警示　　B. 有安全检查无警示

C. 无安全检查、无警示

(4)总体印象评价。(　　)

A. 非常优秀　　B. 比较优秀

C. 有待改进　　D. 急需改进

参与评价的同学签名:__________　____年____月____日

3. 教师评价

____

____

____

教师签名:__________　____年____月____日

子任务 3　集成触发器应用

任务描述

在通用电工电子实验室设备上验证 RS 触发器、D 触发器的逻辑关系。本任务主要学习集成触发器。

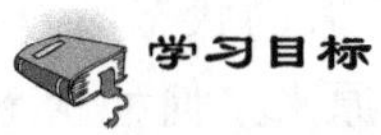

学习目标

1. 了解集成触发器的性能特点;
2. 理解触发器逻辑表达式的的含义;
3. 掌握集成触发器的应用。

建议学时:4 学时。

一、理论知识准备

(一)集成触发器

各种门电路是构成计算机系统的基本单元电路。这些门电路某一时刻的输出是由当时的输入状态决定的,只要输入发生了变化,输出也随之变化,这类电路称为逻辑电路。然而,在一个复杂的计算机系统中,仅有组合逻辑电路是远远不够的,计算机中还使用着另一种类型的电路,称为时序逻辑电路。这种电路的特点是,它们在某一时刻的输出不仅和当时的输入状态有关,还与电路原来的输出状态有关,触发器是构成时序逻辑电路的基本单元。具有两个基本特征:

第一,触发器具有两个稳定状态,分别称为“0”状态和“1”状态,在没有外界信号作用时,触发器维持原来的稳定状态不变,即触发器具有记忆功能。具有两个稳定状态的触发器称为双稳态触发器,简称触发器。

第二,在一定的外界信号作用下,触发器可以从一个稳定状态转变到另一个稳定状态。这表明触发器可以接收信号,并保存下来。外界信号的作用称为触发,这也是触发器名称的由来。触发器从一个稳态转变到另一个稳态的过程称为翻转。

触发器的内部电路结构形式多种多样,下面讲述常见的几种触发器电路。

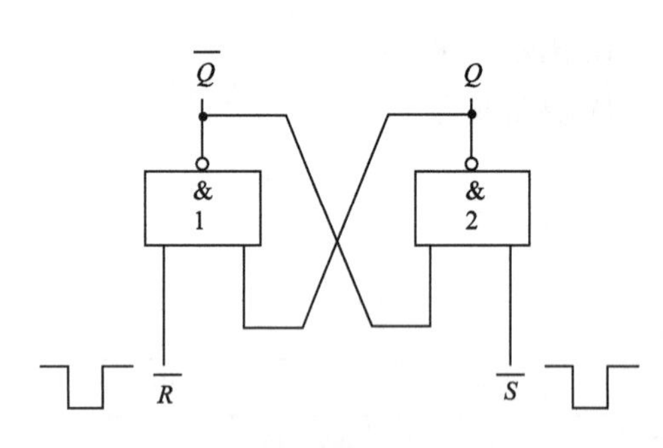

图 6-24　基本 RS 型触发器

1. 基本 RS 触发器

基本 RS 触发器是任何结构复杂的触发器必须包含的一个组成单元,它由两个与非门(可以用两个或非门)交叉连接构成,如图 6-24 所示。它有两个输入端 R 和 S,两个输出端 Q 和 $\overline{Q}$,在正常工作条件下,两个输出端的逻辑关系是互非的,所以用一个字母表示。当 $Q=0,\overline{Q}=1$ 时,称触发器的状态为“0”态;当 $Q=1,\overline{Q}=0$ 时,称触发器的状态为“1”态。

1)基本 RS 触发器的工作原理

当 $\overline{R}=0$、$\overline{S}=1$ 时,由于 $\overline{R}$(复位端)为 0,这时与非门 2 的两个输入信号都为 1,所以,$Q=0$、$\overline{Q}=1$。

当 $\overline{R}=1$、$\overline{S}=0$ 时,由于 $\overline{S}$(置 1 端)为 0,$Q=1$,这时与非门 1 的两个输入信号都为 1,所以 $\overline{Q}=0$。

当 $\overline{R}=1$、$\overline{S}=1$ 时,若触发器原来的状态 $Q=0$、$\overline{Q}=1$,与非门 1 的两个输入信号中一个为 0,所以 $\overline{Q}=1$;与非门 2 的两个输入信号都为 1,所以 $Q=0$;若触发器原来的状态为 $Q=1$、$\overline{Q}=0$,经分析可得,触发器的状态仍然为 $Q=1$、$\overline{Q}=0$,所以无论触发器原来是何种状态,在输入信号全为 1 时,触发器保持原状态。

当 $\overline{R}=0$、$\overline{S}=0$ 时,两个与非门的输入信号中均有 0,即 $Q=1$、$\overline{Q}=1$,不能满足互非的规定,致使基本 RS 触发器不能正常工作,因此禁止这种状态发生。这种情况下触发器的状态称为“不定”状态。

根据上述分析可知，输入信号是低电平有效，所以在标识的字母上加非门号。

2）基本 RS 触发器的逻辑功能的描述

描述触发器的逻辑功能通常用下面几种方法：

（1）功能真值表。功能真值表以表格的形式反映了触发器从原状态（原态）向新状态（次态）转移的规律。原态用“Q_n”表示，次态用“Q_{n+1}”表示。这种方法很适合在时序逻辑电路的分析中使用。基本 RS 触发器的功能真值表，见表 6-12。

基本 RS 触发器的功能真值表　　表 6-12

$\bar{S}$	$\bar{R}$	Q_{n+1}	功　能
1	1	Q_n	保持
1	0	0	置 0
0	1	1	置 1
0	0	不定	不允许

（2）时序图。时序图是以波形图的形式直观地表示触发器的特性和工作状态的一种方法，在时序逻辑电路的分析中经常使用。如图 6-25 所示。

2. 钟控 RS 触发器

当一个逻辑电路中有多个触发器时，为了使各触发器输出状态的变化在规定时刻发生，所以引入了时钟脉冲信号 CP 作为触发器状态翻转时刻的控制信号。具有时钟脉冲控制端的触发器称为钟控触发器，也称同步触发器。钟控触发器状态的变化不仅取决于输入信号的变化，还取决于时钟脉冲 CP 的作用。由此以来，多个触发器就可以在统一的时钟脉冲控制下协调地工作。钟控 RS 触发器的逻辑电路如图 6-26 所示。

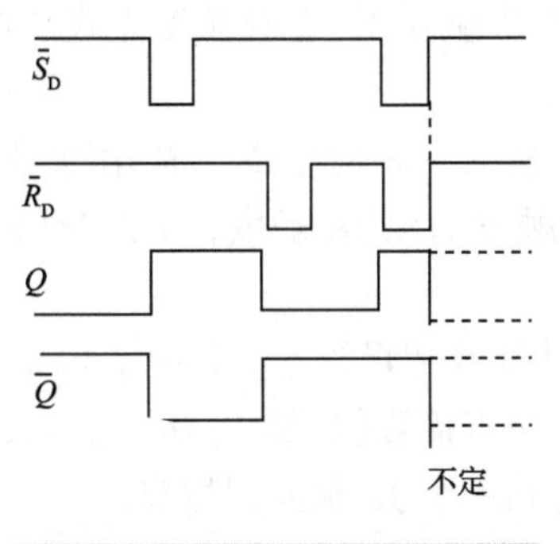

图 6-25　基本 RS 触发器时序图

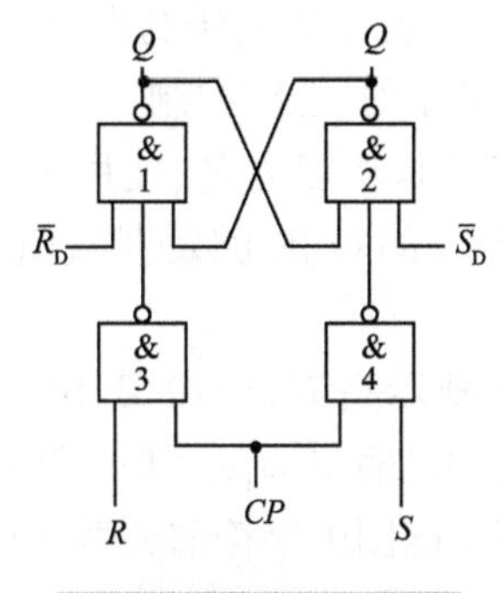

图 6-26　钟控 RS 触发器

1）工作原理

钟控 RS 触发器由 4 个与非门组成，与非门 1、2 组成基本 RS 触发器，与非门 3、4 组成引导触发门，$\bar{R}_D$称直接复位端（清 0 端），$\bar{S}_D$称直接置位端（置 1 端），R、S 为输入端，CP 为时钟输入端。

当 CP 为 0 时，不论 R、S 为何电平，引导触发门输出为 1，根据基本 RS 触发器工作原理，触发器输出状态保持不变。

当 CP 为 1 时，触发器的输出状态由 R 和 S 决定。

若 $R=0$，$S=0$，则引导触发门输出都为 1，输出次态保持原态不变；

若 $R=1,S=0$,则引导触发门3输出0,门4输出1,输出次态为 $Q_{n+1}=0$;

若 $R=0,S=1$,则引导触发门3输出1,门4输出0,输出次态为 $Q_{n+1}=1$;

若 $R=1,S=1$,则引导触发门3输出0,门4输出0,输出次态不定,为禁止态。

2)功能表示

图6-27所示为时序图。表6-13是钟控RS触发器真值表。

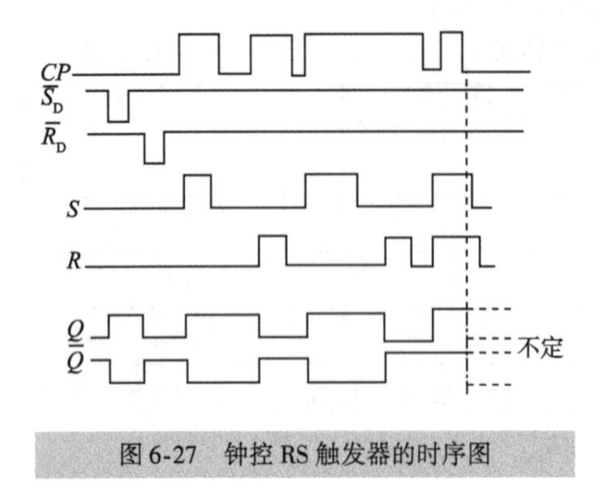

图6-27 钟控RS触发器的时序图

钟控RS触发器真值表 表6-13

S	R	Q_{n+1}	功 能
0	0	Q_n	保持
0	1	0	置1
1	0	1	置0
1	1	不定	不允许

3. JK触发器

钟控RS触发器采用电位触发方式,此类触发器存在的主要问题,就是在 $CP=1$ 期间,若 R 和 S 发生多次变化,输出将随着发生多次翻转,即存在“空翻”现象。若触发器出现了空翻,就无法判定触发器的状态。触发器的使用也会因此而受到限制。

为确保数字系统的可靠工作,要求触发器来一个 CP 时钟脉冲至多翻转一次,即避免“空翻”现象。为此,人们研制出电平触发方式的主从触发器、边沿触发方式的维持阻塞触发器等多种类型的、能够抑制“空翻”现象的触发器。

JK触发器是功能完善、使用灵活和通用性较强的一种触发器。常用型号有74LS112(下降边沿触发的双JK触发器)、CC4027(上升沿触发的双JK触发器)及74LS276(4JK触发器)等。

图6-28所示是74LS112双JK触发器的引脚功能及逻辑符号。其中 J 和 K 是控制信号输入端,Q 和 $\overline{Q}$ 是输出端,CP 是时钟控制输入端,$\overline{S}_D$ 是直接置位(置1)端,$\overline{R}_D$ 是直接复位(清0)端。引脚功能图中字符前的数字相同时,表示为同一个JK触发器端口。

逻辑符号图中 CP 引线上端的“∧”符号表示边沿触发,无此“∧”符号表示电位触发;引线端处的小圆圈仍然表示低电平触发。两种符号同时都有时,表示触发器状态变化发生在时钟脉冲下降沿到来时刻;有“∧”符号而无小圆圈时表示触发器状态变化发生在时钟脉冲上升沿到来时刻。在时钟触发脉冲 CP 作用下,JK触发器的输出、输入端子对应关系如下。

当 $J=0,K=0$ 时,触发器的次态保持原态不变,即 $Q_{n+1}=Q_n$;当 $J=1,K=0$ 时,触发器为“1”状态,即无论原态如何,次态 $Q_{n+1}=1$;当 $J=0,K=1$ 时,触发器为“0”状态,即无论原态如何,次态 $Q_{n+1}=0$;当 $J=1,K=1$ 时,触发器发生翻转,总有次态 $Q_{n+1}=\overline{Q}_n$。

图6-29所示为JK触发器的状态转换图和时序图,表6-14为74LS112JK触发器的功能真值表。

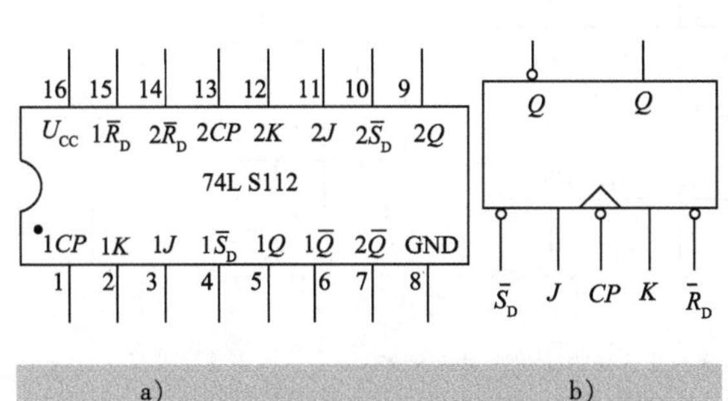

a)　　　　b)

图 6-28　74LS112 双 JK 触发器的引脚功能及逻辑符号

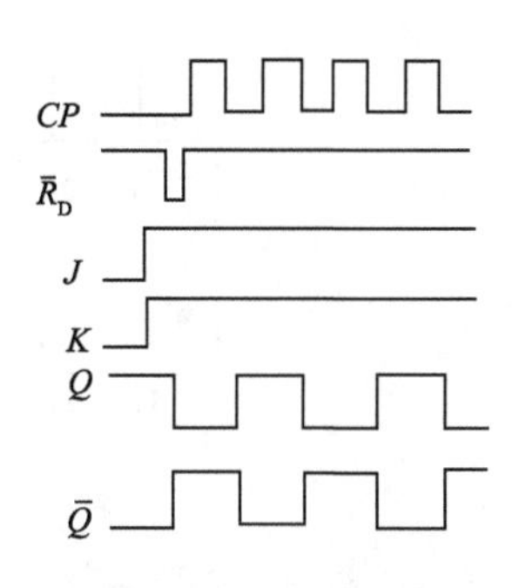

图 6-29　JK 触发器的时序图

74LS112JK 触发器的功能真值表　　　　表 6-14

控　制　端			输　入　端		原态	次态	功能
$\overline{S}_D$	$\overline{R}_D$	CP	J	K	Q_n	Q_{n+1}	触发器
0	1	×	×	×	×	0	置 0
1	0	×	×	×	×	1	置 1
0	0	×	×	×	×	不定	不允许
1	1	↓	0	0	0	0	保持
1	1	↓	0	0	1	1	
1	1	↓	0	1	0	0	置 0
1	1	↓	0	1	1	0	
1	1	↓	1	0	0	1	置 1
1	1	↓	1	0	1	1	
1	1	↓	1	1	0	1	翻转
1	1	↓	1	1	1	0	

4. D 触发器

D 触发器是只有一个控制信号输入端的触发器,通常为边沿触发器。D 触发器分为上升沿触发和下降沿触发两种。它的次态只取决于时钟脉冲触发边沿到来前控制信号 D 端的状态。

有很多种型号的 D 触发器可供选用,如 74LS74(双 D 触发器)、74LS175(四 D 触发器)、74LS174(六 D 触发器)、74LS273(八 D 触发器)及 CD4013(CMOS 双 D 触发器)等。

图 6-30 所示为双 D74LS74 的引脚排列及逻辑符号。

D 触发器的输出和输入之间的关系为:在触发脉冲 CP 作用下,$D=0$,则输出 $Q=0$;$D=1$,则输出 $Q=1$。

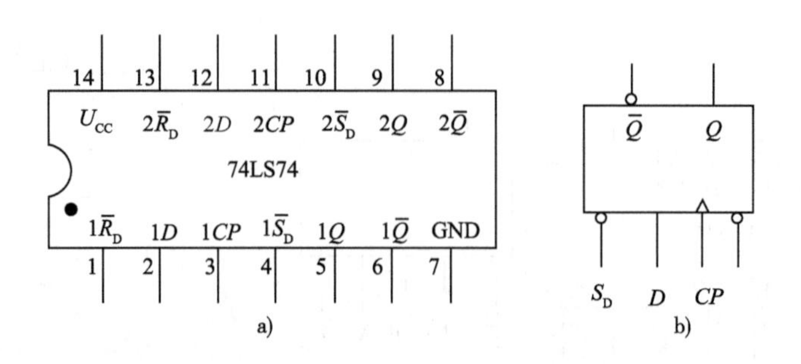

图6-30 双D74LS74的引脚排列及逻辑符号
a)引脚排列;b)逻辑符号

表6-15是上升沿触发的D触发器真值表。D触发器的时序图如图6-31所示。

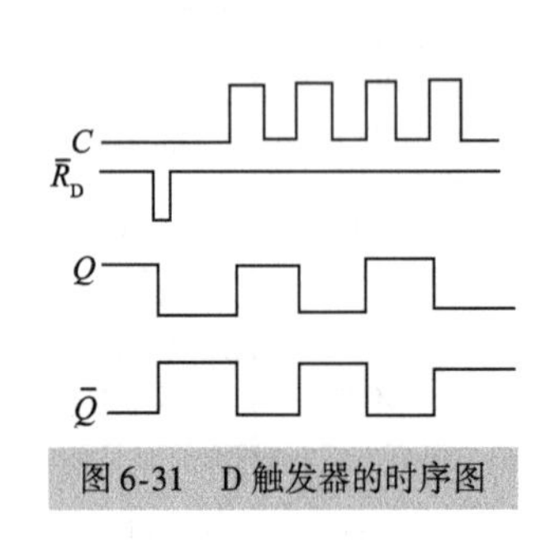

图6-31 D触发器的时序图

上升沿触发的D触发器真值表 表6-15

输入				输出	
$\overline{S}_D$	$\overline{R}_D$	CP	D	$\overline{Q}_{n+1}$	Q_{n+1}
0	1	×	×	1	0
1	0	×	×	0	1
0	0	×	×	Φ	Φ
1	1	↑	0	1	0
1	1	↑	1	0	1
1	1	↑	×	Q_n	$\overline{Q}_n$

5.T触发器

T触发器属于只有一个控制信号输入端的触发器,又称计数触发器,其逻辑功能较简单。当$T=1$时,触发器的状态翻转;当$T=0$时,触发器的状态保持不变。相当于将JK触发器的控制端J和K连接在一起时得到的触发器功能。表6-16是T触发器的真值表。用D触发器和JK触发器可以很方便的构成T触发器,如图6-32所示。

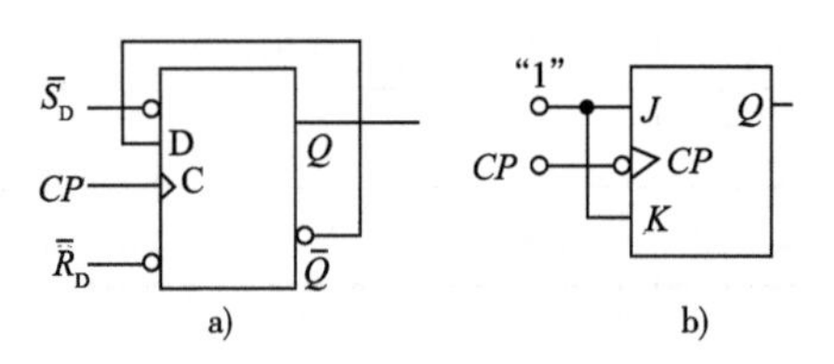

图6-32 用D触发器和JK触发器接成T触发器
a)用D触发器构成T触发器;b)用JK触发器构成T触发器

T触发器真值表 表6-16

$\overline{S}_D$	$\overline{R}_D$	T	Q_{n+1}
0	1	×	1
1	0	×	0
0	0	×	Φ
1	1	0	Q_n
1	1	1	$\overline{Q}_n$

(二)应用举例

现代轿车为了开关车门及发生异常情况时提醒驾驶员注意,专门设计了门锁控制系统。该系统由控制电路和执行机构组成,门锁控制系统的控制电路部分如图6-33所示,该电路的主要开关布置如图6-34所示,包括点火钥匙检测开关、车门状态检测开关、解锁位置检测开关、门锁开关、车内门锁控制开关等,它们的作用是产生控制电路所需要的输入信号。

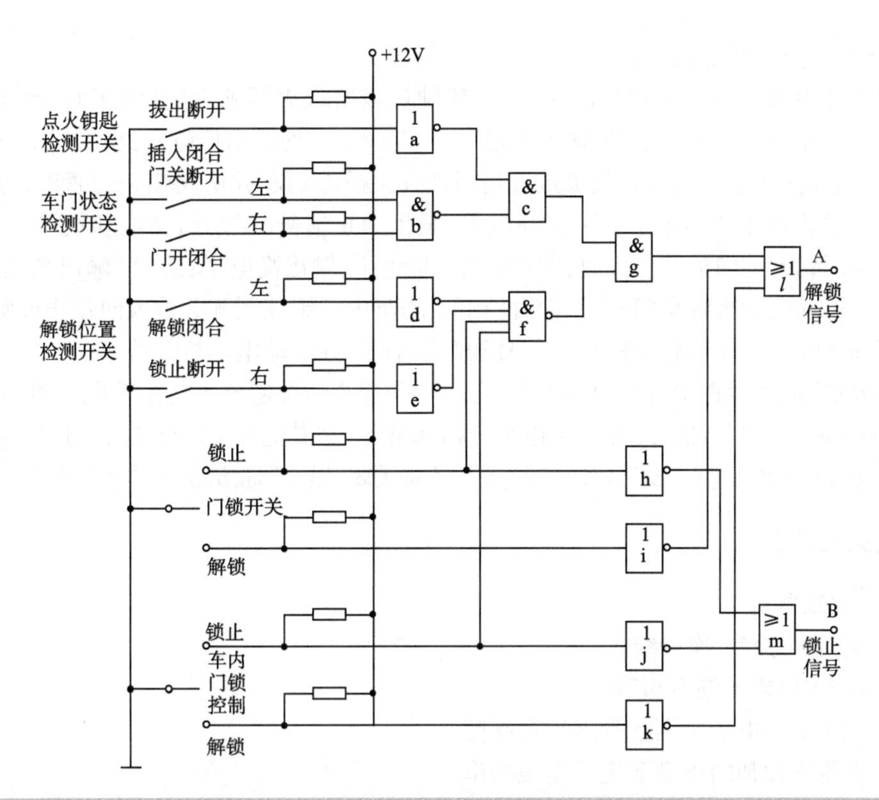

图 6-33　门锁控制系统的控制电路

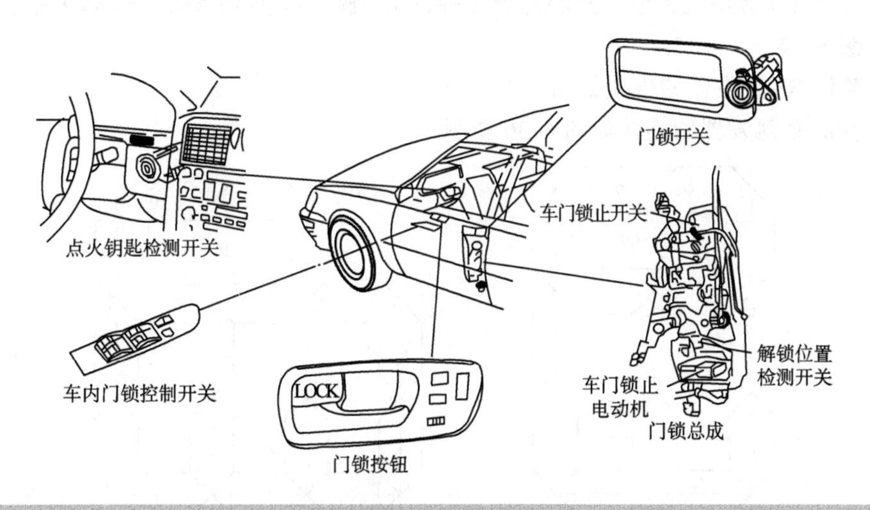

图 6-34　控制电路开关布置图

由图 6-33 可见,控制电路由非门、与门、与非门和或门电路组成,输入信号由多个开关产生。以点火钥匙检测开关为例,当点火钥匙插入点火开关锁孔时,开关闭合,非门 a 输入搭铁,引入低电平信号;当点火钥匙拔出时,开关断开,非门 a 输入接 +12V,引入高电平信号。其他开关也都具有相似的功能,这里不再详述。解锁和锁止信号为电路的输出信号,均为高电平信号。

工作原理分两种情况讨论。

(1)正常开关车门。在正常情况下,当驾驶员拔出点火钥匙,准备锁车时,点火钥匙检测开关断开,非门a输入高电平,输出低电平,使与门c、g均输出低电平,输出门l、m的状态完全由门锁开关或车内门锁开关决定。当门锁开关插入钥匙并旋向锁止位置时,非门h输入低电平,输出高电平;或门m输出高电平,发出锁止信号,驱动门锁电动机将车门锁死。相反,当车门钥匙旋向解锁位置时,非门i输入低电平,输出高电平;或门l输出高电平,发出解锁信号,驱动电动机将车门打开。与此相似,当车内门锁控制开关被扳向锁止或解锁位置时,或门m和l也会发出相应的锁止信号和解锁信号,并驱动电动机开关车门。

(2)异常情况发生时提醒驾驶员注意。当驾驶员将点钥匙遗忘在点火开关内,准备锁车时,点火钥匙检测开关闭合,非门a输入低电平,输出高电平,在其他开关均正常时,与门c、g均输出高电平,或门l输出高电平,发出解锁信号,车门不能关闭,提醒驾驶员钥匙被遗忘在车内。

二、实践操作

(一)实践准备

电工电子实验台、连接线。

(二)技术要求及注意事项

(1)熟知电工电子实训室管理规章制度。

(2)在指导教师的指导下完成实践操作。

(三)操作步骤

通过实训,在通用电工电子实验室设备验证RS触发器、D触发器的逻辑关系。

1. 线路连接

(1)验证RS触发器的连接如图6-35所示。

(2)验证D触发器的连接如图6-36所示。

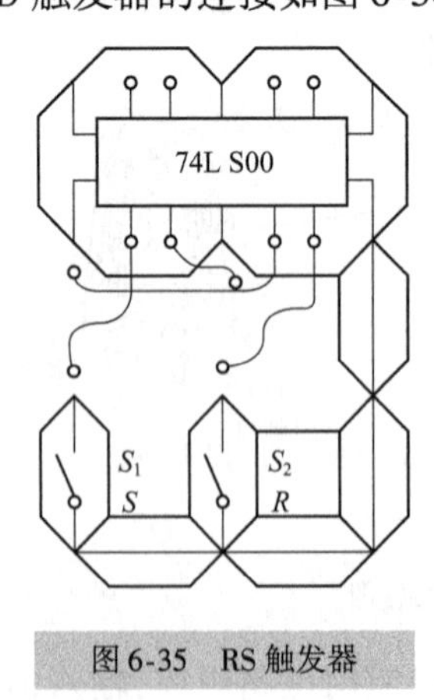

图6-35　RS触发器

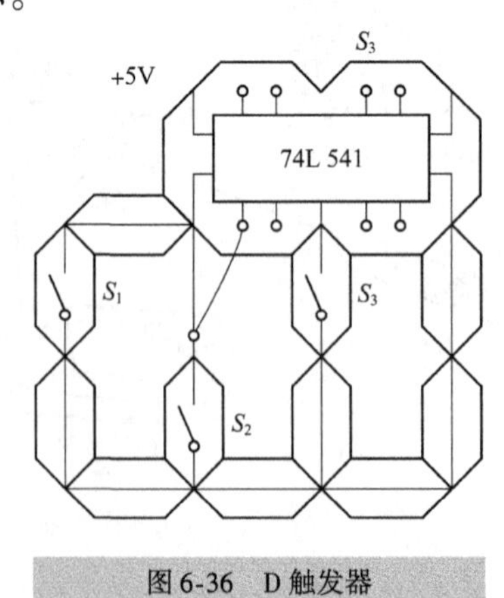

图6-36　D触发器

2. 验证逻辑关系

(1)RS触发器:由两个与非门输出,输入端相互交叉直接耦合而成,与非门的另外两个输入端作为外加触发端,R为置“0”端,S为置“1”端,R、S端不能同时为“0”,将开关按表中所列要求设置，记录每次输出端的逻辑电平，验证逻辑关系：$Q_{n+1}=\overline{S}+RQ_n$，约束条件 $R+S=1$。真值表填写如表6-17所示。

RS 触发器真值表　　表6-17

$S_1(S)$	$S_2(R)$	Q_{n+1}

（2）D 触发器：R_D 为复位端，S_D 为置位端，当 R_D、S_D 有触发信号时，ICP、K 端所处状态对触发器无影响，ICP 为时钟防冲，上升沿有效，将开关 S_1、S_2 断开，S_3 按表中要求设置，ICP 输入正单脉冲，记录每次输出端的状态，验证逻辑关系 $Q_{n+1}=[D]\cdot ICP\uparrow$。真值表填写见表6-18。

D 触发器真值表　　表6-18

$D(S_2)$	Q_{n+1}	$D(S_2)$	Q_{n+1}

三、学习拓展

触发器起到信息的接收、存储、传输的作用。触发器按其稳定工作状态可分为双稳态触发器、单稳态触发器、无稳态触发器（多谐振荡器）等；按其功能可分为 RS 触发器、JK 触发器和 D 触发器等。在汽车电路中应用较多的主要有 RS 触发器、D 触发器等。

触发器（trigger）是 SQL server 提供给程序员和数据分析员来保证数据完整性的一种方法，它是与表事件相关的特殊的存储过程，它的执行不是由程序调用，也不是手工启动，而是由事件来触发，比如当对一个表进行操作（ insert，delete， update）时就会激活它执行。触发器经常用于加强数据的完整性约束和业务规则等。

四、评价与反馈

1. 自我评价与反馈

（1）你是否能主动完成工作现场的清洁和整理工作？（　　）

A. 主动完成　　B. 被动完成　　C. 未完成

（2）存在空翻问题的触发器是（　　）。

A. D 触发器　　B. 同步 RS 触发器

C. 主从 JK 触发器

（3）能够存储0、1二进制信息的器件是（　　）。

A. TTL 门　　B. CMOS 门

C. 触发器　　D. 译码器

(4)触发器不可能属于(　　)。

A. 单稳态电路　　B. 无稳态电路

C. 双稳态电路　　D. 三稳态电路

签名:________　______年______月______日

2. 小组评价与反馈

(1)工作页填写情况。(　　)

A. 填写完整　　B. 缺失0% ~20%

C. 缺失20% ~40%　　D. 缺失40%以上

(2)实施过程中是否注意操作质量和有责任心?(　　)

A. 注意质量,有责任心　　B. 不注意质量,有责任心

C. 注意质量,无责任心　　D. 全无

(3)实验前有无进行安全检查并警示其他同学?(　　)

A. 有安全检查和警示　　B. 有安全检查无警示

C. 无安全检查、无警示

(4)总体印象评价。(　　)

A. 非常优秀　　B. 比较优秀

C. 有待改进　　D. 急需改进

参与评价的同学签名:________　______年______月______日

3. 教师评价

____

____

____

教师签名:________　______年______月______日

学习任务七 新能源汽车电路认知

任务要求

完成本学习任务后,你应该:

1. 了解新能源汽车的基本机构;
2. 掌握新能源汽车电路的基础元件及功用;
3. 掌握高压电的基础理论;
4. 掌握新能源汽车安全防护工具的选择和使用;
5. 掌握新能源汽车检修基础工具的使用。

建议学时:12 学时。

任务概述

截至2016年年底,全国机动车保有量达2.9亿辆,其中汽车1.94亿辆,而我国2014年和2015年的原油消费总量分别51814.4万t和55160.2万t;原油进口分别为36179.6万t和39748.6万t;随着汽车保有量的增加,我国原油消耗量也逐年增加,与此同时,原油对外依存度远远超过50%的国际警戒线,加之全球环境问题日益突出,发展新能源汽车刻不容缓,近年在政府的引导下国内新能源汽车蓬勃发展,而新能源汽车的发展离不开各种新型电路元件的使用;如动力电池、高压配电盒、DC/DC、车载充电机、电机控制器、充电设备。本学习任务主要学习新能源汽车电路基础元件、高压基本理论、高压维修专用工具的基本知识。

主要学习任务

1. 新能源汽车结构认知;
2. 新能源汽车作业安全。

子任务1 新能源汽车结构认知

任务描述

动力电池、高压配电盒、DC/DC、车载充电机、电机控制器是新能源汽车的重要组成部分,而充电设备是新能源汽车得以正常工作的保证。本任务主要学习新能源汽车的基本结构、新能源汽车电路基础元件。

1. 了解新能源汽车的基本结构；
2. 掌握新能源汽车电路基础元件。

建议学时：6学时。

一、新能源汽车的基本结构

1. 新能源汽车的定义

2012年6月国务院通过《节能与新能源汽车产业发展规划(2012—2020年)》。规划对新能源汽车进行了定义和分类。规划指出,新能源汽车是指采用新型动力系统,完全或主要依靠新型能源驱动的汽车。本章节主要以纯电动汽车为例。

2. 纯电动汽车的结构

纯电动汽车EV(Electrical Vehicle)的结构与传统车相比,主要增加了电力驱动控制系统,而取消了发动机。电力驱动控制系统的组成与工作原理如图7-1所示,它由电力驱动主模块、车载电源模块和辅助模块3大部分组成。

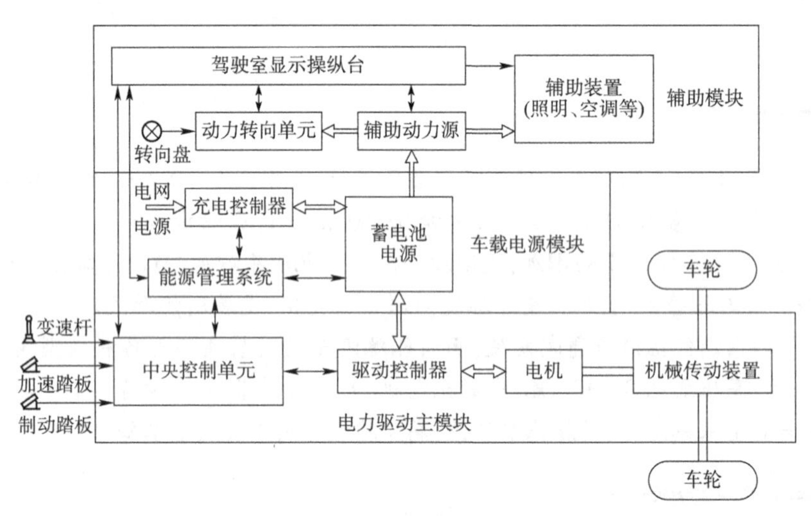

图7-1　电力驱动控制系统的组成与工作原理

当汽车行驶时,由动力蓄电池输出电能(电流)通过控制器驱动电机运转,电机输出的转矩经传动系统带动车轮前进或后退。

1)电力驱动主模块

电力驱动主模块主要包括中央控制单元、驱动控制器、电机、机械传动装置。它的功用是将储存在蓄电池中的化学能高效地转化为车轮的动能,并能够在汽车减速或下坡时将车轮的动能转化为电能充入蓄电池。

中央控制单元根据来自加速踏板和制动踏板的输入信号判断驾驶员意图,并向驱动控制器发出相应的指令,对电机进行起动、加速、减速、制动控制以达到驾驶员预期。

驱动控制器(电机控制器)根据来自中央控制单元的指令结合电机的速度和电流反馈信号,对电机的驱动转矩和旋转方向进行控制(由于电机的种类不同驱动控制器需与电机配套使用)。

电机在电动汽车中充当发电机和电动机的双重角色,即在正常行驶时发挥电动机作用,将电能转化机械能驱动车轮;在车辆减速或下坡滑行时发挥发电机作用,将车轮的动能转化电能。

机械传动装置是将电机的驱动转矩传输给汽车的车轮。

2)车载电源模块

车载电源模块主要有动力蓄电池、能量管理系统、充电控制器。它的功用是向电机提供驱动电能,监测电源的使用情况以及控制充电设备向蓄电池充电。

纯电动汽车常用的动力电池有铅酸蓄电池、镍氢电池、镍镉电池、锂电池、燃料电池等。

能量管理系统主要是指电池管理系统,它的主要功能是对电动汽车动力电池单体及电池包的充放电电流、温度、SOC进行实时监控。

充电控制器是把交流电转化为与电动汽车动力蓄电池电压相适应的直流电,并根据需要控制电流值。

3)辅助模块

辅助模块包括辅助动力源、动力转向系统、驾驶室显示操纵台和辅助装置。

辅助动力源主要由辅助电源和DC/DC功率转换器组成,其中辅助电源一般为12V或24V低压蓄电池,纯电动汽车取消了传统汽车上的发电机,需要DC/DC将高压直流电转化为低压直流电给车上的低压用电器供电和给低压蓄电池补充充电。辅助动力源的作用是给动力转向系统、制动力调节控制系统、制动真空泵、照明、空调、电动窗门等各种辅助装置提供所需的能源。

动力转向单元是为实现汽车按驾驶员意图行驶而设置的,它由转向盘、转向器、转向机构和转向轮组成。作用在转向盘上的控制力,通过转向器和转向机构使转向轮偏转一定的角度或回正以实现汽车按驾驶员意图行驶。

驾驶室显示操纵台的功能是为驾驶员提供所需的运行参数,与传统车相比其信息指示多采用数字或者液晶屏幕显示。驾驶室显示操纵台因电动汽车驱动控制的特点与传统车不同,其显示信息有所不同(电动汽车驾驶室显示操纵台主要增加了动力系统和动力电池包的相关信息的显示)。

辅助装置主要有照明、空调、各种声光信号装置、各种娱乐设施、刮水器、电动门窗、电控玻璃升降器、电动座椅、电动后视镜调节以及各种主动和被动安全防护控制器。辅助装置主要是为了提高汽车的操控性、舒适性、安全性而设置的,可根据需要选配。

二、新能源汽车电路的基础元件

1.动力蓄电池

动力蓄电池作为车动汽车动力源,它的作用是为驱动电机及电动空调提供能源,同时给电压蓄电池提供能源,保证辅助模块的正常工作,在充电或者能量回收时快速高效的将电能储存起来。

新能源汽车主流的动力蓄电池有铅酸蓄电池、镍氢蓄电池、燃料电池、AGM蓄电池等,常见动力蓄电池如图7-2所示。

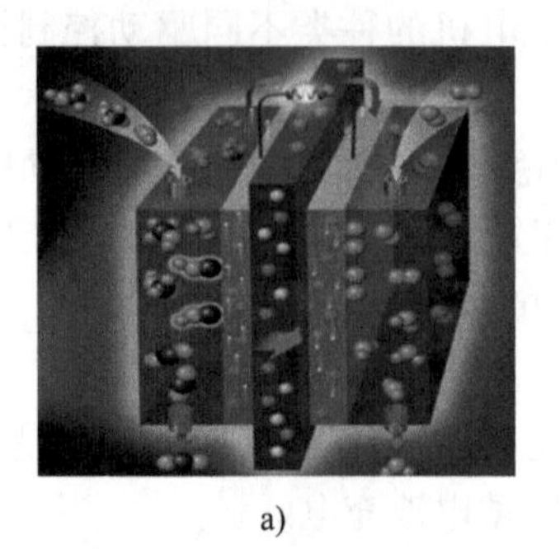

a)

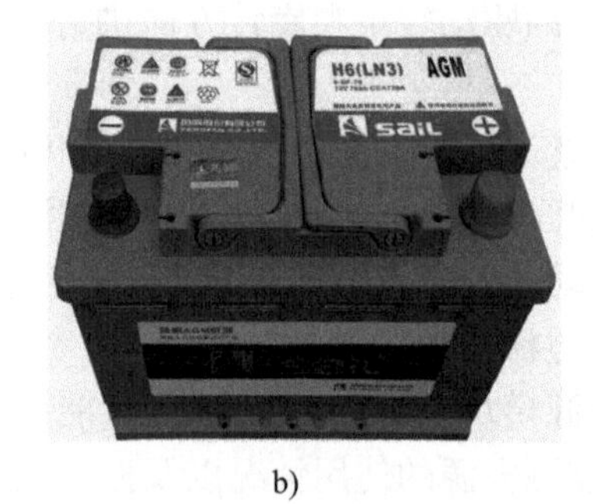

b)

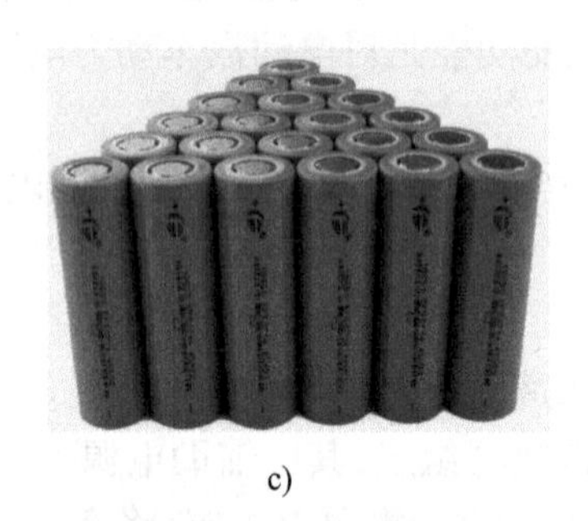

c)

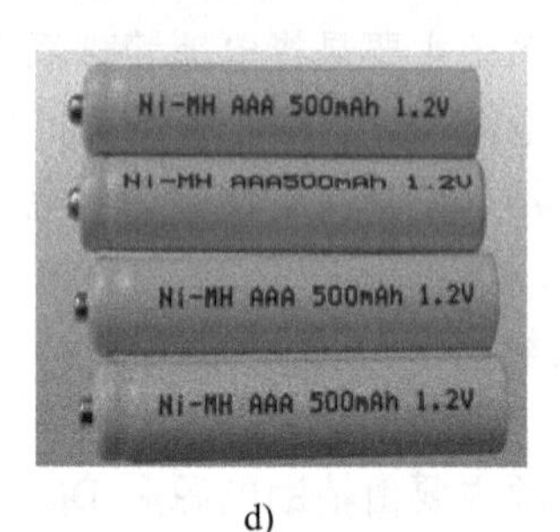

d)

图7-2　常见动力蓄电池

a)燃料电池;b)AGM电池;c)镍氢电池;d)锂电池

动力蓄电池的能量密度、功率密度、充放电性能、使用寿命、使用成本、单体电池一致性和安全性能是选择动力电池的关键指标。

由于动力蓄电池电压高达几百伏,而铅酸蓄电池的额定电压为2.1V,镍氢电池为1.2V,锂电池最高为3.7V,故动力电池包需要将单体电池串联以达到所需电压,且蓄电池单体容量有限,必要时需将单体电池并联以增加整个动力蓄电池的容量。如比亚迪E5动力蓄电池包采用磷酸铁锂电池,单节电池的额定电压为3.3V,额定容量为75A·h,该电池包共采用196个电池单体串联成13个模组再将13个模组串联以达到输出电压633.6V。特斯拉Roadster使用的动力蓄电池则是采用6831节18650电芯组成;首先由69节18650电芯构成一个“Brick”,每个“Brick”中的电芯全部并联在一起以达到增加容量的效果,其次由9个“Brick”串联构成一个“Sheet”(“Sheet”是最小的可更换单元),最后由11个“Sheet”串联之后,构成整个电池系统。

由于动力蓄电池电压高达几百伏,为保证使用和维修安全动力电池需在BMS(电池管理器)的监控下才能输出高压电;在维修时为了防止误操作,在高压作业时需断掉低压蓄电池并拔下维修开关且将维修开关随身携带或放在特定的箱子中上锁存放,且在断开维修开关以后需间隔一定时间方可开始维修(具体时间见各车型维修手册)。

2. DC/DC 功率转换器

纯电动汽车取消了发动机系统,为保证车辆低压辅助装置的正常供电需要将动力蓄电池的高压直流电转化成低压直流电,DC/DC功率转换器的原理是将高压直流电通过IGBT

模块转变成高压交流电,然后通过变压器将电压降低 12V 或 24V,再将 12V 或 24V 交流电转变为直流电给车辆低压辅助装置供电,同时给低压小电池补充充电。DC/DC 功率转换器会根据采集到低压小电池的实际电量以及车辆低压辅助装置工作状态及时调整自己的功率。

3. 高压配电柜(盒/箱)

由于新能源汽车工况的不同来自动力蓄电池或充电设备以及制动回收的高压大电流的去向不同,为保证各高压组件合理分配电能同时考虑结构设计紧凑,线路布局方便,检修方便快捷。新能源汽车将通往各个高压组件的接触器集成在一起由电池管理系统统一管理。图 7-3 所示为 BYD E5 高压配电箱。

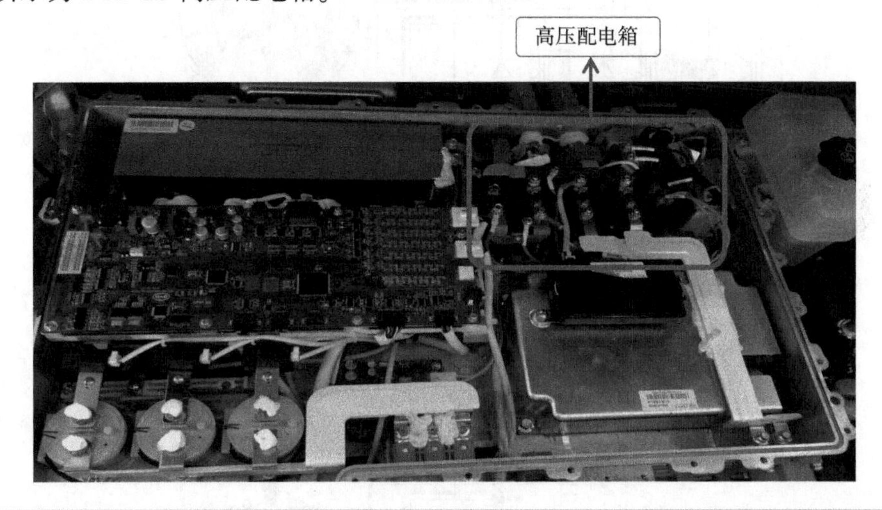

图 7-3　BYD E5 高压配电箱

高压配电柜(盒/箱)的主要元件是高压接触器,接触器的作用是用来接通或者切断带有负载的主电路。接触器的工作原理类似于继电器。

4. 电机控制器

电机控制器的功能是根据挡位、油门踏板、制动等指令,将动力电池所存储的化学能转化为驱动电机所需的电能,来控制电动车辆的起动运行、加速或爬坡行驶,在电动汽车制动时电机控制器需要控制电机进行能量回收,车辆的动能部分转化为电能存储在动力蓄电池中。图 7-4 所示为比亚迪 E5 电机控制器的工作原理图。

5. 电机

在新能源汽车上采用的电机需要根据工况选择不同的工作模式,在车辆前进时电机的作用是驱动车轮前进,此时电机作为电动机使用;而在车辆制动或下长大下坡时,电机需要接受来自车轮的动能并将其转化成电能为动力蓄电池充电,此时电机作为发电机使用。

新能源汽车上常用的电机为:直流电机、感应式电机、永磁式电机和开关磁阻电机。

6. 电动空调

空调分为制冷和采暖两个子系统,在新能源汽车上空调采暖的核心元件是空调 PTC,其工作原理是根据驾驶员需求,利用动力蓄电池提供的电能将 PTC 中的冷却液加热到一定温度,再通过水泵将冷却液泵入空调蒸发器来加热空气,然后通过空调鼓风机将合适温度的空气送入驾驶室。电动压缩机的工作原理与传统车压缩机一样,仅仅是动力源发生改变。图 7-5所示为比亚迪 E5 纯电动汽车的空调系统实物图。

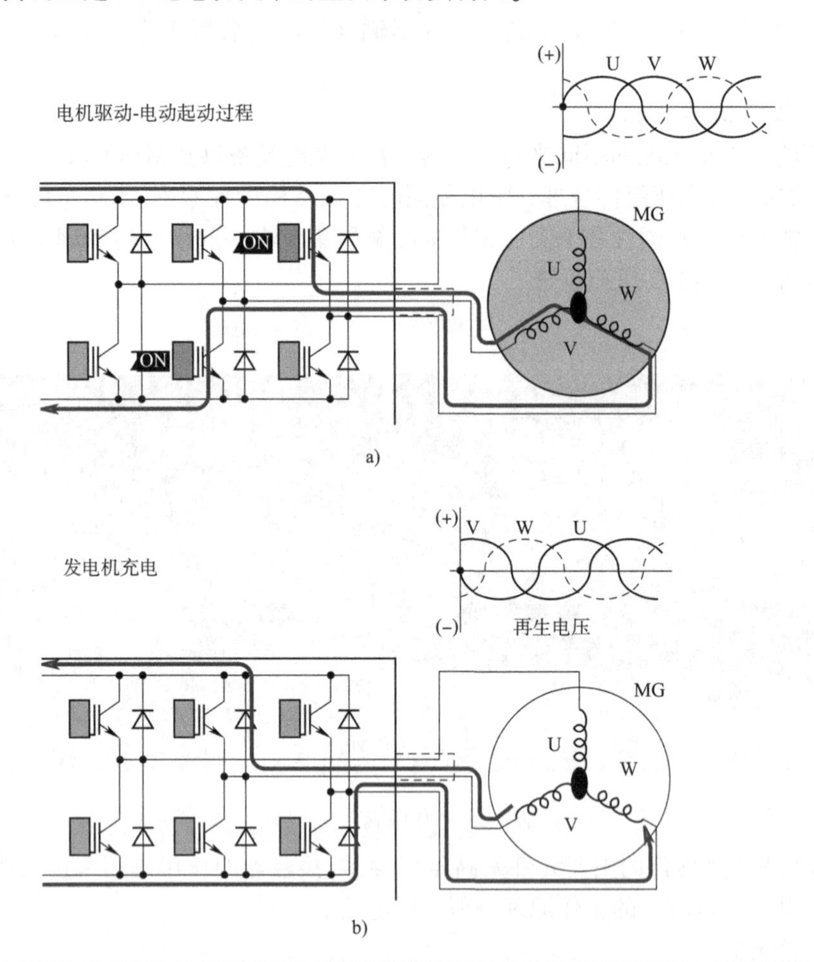

图 7-4 比亚迪 E5 电机控制器的工作原理
a) 电机驱动车辆前进;b) 发电机给动力蓄电池充电

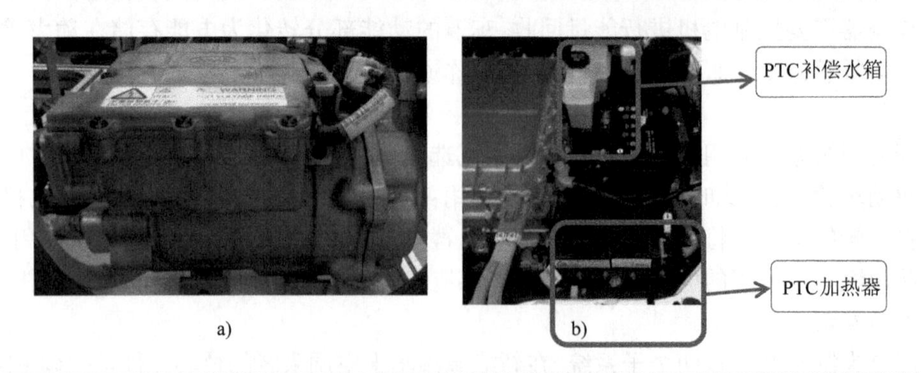

图 7-5 比亚迪 E5 纯电动汽车的空调系统
a) 电控压缩机;b) 空调 PTC

子任务2　新能源汽车作业安全

任务描述

新能源汽车的电压高达几百伏,给我们的维修带来了很多的安全隐患,本任务主要是对电的相关知识进行学习,了解其特性,了解相应的绝缘检测防护工具,以便今后学习和工作安全高效。

学习目标

1. 了解电对人体的伤害;
2. 了解新能源汽车维修过程中可能产生的其他危害;
3. 认识一般的绝缘检测防护工具并会合理使用。

建议学时:6学时。

一、理论知识准备

(一)电对人体的伤害

1. 人体的电阻

人体的电阻与体肤的干燥程度,人体两端电压,电源的类型,人的年龄、健康状况(包括皮肤是否有损伤)、情绪、通电时间等诸多因素有关。对于高电压引起的高电流,人体内对应的电阻值很低！特别是,所有血管中的血液是很好的导体！电气事故中的接触点不同,对人体的影响也相应不同。图7-6所示为高压电气事故中人体电阻的分布图。

2. 危险电流

25V以上的交流电、60V以上的直流电都具有危险性;在德国允许的最大接触电压(根据VDE的标准)是50V交流电以及120V直流电;有大约5mA的电流通过人体时,就可视作是“电气事故”。会产生麻木感,但是仍可以导走电流;体内通 过的电流达到大约10mA时,到达了导出电流的极限,人体开始收缩,无法再导走电流！电流的滞留时间也相应增加;30~50mA交流电的长时间滞留会导致呼吸停止以及心室纤维性颤动;经过人体的电流到达大约80mA时,被认为是“致命值”。

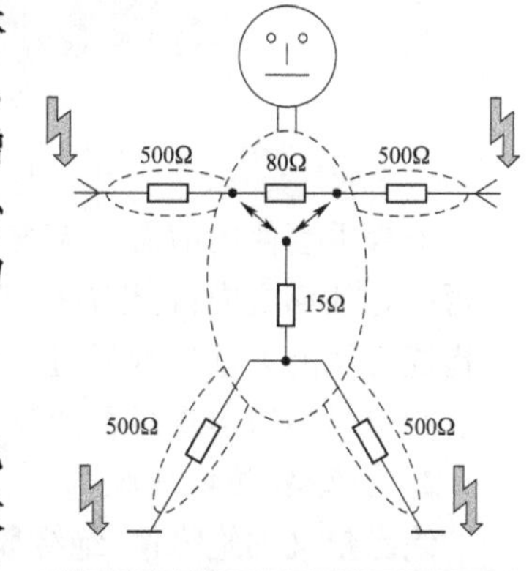

图7-6　人体电阻的分布图

3. 电流对人体的伤害

电流对人体的伤害分为两种:一种是电伤;另一种是电击。电伤是指电对人体外部造成局部伤害,即由电流的热效应、化学效应、机械效应对人体外部组织或器官的伤害,如电灼伤、金属溅伤、电烙印。电击是指人体与电源直接接触后电流进入人体,造成机体组织损伤和功能障碍,主要是心血管和中枢神经系统的损伤,严重的可导致心跳呼吸停止。

(二)新能源汽车维修过程中可能产生的其他危害

新能源汽车的主要动力源为蓄电池,常用的镍氢电池电解液为碱性,而锂电池电解液为酸性。对纯电动汽车而言电池包大都安装在底盘下方,可能因为刮擦导致动力蓄电池漏液;即使是混合动力汽车动力蓄电池也可能因为过充过放等极端情况导致蓄电池漏液。无论是酸性电池还是碱性电池漏液都可能与车上的金属元件发生化学反应产生可燃性的有毒气体,如在密闭空间遇明火可能发生爆炸。动力蓄电池漏液不易察觉,因此应采取适当的防护措施。

新能源汽车中某些零部件可能具有很强的磁场,如果维修技术人员身上有植入体内或便携式医疗电子设备,如心脏起搏器等可能会对自身造成伤害,如确实因需要可向该医疗设备的制造商了解可能会有哪些不利的影响,在确认对自己无害后方可对新能源汽车进行维护。另外新能源汽车上有许多容性和感性负载它们在工作时可能会对外辐射电磁波,而电磁波也会影响医疗设备的性能,维修人员应咨询汽车制造企业各元件是否会对外辐射电磁波,针对可以辐射电磁波的元件要保持足够的安全距离。

(三)新能源汽车维修个人防护工具

1. 绝缘手套

绝缘手套又称高压绝缘手套,起到对手或者人体的保护作用,用橡胶、乳胶、塑料等材料做成,具有防电,防水、耐酸碱、防化、防油的功能。适用于电力行业、汽车和机械维修行业。在选用绝缘手套时需要确认操作对象的电压值,所选绝缘手套的耐压等级大于该电压即可。绝缘手套如图7-7所示。

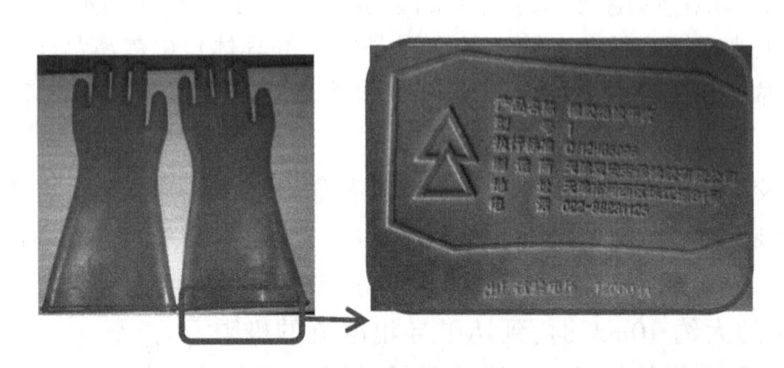

图7-7 绝缘手套

绝缘手套使用前需要检查绝缘手套的好坏,检查方法如下:首先检查标签和合格证,看是否在有效期之内;再检查外观有无破损、有无烧灼痕迹、有无毛刺、裂纹、破洞等(重点检测指缝之间的薄壁);最后进行充气实验,用双手将手套从袖口处垂直于手掌拉开快速旋转手套并捏紧袖口检查是否会漏气。

2. 绝缘垫(绝缘地胶)

绝缘垫又称绝缘毯、绝缘胶垫、绝缘橡胶板、绝缘胶板、绝缘橡胶垫、绝缘地胶、绝缘胶皮、绝缘垫片等,是具有较大体积电阻率和耐电击穿的胶垫。用于需要高压作业的场所。在新能源汽车维修作业车间应安装绝缘地胶,如果条件不允许则应在维修工位可能接触高压的地方安装绝缘垫。绝缘垫(绝缘地胶)的安装如图7-8所示。

为保证绝缘垫(绝缘地胶)性能完好,在新能源汽车维修操作开始前需要对绝缘垫或绝缘地胶进行绝缘性检测。检测方法:利用绝缘测试仪对绝缘垫(绝缘地胶)选取至少 4 个不同的测量点进行测量。

图 7-8　绝缘垫(绝缘地胶)

3. 绝缘测试仪(绝缘电阻表)

绝缘电阻表又称摇表、兆欧表,绝缘电阻表大多采用手摇发电机供电,故又称摇表。它的刻度是以兆欧(MΩ)为单位的。它是电工常用的一种测量仪表,主要用来检查电气设备、家用电器或电气线路对地及相间的绝缘电阻,以保证这些设备、电器和线路工作在正常状态,避免发生触电伤亡及设备损坏等事故。图 7-9 所示为绝缘测试仪。

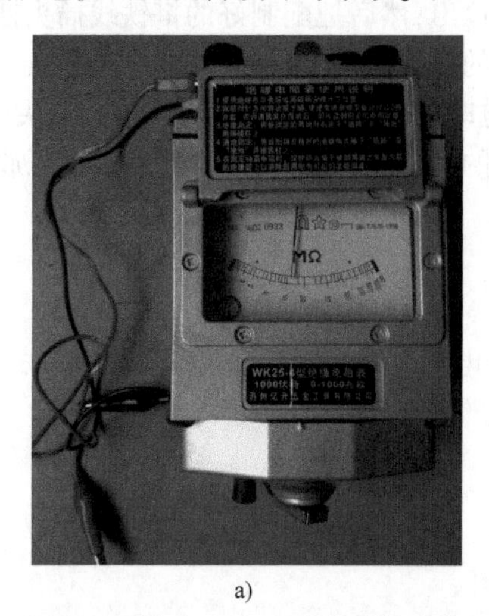

a)

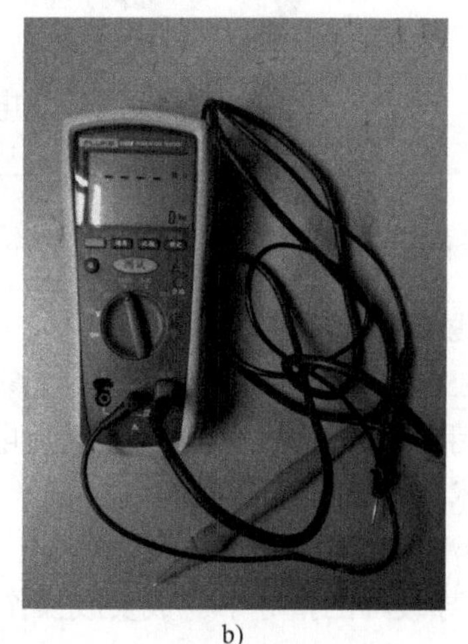

b)

图 7-9　绝缘测试仪

a)绝缘电阻表;b)数字绝缘测试仪

绝缘电阻表的使用方法:根据使用说明连接好线路后需要校表,将红黑两只表笔悬空缓慢顺时针摇动手柄至 120r/min 指针指向无穷大,将两只表笔短接重复上述操作,指针指向

0Ω 说明此表性能良好可以使用,使用时将红表笔与被测导体连接,黑色表笔与该导体的壳体相连,顺时针摇动手柄至 120r/min,指针示数越靠近无穷大越好;数字绝缘测试仪的使用方法:将表笔按图 7-9b)所示连接,选择合适的挡位(比被测导体电压高一个挡位),将两只表笔短接,按下测试按钮或红表笔上“RESET”按钮,电阻为 0Ω,将两表笔断开重复上述操作,电阻为无穷大说明此表性能良好。使用时将红表笔与被测导体连接,黑色表笔与该导体的壳体相连,按下测试按钮或红表笔上“RESET”按钮即可测量。因绝缘测试仪工作时会产生高压,在使用绝缘测试仪时需要带上绝缘手套,防止高压电击。

4. 绝缘鞋

绝缘鞋(靴)的作用是使人体与地面绝缘,防止电流通过人体与大地之间构成通路,对人体造成电击伤害,把触电时的危险降低到最小程度, 同时带有钢头的绝缘鞋还具有防砸功能。

5. 绝缘帽

绝缘帽是防止在车辆举升状态下对底盘上的高压元件维修时对头部保护,选择绝缘帽的耐压等级需选择比车辆工作电压高一等级,使用绝缘帽需要检查绝缘帽的外观是否有损坏,下颌卡扣及后脑勺处卡扣是否灵活,以及标签合格证和是否过期。

6. 高压放电棒

高压放电棒是利用新型绝缘材料加工而成。它具有能拉长、又能收缩的特点。便携式伸缩型高压放电棒便于在新能源汽车维修下电后,特别是故障车下电后,对车上的感性和容性负载中存储的高压电进行对地放电,确保人身安全。使用方法:首先将便携式伸缩型高压放电棒伸缩部分全部拉出;然后把配制好的搭铁线插头插入放电棒的头端部位的插孔内,将地线的另一端与大地连接,搭铁要可靠,放电时应先用放电棒的前端的金属尖头,慢慢的去靠近车上的高压元件。图 7-10 所示为高压放电棒。

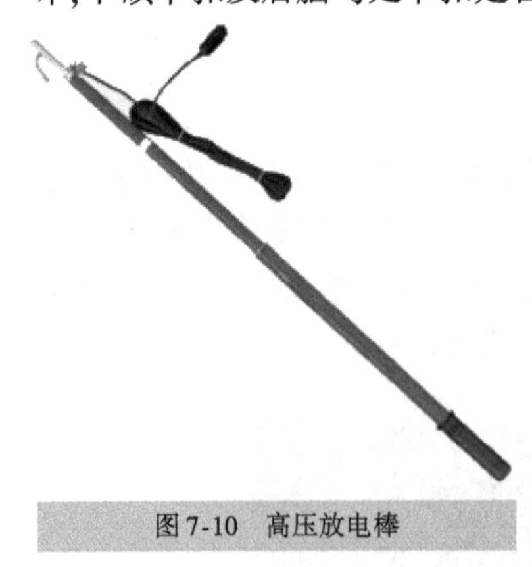

图 7-10 高压放电棒

二、实践操作

(一)实践准备

比亚迪 E5 整车一台;绝缘鞋两双,绝缘电阻表(一块手摇式和一块数字式最好),绝缘测试仪,绝缘手套,护目镜,安全警示牌,放电棒及其他汽车维修常用工具。

(二)技术要求及注意事项

(1)熟知汽车实训室管理规章制度。

(2)在指导教师的指导下完成实践操作。

(三)操作步骤

通过实训,掌握新能源汽车维修下电流程。

1. 作业准备

(1)隔离场地,树立高压警示标志,检查绝缘垫或绝缘地胶。

(2)安装车轮挡块,打开副驾驶侧车门读取动力电池工作电压。

(3)根据动力电池工作电压选取合适的绝缘手套和绝缘帽。

(4)检查并穿戴绝缘帽、绝缘鞋、护目镜、劳保手套、绝缘手套、绝缘鞋等。

(5)安装车内车外三件套。

2. 检查作业

(1)打开前舱盖对相应的油、电、气、水做常规检查(注意:车辆上橙色的导线为高压线,检查时需要戴绝缘手套,其他地方只需要戴劳保手套)。

(2)起动车辆,检查车辆是否可以正常起动。

(3)下车熄火,车辆拆下前舱低压蓄电池负极并用绝缘胶布包裹,防止低压蓄电池负极与车身搭铁(注意:完成本操作后至少需要休息3min才可进行下一步操作,因为高压系统内有各种容性和感性负载车辆熄火后依然残余高压,高压断电后残余高压的主动泄放在5s以内完成,若主动泄放失效,被动泄放需要2min以内完成)。

(4)拆下维修开关(17款及以后的车型均有维修开关,没有维修开关的车型忽略此步骤)和高压母线并检验高压母线是否有电压输出(戴绝缘手套单手操作)。

(5)将车辆举升到合适位置认识动力电池包,检查动力电池是否漏液,电池包是否有刮擦(戴绝缘帽、护目镜)。

(6)降下举升机认识PTC、电动压缩机、高压电控总成。

(7)拆下三相电机输入母线,检测三相电机相间电阻,测量三相输入母线绝缘电阻,并用放电棒将三相电机输入母线与车身地连接,对车身放电(戴绝缘手套、护目镜)。

(8)依次装回三相电机输入母线,连接四合一与动力电池包之间的高压母线,装回维修开关,连接蓄电池负极。

(9)起动车辆,看车辆是否可以正常运行。

3. 整理作业

(1)拆下车内车外三件套。

(2)拆下车轮挡块。

(3)工具归还。

(4)清洁打扫工位。

三、评价与反馈

1. 自我评价与反馈

(1)你是否能主动完成工作现场的清洁和整理工作?( )

A. 主动完成 B. 被动完成 C. 未完成

(2)你是否掌握绝缘电阻表和数字绝缘测试仪的使用方法( )。

A. 两者都会 B. 只会使用数字绝缘测试仪

C. 只会使用绝缘电阻表 D. 两者都不会

(3)检验动力电池高压母线输出电压的测量方法正确的是( )。

A. 拔下动力电池高压输出母线直接测量

B. 断开蓄电池负极等待3min拔下维修开关再拔下动力电池母线测量

C. 断开蓄电池负极等待3min拔下维修开关再拔下动力电池母线戴上绝缘手套

测量

D. 关闭点火开关断开蓄电池负极等待3min拔下维修开关再拔下动力电池母线戴上绝缘手套单手测量

(4)下列元件不属于比亚迪E5高压元器件的是(　　)。

A. 驱动电机　　B. 空调压缩机

C. PTC　　D. 前舱配电盒

签名:________ ____年____月____日

2. 小组评价与反馈

(1)工作页填写情况。(　　)

A. 填写完整　　B. 缺失0%~20%

C. 缺失20%~40%　　D. 缺失40%以上

(2)实施过程中是否注意操作质量和有责任心?(　　)

A. 注意质量,有责任心　　B. 不注意质量,有责任心

C. 注意质量,无责任心　　D. 全无

(3)在车辆举升和起动前有无进行安全检查并警示其他同学?(　　)

A. 有安全检查和警示　　B. 有安全检查无警示

C. 无安全检查、无警示

(4)总体印象评价。(　　)

A. 非常优秀　　B. 比较优秀

C. 有待改进　　D. 急需改进

参与评价的同学签名:________ ____年____月____日

3. 教师评价

____

____

____

教师签名:________ ____年____月____日

学习任务八　汽车微机控制系统认知

任务要求

完成本学习任务后，你应该：

1. 理解微机控制系统的基础知识；

2. 掌握基微机控制系统的结构与功能。

建议学时：4 学时。

任务描述

汽车微机控制系统已经应用到汽车的各个方面，在发动机台架上学习微机控制点火系统性能测试方法。

学习目标

1. 了解汽车微机控制系统的主要控制内容；
2. 理解传感器、电控单元、执行器的功能；
3. 掌握微机控制系统的组成。

建议学时：4 学时。

一、理论知识准备

（一）汽车微机控制系统概述

汽车产业已经成为当今世界社会与经济发展的支柱产业，汽车产业的发展在很大程度上得益于汽车技术的进步。

汽车产生的早期阶段，由于汽车产品本身尚处于不完善和成熟的阶段，可挖掘的潜力很大，因此该阶段汽车产业追求的是产品数量和质量的不断提高，以及汽车性能的逐步完善。此时的汽车控制技术仅仅建立在简单机械控制和简单电气系统控制的基础上，控制的目的仅仅是实现不同工作状况和环境条件下发动机的正常、稳定工作和性能的基本发挥。

汽车技术的进步得益于汽车微机控制技术的飞速发展。汽车经过几十年的发展，传统机械装置，其功能已经相当完善，性能成熟，潜力基本挖尽。如果不在原理和结构上产生根本性的重大变化，仅仅在提高机械系统性能上做文章则已走到尽头。到 20 世纪 70 年代以后,随着电子技术的迅速发展,特别是计算技术和大规模集成电路的迅速发展,使汽车技术的发展找到了新的出路。据估计:从20世纪70年代开始至21世纪初,车辆的综合性能提高了一倍多,其中70%来自于车辆电子控制技术的进步,特别是汽车微机控制系统的进步。

汽车微机控制系统首先应用在汽油发动机的控制上,目前汽车微机控制系统已应用到汽车的各个方面,主要有:汽油发动机控制系统;柴油发动机控制系统;汽车制动控制系统(ABS);驱动防滑控制系统;自动变速控制系统;行驶与安全控制系统(包括:电控悬架系统;巡航控制与导航控制;安全气囊;防撞控制系统;电控中央门锁与防盗系统等);舒适与方便性控制系统(主要有:电控制自动空调;座椅控制等)。

(二)汽车微机控制系统的基本组成

汽车微机控制系统包括硬件和软件两部分,基本组成如图8-1所示,硬件有电子控制单元(Electronic Control Unit,ECU)及其接口、传感器、执行机构(执行器);软件则存储在ECU中支配电子控制系统完成实时测控功能,包括各种数据采集、计算处理、输出控制、系统监控与自诊断等。

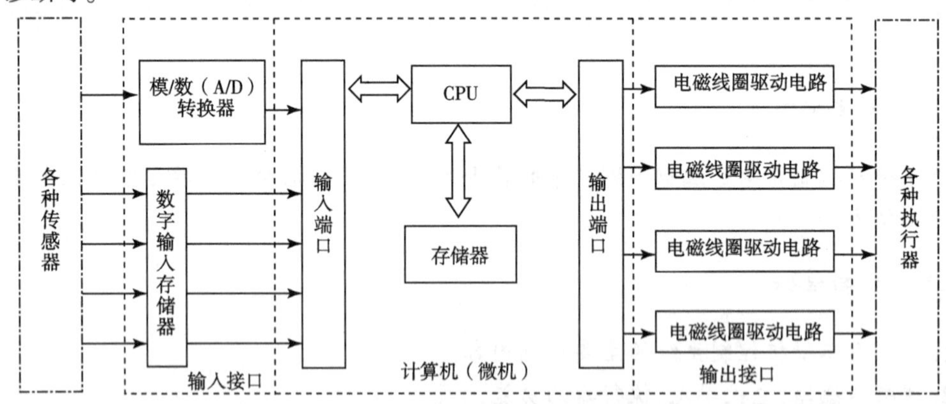

图8-1 汽车微机控制系统的基本组成

1.电子控制单元

电子控制单元(ECU)是整个控制系统的核心,使用了从普通电路到大规模集成电路等各种器件。随着汽车电子化程度的不断提高和微电子技术的迅速发展,ECU的控制功能也在不断增强,并由单一控制发展到集中控制。

电子控制单元的基本工作原理及功能是:汽车运行时,各传感器不断检测汽车运行的工况信息,并将这些信息实时地通过输入接口传给ECU。ECU接到这些信息后,根据内部预编的控制程序,进行相应的决策和处理,并通过其输出接口输出控制信号给相应的执行器,执行器收到信号后,执行相应的动作,实现某种预定的功能。

2.传感器

(1)传感器的功能:就是根据规定的被测量值的大小,定量提供有用的电输出信号的部件,也即传感器把光、时间、电、温度、压力及气体等的物理、化学量转换成信号的变换器。传感器作为汽车电控系统的关键部件,它直接影响汽车的技术性能的发挥。目前,普通汽车上装有10~20只传感器,高级豪华轿车则更多,这些传感器主要分布在发动机控制系统、底盘控制系统和车身控制系统中。

(2)车用主要传感器的种类与检测对象见表8-1。

传感器的种类与检测对象表　　表8-1

种　类	检测对象
温度传感器	冷却液、排出气体、吸入空气、发动机机油、自动变速器液压油、车内外空气
压力传感器	进气歧管压力、大气压力、燃烧压力、发动机油压、自动变速器油压、各种泵压、轮胎压力
转速传感器	曲轴转角、曲轴转速、转向盘转角、车轮速度
速度、加速度传感器	车速、加速度
流量传感器	吸入空气量、燃油流量、废气再循环量、二次空气量、制冷剂流量
液量传感器	燃油、冷却液、电解液、洗窗液、机油、制动液
位移方位传感器	节气门开度、废气再循环阀开度、汽车高度(悬架、位移)、行驶距离、行驶方位、GPS全球定位
气体浓度传感器	氧气、柴油烟度
其他传感器	爆震、燃料成分、湿度、玻璃结露、鉴别饮酒、睡眠状态、电池电压、蓄电池容量、灯泡断线、轮胎失效等

3. 执行器

(1)执行器(执行元件)的功能:就是根据电子控制单元(ECU)输出的控制信号执行某种相应的动作,以实现某种预定的功能。如燃油喷射控制中的喷油器和电动油泵、点火控制中的点火线圈、怠速控制中的步进电动机、自动变速器控制中控制换挡的电磁阀等都是执行器。

(2)各种控制系统中执行器的使用情况见表8-2。

控制系统中执行器的使用情况表　　表8-2

种　类	电气式		液压式		气压式	
	控制系统	执行元件	控制系统	执行元件	控制系统	执行元件
动力传动装置控制	电子燃油喷射装置	电动机、电磁线圈	电子控制自动变速器、4轮驱动器	气门机构、离合器	车速控制系统	电磁膜片
汽车控制	动力转向、四轮转向	电动机	防抱死制动系统、动力转向、四轮转向、电控悬架	电磁阀、电动机	空气悬架	电磁阀
车身控制	车门自动锁定、空调器、自动调节座椅、电动车窗	电磁线圈、电动机	—	—	—	—

二、实践操作

(一)实践准备

汽车实验台架、解码仪、连接线。

(二)技术要求及注意事项

(1)熟知汽车实训室管理规章制度。

(2)在指导教师的指导下完成实践操作。

(三)操作步骤

通过实训,测试时代超人 AJR 型发动机点火系统的性能,能够分析其结构和工作原理。

1. 实验步骤

(1)从专用工具箱中拿出解码仪及线束。

(2)把测试总线装在解码仪主体上。

(3)把 16 针测试线与测试总线相连,并固定好。

(4)关闭点火开关,把 16 针测试线与时代超人发动机测试插头相连。

(5)打开点火开关,解码仪由发动机测试插头提供电源,进入解码仪欢迎菜单,选择测试卡。

(6)进入测试程序,选择发动机程序进行检测。

(7)读取数据流,参考标准数据进行对比,判断各种传感器的工作状态好坏。

(8)观察点火提前角随发动机转速和负荷变化的情况。

2. 情况记录

实验数据、现象记录见表 8-3。

实验数据记录表 表 8-3

项　目	变化情况	项　目	变化情况
怠速点火提前角		负荷增大时点火提前角	
转速升高时点火提前角			

三、学习拓展

ECU 及其控制线路的故障可用该车型的电脑检测仪或通用于各车型的汽车电脑解码器来检查。如果没有这些仪器,则可利用万用表测量单元一侧插座上各引脚的电压或工作电阻,据以判断电控单元及其控制线路无故障。用这种方法检测电控单元及控制线路的故障,必须以被测车型的详细维修技术资料为依据。这些资料包括:该车型电控单元线束插头中各接脚与控制系统中的哪些传感器、执行器相连接;各接脚在发动机不同工作状态下的标准电压值。检测时如发动机异常,则表明有故障;与执行器连接部分异常,则表明电控单元有故障;与传感器连接部分异常,则可能传感器线路有故障。

四、评价与反馈

1. 自我评价与反馈

(1)你是否能主动完成工作现场的清洁和整理工作?(　　)

A. 主动完成　　B. 被动完成　　C. 未完成

(2)Ne 信号指发动机(　　)信号。

A. 凸轮轴转角　　B. 车速传感器　　C. 曲轴转角

(3)电子控制点火系统由(　　)直接驱动点火线圈进行点火。

A. ECU　　B. 点火控制器　　C. 分电器

(4)现代绝大多数电控汽油机都采用(　　)喷射方式。

A. 同时　　B. 分组　　C. 顺序

签名:__________　_____年_____月_____日

2. 小组评价与反馈

(1)工作页填写情况。(　　)

A. 填写完整　　B. 缺失0% ~20%

C. 缺失20% ~40%　　D. 缺失40%以上

(2)实施过程中是否注意操作质量和有责任心?(　　)

A. 注意质量,有责任心　　B. 不注意质量,有责任心

C. 注意质量,无责任心　　D. 全无

(3)实验前有无进行安全检查并警示其他同学?(　　)

A. 有安全检查和警示　　B. 有安全检查无警示

C. 无安全检查、无警示

(4)总体印象评价。(　　)

A. 非常优秀　　B. 比较优秀　　C. 有待改进　　D. 急需改进

参与评价的同学签名:__________　_____年_____月_____日

3. 教师评价

____

____

____

教师签名:__________　_____年_____月_____日

附录　电工电子元器件图示

名　　称	图形符号
1. 限定符号	
直流	---
交流	~
交直流	≂
正极	+
负极	-
中性点	N
磁场	F
搭铁	E⊥
发电机输出接线柱	B
磁场二极管输出端	D
2. 端子和导线的连接符号	
接点	•
端子	○
可拆卸的端子	∅
导线的连接	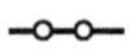
导线的分支连接	
导线的交叉连接	
导线的跨越	
插座的一个极	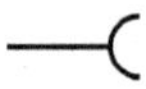
插头的一个极	
插头和插座	
3. 触点与开关符号	
动合(常开)触点	
动断(常闭)触点	
先断后合的触点	
中间断开的双向触点	
联动开关	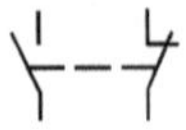
手动开关的一般符号	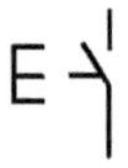
定位(非自动复位)开关	
按钮	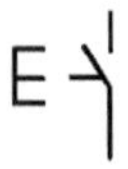
能定位的按钮	
拉拔开关	
旋转、旋钮开关	
液位控制开关	
润滑油滤清器报警开关	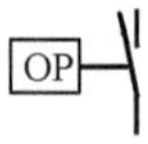 OP
热敏开关动合触点	 t°
热敏开关动断触点	 t°
多挡开关、点火、起动开关,瞬时位置为2能自动返回到1(即2挡不能定位)	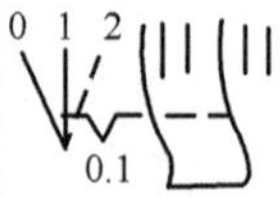 0 1 2 0.1
节气门开关	
4. 电器元件符号	
电阻器	

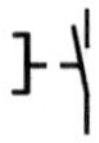

续上表

名　称	图形符号	名　称	图形符号	名　称	图形符号
可变电阻器		集电极接管亮晶体管(NPN 型)		触点动断的继电器	
热敏电阻器	θ	具有两个电极的压电晶体		5. 仪表仪号	
滑动触点电位器		电感器、线圈、绕组、扼流圈		电压表	V
加热元件、电热塞		带磁芯的电感器		电流表	A
电容器		熔断器		电阻表	Ω
可变电容器		易熔线		油压表	OP
极性电容器		电路断电器		转速表	n
半导体二极管一般符号		永久磁铁		温度表	t°
单项击穿二极管、电压调整二极管(稳压管)		一个绕组电磁铁		燃油表	Q
发光二极管		两个绕组电磁铁		速度表	U
发电二极管		不同方向绕组电磁铁		电钟	
PNP 型晶体管		触点动合的继电器		数字式电钟	
				6. 传感器符号	
				温度表传感器	t°
				空气温度传感器	t_a°

续上表

名　　称	图形符号	名　　称	图形符号	名　　称	图形符号
冷却液温度传感器	t°_{w}	蓄电池传感器	B	扬声器	
燃油表传感器	Q	制动灯传感器	BR	蜂鸣器	
油压表传感器	OP	灯传感器	T	报警器、电警笛	
空气质量传感器	m	制动器摩擦片传感器	F	电磁离合器	
空气流量传感器	AF	燃油滤清器积水传感器	W	用电动机操纵的怠速调整装置	M
		7. 电气设备符号			
氧传感器	λ	照明灯、信号灯、仪表灯、指示灯		加热器(除霜器)	
爆震传感器	K	双丝灯		空气调节器	
转速传感器	n	荧光灯		稳压器	U Const
速度传感器	υ	组合灯		点烟器	
空气压力传感器	AP	预热指示器		间歇刮水继电器	
制动压力传感器	BP	电喇叭		防盗报警系统	

续上表

名　称	图形符号	名　称	图形符号	名　称	图形符号
天线一般符号		集电环或换向器上的电刷	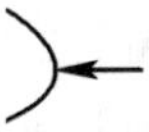	座椅安全带装置	
发射机		直流电动机		定子绕组为星形联结的交流发电机	
收音机		起动机(带电磁开关)		定子绕组为三角形联想结的交流发电机	
收放机		燃油泵电动机、洗涤电动机		外接电压调节器与交流发电机	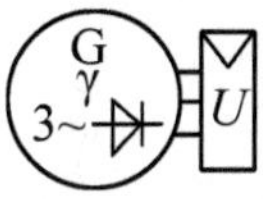
传声器一般符号		晶体管电动燃油泵		整体式交流发电机	
点火线圈		加热定时器		蓄电池	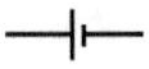
				蓄电池组	
分电器	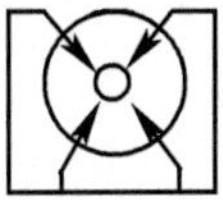	电子点火		闪光器	
火花塞		风扇电动机		霍尔信号传感器	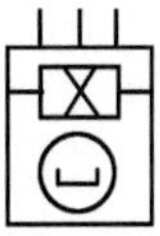
电压调节器	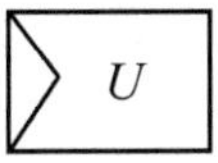	刮水器电动机		磁感应信号传感器	
串励绕组		天线电动机		电磁阀一般符号	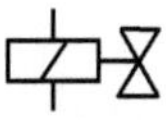
				常开电磁阀	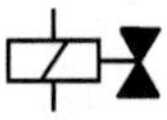
并励或他励绕组		门窗电动机		常闭电磁阀	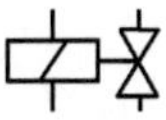

参考文献

[1] 王健.汽车电工与电子基础[M].2版.北京:人民交通出版社,2013.
[2] 陈文均.汽车电工电子基础[M].北京:人民交通出版社股份有限公司,2017.
[3] 王健,黄芳.汽车电工电子基础[M].北京:北京出版社,2013.
[4] 邵展图.电工学[M].北京:中国劳动社会保障出版社,2018.
[5] 陈社会.新能源汽车结构与检修[M].北京:人民交通出版社股份有限公司.2017.